Bereits in jungen Jahren erlebt Michael A. Singer einen tiefen inneren Erweckungsmoment. Zurückgezogen in den Wäldern Floridas konzentriert er sich fortan auf Yoga- und Meditationsübungen, immer mit dem Ziel, den Geist zu befreien. In diesem Buch erzählt er von seinen persönlichen Erfahrungen und zeigt mithilfe einfacher Übungen, wie wir durch die konzentrierte Entwicklung des Bewusstseins Selbsterkenntnis und Erfüllung erlangen können.

MICHAEL A. SINGER ist ein international bekannter amerikanischer spiritueller Lehrer, Wirtschaftsprofessor und erfolgreicher Geschäftsmann. Als junger Mann zog er sich in die Einsamkeit der Wälder von Florida zurück und erlebte einen tiefen inneren Erwachungsmoment. 1975 gründete er das inzwischen weltweit bekannte Yoga- und Meditationszentrum *Temple of the Universe*.

Von Michael A. Singer sind in unserem Hause
außerdem erschienen:

Lebe unbeschwert
Das Leben wagen
Die Seele will frei sein – Das Tagebuch
Die Seele will frei sein – Karten

Michael A. Singer

DIE SEELE WILL FREI SEIN

Eine Reise zu sich selbst

Aus dem Amerikanischen
von Thomas Görden

Ullstein

Besuchen Sie uns im Internet:
www.ullstein.de

Neuübersetzung im Ullstein Taschenbuch
1. Auflage Oktober 2024
2. Auflage 2026
@2024 by Ullstein Buchverlage GmbH, Friedrichstraße 126, 10117 Berlin@»The Untethered Soul« by Michael A. Singer 2007,
erschienen bei New Harbinger Publications, Oakland, CA 94609

Bei Fragen zur Produktsicherheit wenden Sie sich bitte an
produktsicherheit@ullstein.de.
Umschlaggestaltung: zero-media.net, München
Titelabbildung: © rubberball/gettyimages
Satz: Pinkuin Satz und Datentechnik, Berlin
Gesetzt aus der Sabon LT
Druck und Bindearbeiten: ScandBook, Litauen
ISBN 978-3-548-74641-8

Für die Meister

INHALT

EINFÜHRUNG

> *»Dies vor allem: Sei wahrhaftig dir selbst gegenüber, und daraus folgt, wie die Nacht dem Tag, dass du niemals falsch gegen andere sein kannst.«*
> – William Shakespeare

Shakespeares altehrwürdige Worte, die Polonius im ersten Akt von Hamlet zu seinem Sohn Laertes spricht, klingen so klar und unmissverständlich. Sie sagen uns, dass wir, um ehrliche Beziehungen zu anderen Menschen unterhalten zu können, zuerst uns selbst gegenüber ehrlich sein müssen. Doch wenn Laertes wirklich ehrlich zu sich selbst wäre, würde er erkennen, dass sein Vater ihm genauso gut hätte sagen können, er solle versuchen, den Wind zu fangen. Welchem »Selbst« sollen wir denn treu sein? Ist es dasjenige, das auftaucht, wenn wir schlecht gelaunt sind, oder dasjenige, das präsent ist, wenn wir uns durch unsere Fehler gedemütigt fühlen? Ist es dasjenige, das aus den dunklen Tiefen des Herzens spricht, wenn wir deprimiert oder aufgebracht sind, oder dasjenige, das in den flüchtigen Momenten auftaucht, in denen das Leben uns fantasievoll und leicht erscheint?

An diesen Fragen zeigt sich, dass das Konzept des »Selbst« vielleicht doch problematischer sein könnte als ursprünglich angenommen. Hätte Laertes die traditionelle Psychologie zurate ziehen können, wäre von dieser Seite vielleicht etwas Licht in das Thema gebracht worden. Freud, der Vater der Psychologie, unterteilte die Psyche in drei Teile: das Es, das Ich und das Über-Ich. Er betrachtete das Es als unsere ursprüngliche, tierische Natur, das Über-Ich als das uns von der Gesellschaft eingetrichterte Beurteilungssystem und das Ich als unseren Vertreter nach außen, der darum kämpft, das Gleichgewicht zwischen den beiden anderen mächtigen Kräften zu bewahren. Das hätte dem jungen Laertes sicher nicht weitergeholfen. Welcher dieser widersprüchlichen Kräfte sollen wir denn nun treu sein?

Auch hier sehen wir, dass die Dinge nicht immer so einfach sind, wie sie scheinen. Wenn wir es wagen, unter die Oberfläche des Begriffs »Selbst« zu blicken, tauchen Fragen auf, die viele Menschen sich lieber nicht stellen würden: »Sind die vielen Aspekte meines Seins alle gleichermaßen Teil meines ›Selbst‹, oder habe ich nur ein wahres Ich – und wenn ja, welches, wo, wie und warum?«

In den folgenden Kapiteln werden wir uns auf eine Reise zur Erforschung des »Selbst« begeben. Aber wir werden dies nicht auf die traditionelle Art tun. Wir werden uns weder auf die Experten der Psychologie noch auf die großen Philosophen berufen. Wir werden nicht entlang der Linien alter traditioneller Religionen argumentieren oder auf Statistiken und Meinungsumfragen zurückgreifen. Stattdessen werden wir uns an eine einzige Quelle wenden, die über ein phänomenales und ganz unmittelbares Wissen zu diesem Thema verfügt. Wir werden uns an einen Experten wenden, der in jedem Augenblick eines jeden Lebenstages die Daten sammelt, die notwendig sind, um diese große Frage endlich zu klären. Dieser Experte sind Sie selbst.

Doch bevor Sie sich zu sehr aufregen oder entscheiden, dass Sie der Aufgabe nicht gewachsen sind, sollten Sie sich zunächst darüber im Klaren sein, dass es uns nicht um Ihre Ansichten oder Meinungen zu diesem Thema geht. Wir sind auch nicht daran interessiert, welche Bücher Sie gelesen, welche Kurse Sie belegt oder welche Seminare Sie besucht haben. Wir sind nur an Ihrer intuitiven Erfahrung interessiert, wie es ist, Sie zu sein. Wir sind nicht auf der Suche nach Ihrem Wissen, sondern nach Ihrer direkten Erfahrung. Sehen Sie, Sie können dabei nicht versagen, denn Ihr »Selbst« ist das, was Sie sind, zu jeder Zeit und an jedem Ort. Wir müssen nur ein wenig Ordnung schaffen. Schließlich kann es dort drinnen ziemlich verwirrend werden.

Die Kapitel dieses Buches sind nichts anderes als Spiegel, in denen Sie Ihr »Selbst« aus verschiedenen Blickwinkeln betrachten können. Und obwohl die Reise, auf die wir uns begeben werden, eine innere Reise ist, wird sie jeden Aspekt Ihres Lebens einbeziehen. Die einzige Voraussetzung, die von Ihnen verlangt wird, ist die Bereitschaft, sich selbst auf die natürlichste und intuitivste Weise zu betrachten. Denken Sie daran: Wenn wir nach der Wurzel des »Selbst« suchen, dann suchen wir in Wirklichkeit nach Ihnen.

Wenn Sie diese Seiten lesen, werden Sie feststellen, dass Sie viel mehr über einige sehr tiefgründige Themen wissen, als Sie dachten. Tatsache ist, dass Sie bereits wissen, wie Sie zu sich selbst finden können. Sie haben sich nur ablenken lassen und die Orientierung verloren. Sobald Sie sich neu orientieren, werden Sie erkennen, dass Sie nicht nur in der Lage sind, sich selbst zu finden, sondern auch die Fähigkeit besitzen, sich zu befreien. Ob Sie sich dafür entscheiden oder nicht, liegt ganz bei Ihnen. Aber wenn Sie Ihre Reise durch diese Kapitel beendet haben, wird es keine Verwirrung mehr geben, keinen Mangel an Selbstbestimmung und keine Schuldzuweisungen an andere. Sie werden genau wissen, was zu tun ist. Und wenn Sie sich dafür entscheiden, sich der kontinuierlichen Reise der Selbstverwirklichung zu widmen, werden Sie ein enormes Gefühl des Respekts dafür entwickeln, wer Sie wirklich sind. Erst dann werden Sie Shakespeares Rat in seiner ganzen Tiefe zu schätzen wissen: »Dies vor allem: Sei wahrhaftig dir selbst gegenüber.«

TEIL I

ERWACHENDES BEWUSSTSEIN

KAPITEL 1

DIE STIMME IN IHREM KOPF

»Mist, ich kann mich nicht an ihren Namen erinnern. Wie ist ihr Name? Verflixt, da kommt sie. Wie heißt sie ... Sally ... Sue ...? Sie hat es mir erst gestern gesagt. Was ist nur los mit mir? Das wird bestimmt peinlich!«

Falls Sie es noch nicht bemerkt haben: In Ihrem Kopf läuft ein mentaler Dialog ab, der nie aufhört. Er geht einfach immer weiter und weiter. Haben Sie sich jemals gefragt, warum es dort drinnen spricht? Wie entscheidet es, was es sagt, und wann? Wie viel von dem, was es sagt, stellt sich als wahr heraus? Wie viel von dem, was es sagt, ist überhaupt wichtig? Und wenn Sie jetzt hören: »Ich weiß nicht, wovon Sie reden. Ich habe keine Stimme in meinem Kopf!« – dann ist genau das die Stimme, von der wir sprechen.

Wenn Sie klug sind, nehmen Sie sich die Zeit, einen Schritt zurückzutreten, diese Stimme zu untersuchen und sie besser kennenzulernen. Das Problem ist, dass Sie zu nah dran sind, um objektiv zu sein. Deshalb müssen Sie einen Schritt zurücktreten und die Stimme beim Reden beobachten. Während Sie Auto fahren, hören Sie innere Gespräche wie:

»Warum habe ich Fred nicht angerufen? Das hätte ich tun sollen. Oh, mein Gott, wie konnte ich das nur vergessen! Er wird sehr wütend sein. Vielleicht redet er nie wieder mit mir. Vielleicht sollte ich anhalten

> und ihn jetzt gleich anrufen. Nein. Ich will jetzt nicht anhalten ...«

Beachten Sie, dass die Stimme beide Seiten des Gesprächs übernimmt. Es ist ihr egal, welche Seite sie einnimmt, solange sie nur weiterreden kann. Wenn Sie müde sind und versuchen zu schlafen, ist es die Stimme in Ihrem Kopf, die sagt:

> »Was mache ich nur? Ich kann noch nicht einschlafen. Ich habe vergessen, Fred anzurufen. Ich habe mich im Auto daran erinnert, aber ich habe nicht angerufen. Wenn ich jetzt nicht anrufe ... oh warte, es ist zu spät. Ich sollte ihn jetzt nicht anrufen. Ich weiß nicht einmal, warum ich daran gedacht habe. Ich muss einschlafen. Oh Mist, jetzt kann ich nicht mehr einschlafen. Ich bin nicht mehr müde. Aber das wird morgen ein langer Tag. Ich muss früh aufstehen.«

Kein Wunder, dass Sie nicht schlafen können! Warum dulden Sie überhaupt diese Stimme, die ständig mit Ihnen spricht? Selbst wenn das, was die Stimme sagt, beruhigend und nett klingt, ist sie doch ein Störenfried bei allem, was Sie gerade tun.

Wenn Sie einige Zeit damit verbringen, diese geistige Stimme zu beobachten, werden Sie als Erstes feststellen, dass sie niemals schweigt. Wenn man sie sich selbst überlässt, redet sie einfach immer weiter. Stellen Sie sich vor, Sie sehen jemanden herumlaufen, der ständig mit sich selbst spricht. Sie würden das seltsam finden. Sie würden sich fragen: »Wenn er derjenige ist, der spricht, und derjenige, der zuhört, dann weiß er offensichtlich, was gesagt wird, bevor er es sagt. Was soll also dieses Selbstgespräch?« Das Gleiche gilt für die Stimme in Ihrem Kopf. Warum spricht sie? Sie sind derjenige, der spricht, und derjenige, der zuhört. Und wenn die Stimme mit sich selbst streitet, mit *wem* streitet sie dann? Wer könnte wohl gewinnen? Es ist sehr verwirrend. Hören Sie einfach zu:

> »Ich denke, ich sollte heiraten. Nein! Du weißt, dass du noch nicht so weit bist. Es wird dir leidtun. Aber ich liebe ihn. Ach, komm schon, so hast du doch auch für Tom empfunden. Und wie würde es dir heute gehen, wenn du ihn geheiratet hättest?«

Wenn Sie genau hinschauen, werden Sie erkennen, dass es nur versucht, einen bequemen Platz zum Ausruhen zu finden. Es wechselt sofort die Seite, wenn das zu helfen scheint. Und es beruhigt sich nicht einmal, wenn es feststellt, dass es sich irrt. Es passt einfach seinen Standpunkt an und macht weiter. Wenn Sie aufmerksam sind, werden diese Denkmuster für Sie offensichtlich. Es ist tatsächlich eine schockierende Erkenntnis, wenn Sie zum ersten Mal bemerken, dass Ihr Verstand ständig redet. Vielleicht versuchen Sie sogar, ihn anzuschreien in dem schwachen Versuch, ihn zum Schweigen zu bringen. Aber dann erkennen Sie, dass es die Stimme ist, die die Stimme anschreit:

> »Halt die Klappe! Ich will schlafen. Warum musst du die ganze Zeit reden?«

Auf diese Weise können Sie die Stimme natürlich nicht zum Schweigen bringen. Der beste Weg, sich von diesem unaufhörlichen Geplapper zu befreien, ist, einen Schritt zurückzutreten und das Ganze objektiv zu betrachten. Betrachten Sie die Stimme einfach als einen Mechanismus, der den Anschein erweckt, als würde jemand mit Ihnen sprechen. Denken Sie nicht darüber nach, sondern nehmen Sie sie einfach wahr. Ganz gleich, was die Stimme sagt, es ist alles dasselbe. Es spielt keine Rolle, ob sie nette oder gemeine

Dinge sagt, weltliche oder geistliche Dinge. Es spielt keine Rolle, denn es ist immer noch nur eine Stimme, die in Ihrem Kopf spricht. Die einzige Möglichkeit, sich von dieser Stimme zu distanzieren, besteht darin, nicht mehr zu differenzieren, was sie sagt. Hören Sie auf zu glauben, dass das eine, was die Stimme sagt, Sie sind und das andere, was sie sagt, nicht Sie sind. Wenn Sie derjenige sind, der die Stimme reden hört, können Sie ja offensichtlich nicht die Stimme sein. Sie sind es, der die Stimme hört. Sie sind derjenige, der merkt, dass sie spricht.

Natürlich hören Sie die Stimme, oder? Bringen Sie sie dazu, sofort »Hallo« zu sagen. Sagen Sie es ein paarmal, immer und immer wieder. Rufen Sie es nun innerlich laut! Können Sie hören, wie Sie innerlich »Hallo« sagen? Natürlich können Sie das. Es gibt eine Stimme, die spricht, und es gibt Sie, der Sie die Stimme wahrnehmen, die in Ihnen spricht. Das Problem ist, dass es leicht ist, die Stimme zu bemerken, die »Hallo« sagt, aber es ist schwierig, zu erkennen, dass egal, was die Stimme sagt, es immer noch nur eine Stimme ist, die spricht, während Sie zuhören. Es gibt absolut nichts, was die Stimme sagen kann, das mehr Sie ist als alles andere, was sie sagt.

Nehmen wir an, Sie betrachten drei Objekte – einen Blumentopf, ein Foto und ein Buch – und werden dann gefragt: »Welches dieser Objekte sind Sie?« Sie würden sagen: »Keines von ihnen! Ich bin derjenige, der auf das schaut, was Sie vor mich hinstellen. Es spielt keine Rolle, was Sie mir vorsetzen, ich werde immer die Person sein, die es anschaut.« Sie sehen, es ist ein Akt, bei dem ein Subjekt verschiedene Objekte wahrnimmt. Das gilt auch für das Hören der inneren Stimme. Es macht keinen Unterschied, was sie sagt, Sie sind derjenige, der sie wahrnimmt. Solange Sie denken, dass das eine, was sie sagt, Sie sind, aber das andere, was sie sagt, nicht Sie sind, mangelt es Ihnen an Objektivität. Vielleicht glauben Sie, Sie wären jener Teil, der die netten Dinge sagt, aber es ist trotzdem immer noch die Stimme, die in Ihnen spricht. Auch wenn Ihnen gefällt, was sie sagt, ist die Stimme nicht Sie selbst.

Für wahres Wachstum gibt es nichts Wichtigeres, als zu erkennen, dass Sie nicht die Stimme des denkenden Verstandes sind – Sie sind das, was hört. Solange Sie das nicht begreifen, werden Sie herauszufinden versuchen, welches von alledem, was die Stimme sagt, denn nun wirklich Sie selber sind. Die Menschen machen so viele Veränderungen durch, weil sie versuchen, »sich selbst zu finden«. Sie wollen herausfinden, welche dieser Stimmen, welcher dieser Persönlichkeitsaspekte ihr eigentliches, wahres Selbst ist. Die Antwort ist einfach: keiner.

Wenn Sie das Phänomen objektiv betrachten, werden Sie erkennen, dass viel von dem, was die Stimme sagt, sinnlos ist. Das meiste ist nur Gerede, eine Verschwendung von Zeit und Energie. Die Wahrheit ist, dass der größte Teil des Lebens sich in Übereinstimmung mit Kräften entfaltet, die weit außerhalb Ihrer Kontrolle liegen, unabhängig davon, was Ihr Verstand jeweils dazu sagt. Es ist, als würde man sich abends hinsetzen und entscheiden, ob die Sonne am Morgen aufgehen soll. Die Quintessenz ist, dass die Sonne aufgehen und untergehen wird. In dieser Welt geschehen Milliarden Dinge. Sie können darüber nachdenken, so viel Sie wollen, das Leben geht trotzdem einfach weiter.

In der Tat haben Ihre Gedanken weit weniger Einfluss auf diese Welt, als Sie gerne glauben möchten. Wenn Sie bereit sind, alle Ihre Gedanken objektiv zu beobachten, werden Sie feststellen, dass die große Mehrheit von ihnen bedeutungslos ist. Sie haben keinerlei Einfluss auf irgendetwas oder irgendjemanden, außer auf Sie selbst. Die Gedanken bewirken lediglich, dass Sie sich besser oder schlechter fühlen, bezogen auf das, was jetzt geschieht, was in der Vergangenheit geschah oder was zukünftig geschehen könnte. Ihre Zeit damit zu verbringen, darauf zu hoffen, dass es morgen nicht regnet, ist Zeitverschwendung. Denn Ihre Gedanken haben keinen Einfluss auf den Regen. Irgendwann wird Ihnen klar werden, dass dieses ständige innere Geplapper sinnlos ist und es keinen Grund gibt, dauernd herumzugrübeln. Schließlich werden Sie erkennen, dass die wahre Ursache für Probleme nicht das Leben selbst ist. Wirkliche Probleme verursacht nur die Aufregung, die der Verstand bezüglich dessen veranstaltet, was im Leben geschieht oder geschehen könnte.

Das wirft eine ernste Frage auf: Wenn so vieles von dem, was die Stimme sagt, bedeutungslos und unnötig ist, warum gibt es sie dann überhaupt? Das Geheimnis zur Beantwortung dieser Frage liegt darin, dass Sie verstehen, warum die Stimme sagt, was sie sagt, wenn sie es sagt. In manchen Fällen spricht die mentale Stimme zum Beispiel aus demselben Grund, wie ein Teekessel pfeift. Das heißt, dass sich in Ihnen eine Energie aufgestaut hat, die freigesetzt werden muss. Wenn Sie objektiv beobachten, werden Sie sehen, dass die Stimme extrem aktiv wird, wenn sich nervöse, ängstliche oder auf Verlangen basierende Energien in Ihrem Inneren aufgestaut haben. Das ist leicht zu erkennen, wenn Sie wütend auf jemanden sind und ihm eine Standpauke halten wollen. Beobachten Sie einfach, wie oft die innere Stimme die Person zurechtweist, bevor Sie sie überhaupt sehen. Wenn sich Energie in Ihnen aufstaut, wollen Sie etwas dagegen tun. Die Stimme spricht, weil es Ihnen innerlich nicht gut geht, und Reden setzt Energie frei.

Sie werden jedoch feststellen, dass die Stimme auch spricht, wenn da gerade nichts ist, was Sie besonders stört oder beunruhigt. Wenn Sie spazieren gehen, sagt *es* in Ihnen Dinge wie:

> »Schau, der Hund! Ein Labrador! Hey, da ist noch ein Hund in dem Auto. Er sieht meinem ersten Hund, Shadow, sehr ähnlich. Wow, da ist ein alter Olds-

> mobile. Mit dem Autokennzeichen von Alaska. Das sieht man hier unten im Süden nicht oft!«

Die Stimme erzählt Ihnen tatsächlich die Welt. Aber wozu brauchen Sie das? Sie sehen doch auch so bereits, was im Außen geschieht. Was hilft es Ihnen, dass die Stimme in Ihrem Verstand es Ihnen zusätzlich beschreibt? Das sollten Sie wirklich gründlich untersuchen. Denn mit einem einzigen Blick können Sie das, was sich in diesem Moment um Sie herum befindet, mit enormer Detailfülle wahrnehmen. Wenn Sie einen Baum erblicken, sehen Sie ganz mühelos die Zweige, die Blätter und die Blüten. Warum müssen Sie dann das, was Sie bereits gesehen haben, zusätzlich in Worte fassen?

> »Sieh dir den Hartriegel an. Die grünen Blätter sind so schön im Kontrast zu den weißen Blüten. Schau, wie viele Blüten er hat. Wow, was für eine Blütenpracht!«

Wenn Sie das genau untersuchen, werden Sie feststellen, dass Sie sich in der Welt um Sie herum durch diese ständige innere Erzählung wohler fühlen. Wie beim Fahren auf dem Rücksitz stellt sich so das Gefühl ein, dadurch die Dinge besser unter Kontrolle zu haben. Man hat tatsächlich das Gefühl, man hätte eine Beziehung zu den Dingen. Ein Baum ist nicht mehr nur ein Baum in der Welt, der nichts mit Ihnen zu tun hat, sondern ein Baum, den Sie gesehen, benannt und beurteilt haben. Indem Sie ihn gedanklich verbalisieren, bringen Sie diese erste unmittelbare Erfahrung der Welt in den Bereich Ihrer Gedanken. Dort wird sie in Ihre anderen Gedanken integriert, zum Beispiel jene, die Ihr Wertesystem und Ihre historischen Erfahrungen betreffen.

Nehmen Sie sich einen Moment Zeit, um den Unterschied zwischen Ihren Erfahrungen mit der Außenwelt und Ihren Interaktionen mit der geistigen Welt zu untersuchen. Solange Sie lediglich denken, steht es Ihnen frei, in Ihrem Verstand gedanklich zu erschaffen, was immer Sie wollen, und diese Gedanken werden dann durch Ihre innere Stimme ausgedrückt. Sie sind daran gewöhnt, auf dem Spielplatz Ihres Verstandes Gedanken zu erschaffen und zu manipulieren. Diese innere Welt ist eine alternative Umgebung, die Sie unter Kontrolle haben. Die Außenwelt folgt dagegen ihren eigenen Gesetzen. Wenn die Stimme Ihnen die Außenwelt beschreibt, stehen diese Gedanken gleichberechtigt neben all Ihren anderen Gedanken. All diese Gedanken vermischen sich und beeinflussen Ihre Erfahrungen mit der Welt um Sie herum.

Was Sie am Ende erleben, ist eher Ihre persönliche Interpretation der Welt, nicht die nackte, ungefilterte Erfahrung dessen, was wirklich dort draußen vor sich geht. Diese mentale Manipulation der äußeren Erfahrung ermöglicht es Ihnen, die Realität abzupuffern, wenn Sie mit ihr konfrontiert werden. Sie sehen zum Beispiel in einem bestimmten Moment unzählige Dinge, aber Sie machen nur einige davon zum Teil Ihrer inneren Erzählung. Die, mit denen Sie sich in Ihrem inneren Gespräch beschäftigen, sind jene, die für Sie persönlich von Bedeutung sind. Mit dieser subtilen Form der Vorverarbeitung gelingt es Ihnen, die Erfahrung der Realität so zu steuern, dass in Ihrem Verstand alles zusammenpasst. Ihr Bewusstsein erlebt tatsächlich Ihr geistiges Modell der Realität, nicht die Realität selbst.

Man muss das sehr genau beobachten, weil man es ständig tut. Sie gehen im Winter draußen spazieren, Sie fangen an zu frösteln, und die Stimme sagt: »Es ist kalt!« Was hat Ihnen das nun gebracht? Sie wussten bereits, dass es kalt ist. Sie sind derjenige, der die Kälte spürt. Warum sagt sie Ihnen das? In Ihrem Verstand erschaffen Sie die Welt neu, weil Sie Ihren Verstand kontrollieren können, während Sie die Welt nicht kontrollieren können. Deshalb führen Sie dieses ständige innere Gespräch. Wenn es Ihnen nicht gelingt, die Welt so zu gestalten, wie sie Ihnen gefällt, verbalisieren Sie dies innerlich, beurteilen es, beklagen sich darüber und entscheiden dann, was Sie dagegen unternehmen wollen. Dadurch fühlen Sie sich selbstbewusster. Wenn Ihr Körper friert, können Sie vielleicht nichts tun, um die Temperatur zu beeinflussen. Aber wenn Ihr Verstand sagt: »Es ist kalt!«, können Sie sagen: »Wir sind fast zu Hause, nur noch ein paar Minuten.« Jetzt fühlen Sie sich besser. In der Welt der Gedanken gibt es immer etwas, das Sie tun können, um die Erfahrung zu kontrollieren.

Im Grunde genommen erschafft man die Außenwelt in sich selbst neu und lebt dann in seinem Kopf. Was wäre, wenn Sie sich entschließen würden, dies nicht zu tun? Wenn Sie beschließen, nicht zu erzählen und stattdessen die Welt bewusst zu beobachten, werden Sie sich offener und exponierter fühlen. Das liegt daran, dass Sie wirklich nicht wissen, was als Nächstes passieren wird. Ihr Verstand ist daran gewöhnt, Ihnen zu helfen. Das tut er, indem er Ihre gegenwärtigen Erfahrungen so bearbeitet, dass sie mit Ihren Ansichten über die Vergangenheit und Ihren Visionen für die Zukunft übereinstimmen. All dies trägt dazu bei, den Anschein zu erwecken, Sie hätten die Dinge unter Kontrolle. Täte Ihr Verstand das nicht, würden Sie sich viel zu unwohl fühlen. Die Realität ist für die meisten von uns einfach zu real, also dämpfen und beschönigen wir sie mithilfe unseres denkenden Verstandes.

Doch Sie werden erkennen, dass der Verstand die ganze Zeit redet, weil Sie ihm eine Aufgabe gegeben haben. Sie nutzen ihn als Schutzmechanismus, zu Ihrer Selbstverteidigung. Letztlich fühlen Sie sich dadurch sicherer. Solange Sie das so akzeptieren, sind Sie dazu gezwungen, Ihren Verstand ständig dazu zu benutzen, sich vom Leben abzuschirmen, anstatt es zu leben. Diese Welt entfaltet sich und hat eigentlich sehr wenig mit Ihnen oder Ihren Gedanken zu tun. Sie war hier, schon lange vor Ihnen, und sie wird hier sein, auch lange nach Ihnen. Und Ihr Versuch, die Kontrolle über die Welt zu behalten, ist eigentlich nur ein Versuch, Ihr eigenes Selbst im Griff zu behalten.

Bei echtem persönlichem Wachstum geht es darum, den Teil von Ihnen zu überwinden, der nicht in Ordnung ist und Schutz benötigt. Das tun Sie, indem Sie sich ständig daran erinnern, dass Sie selbst der Mensch sind, der die Stimme in seinem Inneren bemerkt, die zu ihm spricht. Das ist der Weg nach draußen. Der Teil von Ihnen aber, der sich bewusst ist, dass Sie ständig mit sich selbst über sich selbst sprechen, ist immer still. Es ist ein Tor zu den Tiefen Ihres Seins. Sich bewusst zu werden, dass man sich selbst beim inneren Gespräch beobachtet, bedeutet, an der Schwelle einer fantastischen inneren Reise zu stehen. Richtig eingesetzt, kann dieselbe innere Stimme, die eine Quelle von Sorgen, Ablenkung und allgemeinen Neurosen war, zum Ausgangspunkt für wahres spirituelles Erwachen werden. Lernen Sie denjenigen kennen, der die Stimme wahrnimmt und beobachtet, und Sie werden eines der großen Geheimnisse der Schöpfung kennenlernen.

KAPITEL 2

IHR INNERER MITBEWOHNER

Ihr inneres Wachstum hängt vollständig von der Erkenntnis ab, dass der einzige Weg, Frieden und Zufriedenheit zu finden, darin besteht, nicht mehr über sich selbst nachzudenken. Wenn Sie endlich erkennen, dass das »Ich«, das ständig in Ihnen spricht, niemals zufrieden sein wird, sind Sie bereit für echtes persönliches Wachstum. Dieses »Ich« hat ständig irgendwelche Probleme. Hand aufs Herz: Wann kam es das letzte Mal vor, dass nichts da war, von dem Sie sich gestört oder beeinträchtigt fühlten? Bevor Sie Ihr aktuelles Problem hatten, gab es ein anderes Problem. Und wenn Sie weise sind, werden Sie erkennen, dass es, wenn dieses Problem verschwunden ist, wieder neue Probleme geben wird.

Die Quintessenz ist, dass Sie niemals frei von Problemen sein werden, solange Sie sich nicht von dem Teil in Ihnen befreien, der so viele Probleme hat. Wenn ein Problem Sie stört, fragen Sie nicht: »Was soll ich dagegen tun?« Fragen Sie: »Welcher Teil von mir fühlt sich dadurch gestört?« Wenn Sie fragen: »Was soll ich dagegen tun?«, sind Sie bereits dem Glauben verfallen, dass es da wirklich ein Problem in der Außenwelt gibt, mit dem Sie sich befassen müssen. Wenn Sie angesichts Ihrer Probleme Frieden finden wollen, müssen Sie sich zunächst klar darüber werden, warum Sie eine bestimmte Situation als Problem wahrnehmen. Wenn Sie Eifersucht spüren, fragen Sie sich einfach: »Welcher Teil von mir ist eifersüchtig?«, anstatt zu versuchen, sich zu schützen. Das wird Sie dazu bringen, nach innen zu schauen und zu sehen, dass es einen Teil in Ihnen gibt, für den Eifersucht ein Problem ist.

Wenn Sie diesen gestörten Teil deutlich wahrnehmen, dann fragen Sie: »Wer ist es, der das sieht? Wer nimmt diese innere Störung wahr?« Diese Frage ist die Lösung für jedes Ihrer Probleme. Allein die Tatsache, dass Sie die Störung sehen können, bedeutet, dass Sie selbst nicht die Störung sind. Der Prozess, etwas zu sehen, erfordert eine Subjekt-Objekt-Beziehung. Das Subjekt wird »Der Zeuge« genannt, weil es derjenige ist, der sieht, was passiert. Das Objekt ist das, was Sie sehen, in diesem Fall die innere Störung. Dieser Akt der Aufrechterhaltung eines objektiven Bewusstseins für das innere Problem ist immer besser, als sich in der äußeren Situation zu verlieren. Das ist der wesentliche Unterschied zwischen einem spirituell offenen Menschen und einem weltlichen Menschen. »Weltlich« bedeutet nicht, dass man Geld oder Ansehen hat. »Weltlich« bedeutet, dass Sie glauben, die Lösung für Ihre inneren Probleme läge in der äußeren Welt. Dann denken Sie, dass es Ihnen besser gehen wird, wenn Sie die Dinge im Außen ändern. Aber niemand ist jemals wirklich gesund geworden, indem er etwas im Außen verändert hat. Denn schon bald taucht das nächste Problem auf. Die einzige wirkliche Lösung besteht darin, die Perspektive des Zeugen-Bewusstseins einzunehmen und Ihren Bezugsrahmen vollkommen zu verändern.

Um wahre innere Freiheit zu erlangen, müssen Sie in der Lage sein, Ihre Probleme objektiv zu betrachten, anstatt sich in ihnen zu verlieren. Es kann keine Lösung geben, wenn man sich in der Energie eines Problems verliert. Jeder weiß, dass man nicht gut mit einer Situation umgehen kann, wenn man sich über sie aufregt, verängstigt oder wütend ist. Das erste Problem, mit dem Sie fertigwerden müssen, ist Ihre eigene Reaktion. Sie werden nichts im Außen bewältigen können, solange Sie nicht wissen, wie sich die Situation auf Ihr Inneres auswirkt. Probleme sind im Allgemeinen nicht das, was sie zu sein scheinen. Wenn Sie sich darüber klar werden, erkennen Sie, dass das eigentliche Problem darin besteht, dass es etwas in Ihnen gibt, das mit fast allem ein Problem haben kann. Der erste Schritt besteht darin, sich mit diesem Teil von Ihnen auseinanderzusetzen. Dazu gehört ein Wechsel vom »äußeren Lösungsbewusstsein« zum »inneren Lösungsbewusstsein«. Sie müssen mit der Gewohnheit brechen, zu denken, dass die Lösung für Ihre Probleme darin besteht, die Dinge im Außen umzugestalten. Die einzige dauerhafte Lösung für Ihre Probleme besteht darin, nach innen zu gehen und sich von dem Teil in Ihnen zu lösen, der so viele Probleme mit der Realität zu haben scheint. Wenn Sie das getan haben, wird Ihr Bewusstsein klar genug dafür sein, zu bewältigen, was dann noch übrig ist.

Es gibt wirklich einen Weg, den Teil von Ihnen loszulassen, der überall nur Probleme sieht. Das mag zunächst unmöglich scheinen, ist es aber nicht. Es gibt einen Teil Ihres Wesens, der tatsächlich auf Abstand zu Ihrem eigenen Melodrama gehen kann. Sie können sich selbst dabei beobachten, wie Sie eifersüchtig oder wütend sind. Sie müssen nicht darüber nachdenken oder es analysieren – Sie können es einfach wahrnehmen. Wer ist es, der das alles sieht? Wer bemerkt die Veränderungen, die in Ihrem Inneren vor sich gehen? Wenn Sie einem Freund sagen: »Jedes Mal, wenn ich mit Tom spreche, rege ich mich furchtbar auf«, woher wissen Sie dann, dass Sie sich furchtbar aufregen? Sie wissen es, weil Sie da drinnen sind und sehen, was da drinnen vor sich geht. Es gibt einen Abstand zwischen Ihnen und dem Ärger oder der Eifersucht. Sie sind derjenige, der da drinnen ist und diese Dinge wahrnimmt. Sobald Sie diesen Sitz des Bewusstseins einnehmen, können Sie sich von diesen persönlichen Störungen befreien, denn Sie fangen an zu beobachten. Werden Sie sich einfach bewusst, dass Sie wahrnehmen, was da drinnen vor sich geht. Das ist ganz einfach, und Sie werden feststellen, dass Sie die Persönlichkeit eines Menschen mit all ihren Stärken und Schwächen beobachten. Es ist, als ob jemand mit Ihnen da drinnen wäre. Sie könnten sogar sagen, dass Sie einen »Mitbewohner« haben.

Wenn Sie Ihren Mitbewohner kennenlernen möchten, versuchen Sie einfach, eine Weile in völliger Einsamkeit und Stille mit sich selbst zu sitzen. Sie haben das Recht dazu. Es ist Ihr innerer Bereich. Aber anstatt Stille zu finden, werden Sie unaufhörliches Geplapper hören:

> »Warum tue ich das? Ich habe wichtigere Dinge zu tun. Das ist Zeitverschwendung. Hier drinnen ist niemand außer mir. Was soll das alles?«

Wie aus dem Nichts taucht Ihr Mitbewohner auf. Sie haben vielleicht die klare Absicht, drinnen leise zu sein, aber Ihr Mitbewohner will nicht mitspielen. Und das nicht nur, wenn Sie versuchen, leise zu sein. Er hat zu allem, was Sie sich anschauen, etwas zu sagen: »Ich mag es. Ich mag es nicht. Das ist gut. Das ist schlecht.« Er redet und redet. Im Allgemeinen merken Sie das gar nicht, weil Sie nicht bewusst einen Schritt zurücktreten, um etwas Distanz zu diesem inneren Gerede zu gewinnen. Stattdessen sind Sie so nahe, dass Ihnen gar nicht bewusst wird, dass Sie eigentlich hypnotisiert sind und gebannt Ihrer inneren Stimme lauschen.

Im Grunde genommen sind Sie da drinnen nicht allein. Es gibt zwei verschiedene Aspekte Ihres inneren Wesens. Der erste sind Sie, das Bewusstsein, der Zeuge, das Zentrum Ihrer bewussten Absichten. Der zweite Aspekt ist das, was Sie beobachten. Das Problem ist, dass der Teil, den Sie beobachten, niemals den Mund hält. Wenn Sie diesen Teil loswerden könnten, und sei es auch nur für einen Moment, wären der Frieden und die Gelassenheit, die sich daraufhin einstellen, der schönste Urlaub, den Sie jemals hatten.

Stellen Sie sich vor, wie es wäre, dieses Ding, das in Ihnen wohnt, nicht überall mit hinnehmen zu müssen. Bei echtem geistigem Wachstum geht es darum, aus dieser Zwangslage herauszukommen. Aber zuerst müssen Sie erkennen, dass Sie mit einem Verrückten eingesperrt sind. In jeder Situation und unter allen Umständen könnte Ihr Mitbewohner plötzlich beschließen: »Ich will nicht hier sein. Ich will das nicht tun. Ich möchte nicht mit dieser Person sprechen.« Sie würden sich dann sofort angespannt und unwohl fühlen. Ihr Mitbewohner kann alles ruinieren, was Sie gerade tun, ohne dass Sie es merken. Er kann Ihren Hochzeitstag oder sogar Ihre Hochzeitsnacht ruinieren! Dieser Teil von Ihnen kann alles ruinieren, und das tut er in der Regel auch.

Sie kaufen ein nagelneues Auto, und es ist wunderschön. Aber jedes Mal, wenn Sie es fahren, findet Ihr innerer Mitbewohner etwas daran auszusetzen. Die geistige Stimme weist Sie auf jedes kleine Quietschen, jede kleine Vibration hin, bis Sie das Auto schließlich gar nicht mehr mögen. Wenn Sie sehen, was das in Ihrem Leben anrichten kann, sind Sie bereit für spirituelles Wachstum. Sie sind bereit für eine echte Transformation, wenn Sie endlich sagen: »Schau dir dieses Ding da drinnen in mir an! Es ruiniert mein Leben. Ich versuche, ein friedliches, sinnvolles Leben zu führen, aber ich fühle mich, als säße ich auf einem Vulkan. Jeden Moment kann dieses Ding beschließen, auszuflippen, in Abwehrstellung zu gehen und gegen das, was passiert, zu kämpfen. An einem Tag mag es jemanden, und am nächsten Tag beschließt es, auf allem herumzuhacken, was er tut. Mein Leben ist ein einziges Chaos, nur weil dieses Ding, das hier drinnen mit mir lebt, aus allem ein Melodrama machen muss.« Wenn Sie das erkannt haben und lernen, sich nicht mehr mit Ihrem Mitbewohner zu identifizieren, versetzt Sie das in die Lage, sich zu befreien.

Wenn Sie noch nicht so weit sind, fangen Sie einfach an zu beobachten. Verbringen Sie einen Tag damit, jede einzelne Sache zu beobachten, die Ihr Mitbewohner tut. Fangen Sie morgens an, und versuchen Sie, in jeder Situation zu bemerken, was er sagt. Jedes Mal, wenn Sie jemanden treffen, jedes Mal, wenn das Telefon klingelt, versuchen Sie einfach zu beobachten. Ein guter Zeitpunkt, um das, was in Ihnen wohnt, beim Reden zu beobachten, ist unter der Dusche. Achten Sie einfach darauf, was diese Stimme zu sagen hat. Sie werden sehen, dass Ihr Mitbewohner Sie niemals einfach nur in Ruhe duschen lässt. Die Dusche ist dazu da, den Körper zu waschen, nicht, sich das Gerede des Geistes anzuhören. Versuchen Sie, während des gesamten Vorgangs bewusst wahrzunehmen, was vor sich geht. Sie werden schockiert sein. Der Mitbewohner springt einfach von einem Thema zum nächsten. Das unaufhörliche Geplapper wirkt so neurotisch, dass Sie gar nicht werden glauben können, dass es immer so ist. Aber es ist immer so.

Um sich davon befreien zu können, müssen Sie es zunächst deutlich erkennen. Sie müssen gar nichts dagegen unternehmen, aber Sie müssen sich der misslichen Lage bewusst werden, in der Sie sich befinden. Machen Sie sich klar, dass Sie irgendwie in eine Situation mit einem inneren Mitbewohner hineingeraten sind, der ein totaler Chaot ist. Wenn Sie die Situation in Ihrem Inneren befrieden wollen, müssen Sie da drinnen für Ordnung sorgen.

Um zu verstehen, wie Ihr innerer Mitbewohner wirklich tickt, müssen Sie ihn äußerlich verkörpern. Stellen Sie sich vor, Ihr Mitbewohner, Ihre Psyche, hätte einen eigenen Körper. Dazu nehmen Sie diese ganze Persönlichkeit, die Sie innerlich hören, und stellen sie sich als einen Menschen in der Außenwelt vor, der mit Ihnen spricht. Stellen Sie sich einfach vor, eine andere Person würde das alles zu Ihnen sagen, was sonst Ihre innere Stimme zu Ihnen sagt. Verbringen Sie nun einen Tag mit dieser Person.

Sie haben sich gerade hingesetzt, um sich Ihre Lieblingssendung im Fernsehen anzuschauen. Das Problem ist nur, dass diese Person neben Ihnen sitzt. Also bekommen Sie denselben Dauermonolog zu hören, der früher in Ihnen war, nur dass Ihr Mitbewohner jetzt neben Ihnen auf dem Sofa sitzt und mit sich selbst redet:

»Hast du unten das Licht ausgemacht? Schau lieber mal nach. Nicht jetzt, das mache ich später. Ich will die Sendung zu Ende sehen. Nein, mach es jetzt. Kein Wunder, dass die Stromrechnung so hoch ist.«

Sie sitzen stumm und staunend da und beobachten all das. Dann, ein paar Sekunden später, ist Ihr Couchnachbar in einen weiteren Streit verwickelt:

»Hey, ich will essen gehen! Ich habe Lust auf Pizza. Nein, du kannst jetzt keine Pizza essen, die Autofahrt dahin dauert viel zu lange. Aber ich bin hungrig. Wann bekomme ich etwas zu essen?«

Zu Ihrem Erstaunen werden Sie beobachten, wie diese einander widersprechenden Dialoge sich endlos aneinanderreihen. Und als ob das noch nicht genug wäre, fängt diese Person neben Ihnen, anstatt einfach nur fernzusehen, auch noch an, verbal auf alles zu reagieren, was auf dem Bildschirm erscheint. Nachdem eine Rothaarige in der Sendung aufgetaucht ist, fängt Ihr Sofakollege an, etwas über Ihre Ex-Ehefrau und die schmerzhafte Scheidung vor sich hin zu murmeln. Dann fängt das Geschrei an – ganz so, als wäre Ihre Ex-Frau bei Ihnen im Zimmer! Dann hört es genauso plötzlich wieder auf, wie es angefangen hat. Sie ziehen sich in die hinterste Ecke der Couch zurück und versuchen verzweifelt, so weit wie möglich auf Abstand zu dieser offensichtlich gestörten Person zu gehen.

Werden Sie dieses Experiment wagen? Versuchen Sie nicht, die Person zum Schweigen zu bringen. Versuchen Sie lediglich herauszufinden, womit Sie innerlich tagtäglich leben, indem Sie die Stimme nach außen tragen. Geben Sie ihr einen Körper, und lassen Sie sie in die Welt hinausgehen wie alle anderen auch. Lassen Sie sie eine Person sein, die nach außen hin genau das sagt, was die Stimme Ihres Verstandes im Inneren sagt. Machen Sie diese Person nun zu Ihrem besten Freund. Denn mit wie vielen Freunden verbringen Sie sonst Ihre ganze Zeit und achten auf jedes Wort, das diese sagen?

Wie würden Sie sich fühlen, wenn jemand von außen wirklich anfinge, so mit Ihnen zu sprechen, wie es Ihre innere Stimme tut? Wie würden Sie mit einer Person umgehen, die den Mund aufmacht und alles zu Ihnen sagt, was Ihre innere Stimme sagt? Nach sehr kurzer Zeit würden Sie diesen Menschen auffordern, aus Ihrem Leben zu verschwinden und sich nie wieder blicken zu lassen! Aber wenn Ihr innerer Freund sich ständig zu Wort meldet und sich einmischt, sagen Sie ihm nie, dass er gehen soll. Egal, wie viel Ärger er verursacht, Sie hören ihm oder ihr zu. Sie schenken fast allem, was diese Stimme Ihnen sagt, Ihre volle Aufmerksamkeit. Immer wieder reißt sie Sie aus allem heraus, was Sie gerade tun, mag es auch noch so angenehm sein, und Sie hören zu. Stellen Sie sich vor, Sie sind ernsthaft verliebt und wollen heiraten. Nun fahren Sie zu Ihrer Hochzeit, und *es* sagt in Ihnen:

> »Vielleicht ist sie nicht die Richtige für mich. Das Ganze macht mich wirklich nervös. Was soll ich bloß tun?«

Wenn Ihnen das jemand Fremdes in dieser Situation sagen würde, würden Sie es ignorieren. Aber Sie haben das Gefühl, dass Sie Ihrer inneren Stimme eine Antwort schulden.

Sie müssen Ihren nervösen Verstand davon überzeugen, dass diese Frau oder dieser Mann perfekt für Sie ist, sonst sabotiert dieser innere Mitbewohner Ihre Hochzeit. So viel Respekt haben Sie vor diesem neurotischen Ding in Ihnen. Sie wissen, wenn Sie es ignorieren, wird es Sie jeden Tag Ihres Lebens belästigen:

> »Ich habe dir doch gesagt, du sollst sie nicht heiraten! Ich habe gesagt, dass ich glaube, sie ist nicht die Richtige für dich!«

Das Fazit ist unbestreitbar: Wenn diese Stimme es irgendwie schaffen könnte, sich in einem Körper außerhalb von Ihnen zu manifestieren, und Sie diese äußere Person dann überallhin mitnehmen müssten, würden Sie das nicht einen einzigen Tag lang aushalten. Wenn jemand Sie fragen würde, was Ihr neuer Freund für ein Typ ist, würden Sie sagen:

> »Der ist echt gestört. Schlag einfach ›Neurotiker‹ im Wörterbuch nach, dann weißt du, was mit dem nicht stimmt.«

Wenn das der Fall ist, wie hoch ist dann die Wahrscheinlichkeit, dass Sie Ihren Freund um Rat fragen, nachdem Sie einen Tag mit ihm verbracht haben? Nachdem Sie gesehen haben, wie oft diese Person ihre Meinung ändert, wie zwiespältig sie bei so vielen Themen war und wie sehr sie emotional überreagiert, würden Sie sie jemals um Beziehungs- oder Finanzratschläge bitten? Aber so erstaunlich es auch erscheint: Genau das tun Sie in jedem Moment Ihres Lebens. Nachdem dieser Mitbewohner vom Sofa verschwunden ist und wieder seinen angestammten Platz in Ihrem Inneren eingenommen hat, wird er Ihnen auch weiterhin sagen, was Sie in jedem Bereich Ihres Lebens zu tun und zu lassen haben. Haben Sie sich jemals die Mühe gemacht, die Qualität dieser ungebetenen Ratschläge zu überprüfen? Wie oft lag diese Stimme schon völlig daneben?

> »Sie interessiert sich nicht mehr für dich. Deshalb hat sie nicht angerufen. Sie wird heute Abend mit dir Schluss machen. Ich fühle, dass es so kommen wird. Ich weiß es einfach. Du solltest gar nicht erst ans Telefon gehen, wenn sie anruft.«

Nach dreißig Minuten klingelt das Telefon, und es ist Ihre Freundin. Sie hat sich verspätet, weil heute Ihr einjähriges Beziehungsjubiläum ansteht und sie ein Überraschungsessen für Sie beide vorbereiten wollte. Für Sie war es auf jeden Fall eine Überraschung, denn Sie selbst hatten den Jahrestag völlig vergessen. Ihre Freundin sagt, dass sie auf dem Weg zu Ihnen ist, um Sie abzuholen. Nun sind Sie sehr aufgeregt, und Ihre innere Stimme schwärmt davon, wie toll Ihre Freundin ist. Aber haben Sie nicht etwas vergessen? Haben Sie nicht den schlechten Rat vergessen, den Ihnen die innere Stimme gegeben hat und unter dem Sie in der letzten halben Stunde gelitten haben?

Was wäre, wenn Sie einen Beziehungsberater engagiert hätten, der Ihnen diesen schrecklichen Ratschlag gegeben hätte? Er hätte offensichtlich die gesamte Situation völlig falsch eingeschätzt. Hätten Sie auf Ihren Berater gehört, hätten Sie nie den Hörer abgenommen. Würden Sie einen so schlechten Berater nicht auf der Stelle feuern? Wie können Sie jemals wieder seinem Rat vertrauen, nachdem Sie gesehen haben, wie sehr er sich irrte? Und nun – werden Sie Ihren inneren Mitbewohner hinauswerfen? Immerhin waren sein Rat und seine Analyse der Situation völlig falsch. Nein, Sie machen ihn nie für den Ärger verantwortlich, den er verursacht. Wenn er das nächste Mal einen Ratschlag gibt, sind Sie sogar ganz Ohr. Ist das vernünftig? Wie oft hat sich diese Stimme schon geirrt in Bezug auf das, was gerade geschieht oder zukünftig geschehen wird? Vielleicht sollten Sie Ihre Ratgeber sorgfältiger auswählen.

Wenn Sie diese Praxis der Selbstbeobachtung und Bewusstmachung aufrichtig ausprobieren, werden Sie erkennen, dass Sie in Schwierigkeiten stecken. Sie werden erkennen, dass Sie Ihr ganzes Leben lang nur ein einziges Problem hatten und dass Sie dieses Problem nun identifiziert haben. Es ist so ziemlich die Ursache für sämtliche anderen Probleme, die Sie je hatten. Nun stellt sich die Frage, wie Sie diesen inneren Unruhestifter loswerden können. Das Erste, was Sie feststellen werden, ist, dass Sie ihn nicht loswerden können, solange Sie es nicht wirklich wollen. Solange Sie Ihren Mitbewohner nicht lange genug beobachtet haben, um die missliche Lage, in der Sie sich befinden, wirklich zu verstehen, haben Sie keine Grundlage für Praktiken, die Ihnen helfen, besser mit Ihrem Verstand klarzukommen. Sobald Sie die Entscheidung getroffen haben, sich von dem inneren Melodrama zu befreien, sind Sie bereit für Lehren und Methoden. Denn Sie werden diese nun wirklich gut gebrauchen können.

Zu Ihrer Erleichterung werden Sie erfahren, dass Sie nicht der erste Mensch sind, der mit diesem Problem konfrontiert ist. Schon viele vor Ihnen haben sich in der gleichen Situation befunden. Viele von ihnen suchten Rat bei denjenigen, die dieses Wissensgebiet bereits gemeistert hatten. Dann wurden ihnen Lehren und Techniken vermittelt, zum Beispiel Yoga, die ihnen bei diesem Prozess helfen können. Beim Yoga geht es nicht wirklich darum, den Körper gesund zu machen, obwohl es das auch tut. Beim Yoga geht es um das Wissen, das Ihnen aus Ihrer misslichen Lage heraushelfen wird, das Wissen, das Sie befreien kann. Wenn Sie diese Freiheit zu Ihrem Lebenssinn gemacht haben, gibt es spirituelle Praktiken, die Ihnen auf diesem Weg helfen. Diese Praktiken sind die Art und Weise, wie Sie Ihre Zeit nutzen können, um sich von sich selbst zu befreien.

Irgendwann werden Sie einsehen, dass Sie sich von Ihrer Psyche distanzieren müssen. Das erreichen Sie, indem Sie die Richtung Ihres Lebens dann festlegen, wenn Sie klar fokussiert sind, und sich durch Ihren schwankenden Verstand nicht davon abhalten lassen. Ihr Wille ist stärker als die Gewohnheit, auf die innere Stimme zu hören. Es gibt nichts, was Sie nicht tun können. Ihr Wille steht über allem.

Wenn Sie sich selbst befreien wollen, müssen Sie sich zunächst Ihrer Lage wirklich bewusst werden, um zu verstehen, was vor sich geht. Dann müssen Sie sich der inneren Arbeit an Ihrer Befreiung widmen. Nehmen Sie diese Arbeit so wichtig, als hinge Ihr Leben davon ab, denn genau das ist tatsächlich der Fall. So wie es jetzt ist, gehört Ihr Leben nicht Ihnen, sondern Ihrem inneren Mitbewohner, der Psyche. Sie müssen es zurückerobern. Bleiben Sie fest in der Perspektive des Zeugen-Bewusstseins verankert, und lösen Sie sich von dem vermeintlichen Halt, den Ihr Gewohnheitsgeist Ihnen verspricht. Denn dies ist Ihr Leben – holen Sie es sich zurück.

KAPITEL 3

WER SIND SIE?

Ramana Maharshi (1879–1950), ein großer Lehrer der yogischen Tradition, pflegte zu sagen, dass man, um innere Freiheit zu erlangen, sich unaufhörlich und aufrichtig die Frage stellen muss: »Wer bin ich?« Er lehrte, dies sei wichtiger, als Bücher zu lesen, Mantras zu lernen oder heilige Orte aufzusuchen. Fragen Sie sich einfach: »Wer bin ich? Wer sieht, wenn ich sehe? Wer hört, wenn ich höre? Wer weiß, dass ich bewusst bin? Wer bin ich?«

Lassen Sie uns dieser Frage mit einem Spiel auf den Grund gehen. Stellen Sie sich vor, Sie und ich führen ein Gespräch. Wenn in westlichen Kulturen jemand, den Sie nicht näher kennen, zu Ihnen kommt und fragt: »Entschuldigung, wer sind Sie?«, dann irritiert es Sie nicht, dass er Ihnen eine so persönliche, tiefgründige Frage stellt. Nein, Sie sagen einfach Ihren Namen, zum Beispiel Sally Smith. Aber wenn ich nun einen Zettel nehme und die Buchstaben S-a-l-l-y S-m-i-t-h darauf schreibe und Ihnen zeige, ist das dann, was Sie sind – eine Ansammlung von Buchstaben? Ist es das, was sieht, wenn Sie sehen? Offensichtlich nicht. Also sagen Sie:

> »Okay, Sie haben recht, es tut mir leid. Ich bin nicht Sally Smith. Das ist nur ein Name, den die Leute mir geben. Es ist ein Etikett. In Wirklichkeit bin ich die Ehefrau von Frank Smith.«

Auch das stimmt auf keinen Fall, zumal es heute noch nicht einmal mehr politisch korrekt ist. Wie können Sie die Frau von Frank Smith sein? Wollen Sie damit sagen, Sie hätten nicht existiert, bevor Sie Frank kennenlernten, und dass Sie aufhören werden zu existieren, wenn er stirbt oder Sie sich scheiden lassen und einen anderen Mann heiraten? Frank Smiths Frau kann nicht das sein, was Sie sind. Auch dies ist nur ein anderes Etikett, das Ergebnis einer anderen Situation oder eines anderen Ereignisses, an dem Sie beteiligt waren. Aber wer sind Sie dann? Diesmal antworten Sie:

> »Okay, jetzt haben Sie meine volle Aufmerksamkeit. Mein Name ist Sally Smith. Ich wurde 1965 in New York geboren. Ich wohnte mit meinen Eltern, Harry und Mary Jones, in Queens, bis ich fünf Jahre alt war. Dann zogen wir nach New Jersey, und ich ging auf die Newark Elementary School. In der Schule bekam ich nur Einsen, und in der fünften Klasse spielte ich die Dorothy im Zauberer von Oz. In der neunten Klasse fing ich an, mich mit Jungs zu verabreden, und mein erster Freund war Joe. Ich ging auf das Rutgers College, wo ich Frank Smith kennenlernte, den ich später heiratete. Das ist, wer ich bin.«

Moment mal, das ist eine faszinierende Geschichte, aber ich habe Sie nicht gefragt, was mit Ihnen seit Ihrer Geburt geschehen ist. Ich habe gefragt: »Wer sind Sie?« Sie haben gerade all diese Erfahrungen beschrieben, aber wer hat diese Erfahrungen gemacht? Wären Sie nicht auch dann da drinnen und sich Ihrer Existenz bewusst, wenn Sie auf ein anderes College gegangen wären?

Sie denken darüber nach und stellen fest, dass Sie sich diese Frage noch nie in Ihrem Leben wirklich ernsthaft gestellt haben. Wer bin ich? Das war Ramana Maharshis

Frage. Also denken Sie nun ernsthafter darüber nach und sagen:

> »Okay, ich bin der Körper, der diesen Raum einnimmt. Ich bin 1,67 Meter groß und wiege 61 Kilo, und hier bin ich.«

Als Sie in der fünften Klasse in dem Theaterstück die Dorothy spielten, waren Sie nicht 1,67 Meter groß, sondern nur 1,39. Was sind Sie nun? Sind Sie die 1,67 große Person oder die 1,39 große Person? Waren Sie nicht dabei, als Sie Dorothy spielten? Doch, Sie sagten, dass Sie auch damals Sie selbst waren – die Person, die in der fünften Klasse bei der Theateraufführung mitspielte und jetzt versucht, meine Fragen zu beantworten. Dasselbe Selbst, oder nicht?

Vielleicht sollten wir für den Moment einen Schritt zurücktreten und einige erkundende Fragen stellen, bevor wir zu der Kernfrage zurückkehren. Als Sie zehn Jahre alt waren, haben Sie da nicht in den Spiegel geschaut und einen zehnjährigen Körper gesehen? War das nicht dasselbe Du, das nun einen erwachsenen Körper sieht? Was Sie sahen, hat sich verändert. Aber was ist mit Ihnen, derjenigen, die Sie selbst im Spiegel sieht? Gibt es da nicht eine Kontinuität des Seins? Handelt es sich nicht um dasselbe Wesen, das während all dieser Jahre in den Spiegel schaute? Darüber muss man sehr genau nachdenken. Hier ist eine weitere Frage: Wenn Sie nachts schlafen, träumen Sie dann? Wer ist es, der träumt? Was bedeutet es zu träumen? Darauf antworten Sie: »Nun, es ist wie ein Film, der in meinem Kopf abläuft und den ich mir anschaue.« Wer sieht sich diesen Film an? »Ich!« Dasselbe Ich, das in den Spiegel schaut? Schaut das Ich, das diese Worte liest, auch in den Spiegel und beobachtet seine Träume? Wenn Sie aufwachen, wissen Sie, dass Sie den Traum gesehen haben.

Es gibt eine Kontinuität der bewussten Seinswahrnehmung. Ramana Maharshi hat nur einige sehr einfache Fragen gestellt: Wer sieht, wenn du siehst? Wer hört, wenn du hörst? Wer beobachtet die Träume? Wer sieht sein Bild im Spiegel? Wer ist es, der all diese Erfahrungen macht? Wenn Sie versuchen, diese Fragen ehrlich intuitiv zu beantworten, werden Sie einfach sagen: »Ich. Ich bin es. Ich bin hier drinnen und erlebe das alles.« Das ist so ziemlich die beste Antwort, die Sie geben können.

Es ist eigentlich ziemlich einfach zu erkennen, dass man nicht das Objekt ist, das man betrachtet. Es ist ein klassischer Fall von Subjekt – Objekt. Es sind Sie, das Subjekt, das die Objekte betrachtet. Wir müssen also nicht jedes Objekt im Universum durchgehen und sagen, dass dieses Objekt nicht Sie ist. Wir können sehr leicht verallgemeinern, indem wir sagen, dass, wenn Sie die Person sind, die etwas betrachtet, dieses Etwas nicht Sie ist. So wissen Sie auf einen Schlag, was Sie nicht sind: Sie sind nicht die Außenwelt. Sie sind das, was da drinnen ist und in diese Welt hinausschaut.

Das war einfach. Jetzt haben wir wenigstens die unzähligen Dinge da draußen eliminiert. Aber wer sind Sie? Und wo sind Sie, wenn Sie nicht draußen bei all den anderen Dingen sind? Sie müssen nur achtsam genug sein, dann wird Ihnen klar, dass Sie immer noch da drinnen wären und Gefühle hätten, wenn alle äußeren Objekte verschwinden würden. Stellen Sie sich vor, wie viel Angst Sie empfinden würden. Sie könnten auch Frustration und sogar Wut empfinden. Aber wer würde dies fühlen? Wieder sagen Sie: »Ich!« Und das ist die richtige Antwort. Ein und dasselbe »Ich« erlebt sowohl die Außenwelt als auch die inneren Gefühle.

Um das zu verdeutlichen, stellen Sie sich vor, Sie beobachten draußen im Freien einen spielenden Hund. Plötzlich hören Sie ein Geräusch direkt hinter sich – ein Zischen wie von einer Klapperschlange! Würden Sie den

Hund immer noch mit der gleichen Intensität beobachten? Nein, natürlich nicht. Sie würden innerlich eine enorme Angst verspüren. Obwohl der Hund immer noch vor Ihnen spielen würde, wären Sie völlig mit der Erfahrung der Angst beschäftigt. Ihre gesamte Aufmerksamkeit kann sehr schnell von Ihren Gefühlen absorbiert werden. Aber wer spürt die Angst? Ist es nicht dasselbe Bewusstsein, das den Hund beobachtet? Wer fühlt die Liebe, wenn Sie Liebe fühlen? Kann es nicht durchaus vorkommen, dass Sie so intensive Liebesgefühle verspüren, dass Sie Mühe haben, die Augen offen zu halten? Man kann so sehr von schönen inneren Gefühlen oder beängstigenden inneren Gefühlen eingenommen werden, dass es schwer ist, sich auf äußere Objekte zu konzentrieren. Im Grunde genommen konkurrieren innere und äußere Objekte um Ihre Aufmerksamkeit. Sie machen sowohl innere als auch äußere Erfahrungen – aber wer sind *Sie*?

Um das tiefer zu ergründen, beantworten Sie eine weitere Frage: Gibt es nicht auch Zeiten, in denen Sie keine emotionalen Erlebnisse haben und stattdessen einfach nur eine innere Ruhe empfinden? Sie sind immer noch da drinnen, aber Sie sind sich nur der friedlichen Stille bewusst. Irgendwann werden Sie erkennen, dass die Außenwelt und der Fluss der inneren Emotionen einfach kommen und gehen. Aber Sie, das Selbst, das diese Dinge erlebt, bleiben sich dessen bewusst, was auch immer geschieht.

Aber wo sind Sie? Vielleicht können wir Sie in Ihren Gedanken finden. René Descartes, ein großer Philosoph, sagte: »Ich denke, also bin ich.« Aber ist das wirklich der Fall? Das Wörterbuch definiert das Verb »denken« als »Gedanken bilden, den Verstand benutzen, um Ideen zu erwägen und Urteile zu fällen« (Microsoft Encarta 2007). Die Frage ist, wer den Verstand benutzt, um Gedanken zu formen und sie dann in Ideen und Urteile umzuwandeln. Existiert derjenige, der die Gedanken erlebt, auch dann, wenn keine Gedanken vorhanden sind? Glücklicherweise müssen Sie nicht darüber nachdenken. Sie sind sich Ihrer Seinsgegenwart, Ihres Gefühls der Existenz, auch ohne die Hilfe von Gedanken sehr bewusst. Wenn Sie zum Beispiel in tiefe Meditation gehen, hören die Gedanken auf. Sie wissen, dass sie aufgehört haben. Das »denken« Sie nicht, sondern Sie sind sich einfach der Tatsache bewusst, dass Sie »keine Gedanken« haben. Sie kommen aus diesem Zustand zurück und sagen: »Wow, ich bin in diese tiefe Meditation gegangen, und zum ersten Mal haben meine Gedanken völlig aufgehört. Ich war an einem Ort des völligen Friedens, der Harmonie und der Stille.« Wenn Sie dort den Frieden erleben, der eintritt, wenn Ihre Gedanken aufhören, dann ist Ihre Existenz offensichtlich nicht vom Denken abhängig.

Gedanken können aufhören, sie können aber auch extrem laut werden. Manchmal haben Sie viel mehr Gedanken als zu anderen Zeiten. Vielleicht sagen Sie sogar zu jemandem: »Meine Gedanken machen mich verrückt. Seit er diese Dinge zu mir gesagt hat, kann ich kaum noch schlafen. Meine Gedanken wollen einfach nicht aufhören.« Wessen Gedanken? Wer nimmt diese Gedanken wahr? Sind das nicht Sie? Hören Sie nicht Ihre Gedanken in Ihrem Inneren? Sind nicht Sie sich der Existenz Ihrer Gedanken bewusst? Können Sie sie nicht loswerden? Wenn Sie einen Gedanken haben, der Ihnen nicht gefällt, können Sie dann nicht versuchen, ihn loszuwerden? Die Menschen haben ständig mit Gedanken zu kämpfen. Wer ist es, der sich der Gedanken bewusst ist, und wer ist es, der mit ihnen kämpft? Noch einmal: Sie haben eine Subjekt-Objekt-Beziehung zu Ihren Gedanken. Sie sind das Subjekt, und die Gedanken sind nur ein weiteres Objekt, dessen Sie sich bewusst sein können. Sie sind nicht Ihre Gedanken. Sie sind sich lediglich Ihrer Gedanken bewusst. Schließlich sagen Sie:

»Gut, ich bin nichts, was außerhalb von mir ist, und ich bin nicht meine Gefühle. Diese äußeren und inneren Objekte kommen und gehen, und ich erlebe sie. Außerdem bin ich nicht die Gedanken. Sie können leise oder laut sein, glücklich oder traurig. Die Gedanken sind nur etwas anderes, dessen ich mir bewusst bin. Aber wer bin ich?«

Es beginnt, eine ernsthafte Frage zu werden: »Wer bin ich? Wer macht all diese körperlichen, emotionalen und geistigen Erfahrungen?« Also denken Sie ein wenig tiefer über diese Frage nach. Das tun Sie, indem Sie die Erfahrungen loslassen und feststellen, wer dann noch übrig bleibt. Sie beginnen zu bemerken, wer die Person ist, die diese Erfahrungen erlebt. Schließlich werden Sie an einen Punkt in Ihnen selbst gelangen, an dem Sie erkennen, dass Sie, der oder die Erfahrende, eine bestimmte Qualität haben. Und diese Qualität ist Gewahrsein, Bewusstsein, ein intuitives Gefühl der Existenz. Sie wissen, dass Sie da drinnen sind. Sie müssen darüber nicht nachdenken, Sie wissen es einfach. Sie können darüber nachdenken, wenn Sie das wollen, aber Sie werden dabei wissen, dass Sie nachdenken. Sie existieren unabhängig davon, ob Sie denken oder nicht.

Lassen Sie uns, damit dies für Sie erfahrbarer wird, ein Bewusstseinsexperiment machen. Werden Sie sich bewusst, dass Sie mit einem einzigen Blick in einen Raum oder aus dem Fenster sofort alles, was sich vor Ihnen befindet, in allen Einzelheiten sehen. Sie sind sich mühelos aller Objekte bewusst, die sich in Ihrem Blickfeld befinden, sowohl in der Nähe als auch in der Ferne. Ohne den Kopf oder die Augen zu bewegen, nehmen Sie all die komplizierten Details dessen wahr, was Sie unmittelbar sehen. Betrachten Sie alle Farben, die Variationen des Lichts, die Maserung von Holzmöbeln, die Architektur von Gebäuden und die Formenvielfalt von Rinde und Blättern an Bäumen. Beachten Sie, dass Sie all dies gleichzeitig wahrnehmen, ohne darüber nachzudenken. Es sind keine Gedanken notwendig. Sie sehen es einfach. Versuchen Sie nun, all die komplizierten Details dessen, was Sie sehen, durch Gedanken zu isolieren, zu benennen und zu beschreiben. Wie lange würde Ihre geistige Stimme brauchen, um Ihnen all diese Details zu beschreiben, im Vergleich zu der Momentaufnahme des Bewusstseins, das einfach nur sieht? Wenn Sie einfach nur schauen, ohne Gedanken zu entwickeln, ist sich Ihr Bewusstsein mühelos all dessen bewusst, was es sieht, und begreift es vollständig.

Bewusstsein ist das höchste Wort, das Sie jemals aussprechen werden. Es gibt nichts Höheres oder Tieferes als Bewusstsein. Bewusstsein ist reines Gewahrsein. Aber was ist Bewusstsein? Lassen Sie uns ein anderes Experiment machen. Nehmen wir an, Sie befinden sich in einem Raum und schauen auf eine Gruppe von Menschen und ein Klavier. Nun stellen Sie sich vor, das Klavier würde in Ihrer Welt nicht mehr existieren. Hätten Sie ein großes Problem damit? Sie sagen: »Nein, ich glaube nicht. Ich hänge nicht an Klavieren.« Okay, stellen Sie sich nun vor, die Menschen in dem Raum würden aufhören zu existieren. Geht es Ihnen noch gut? Können Sie damit umgehen? Sie sagen: »Klar, ich bin gern allein.« Stellen Sie sich nun vor, Ihr Bewusstsein würde nicht existieren. Schalten Sie es einfach ab. Wie geht es Ihnen jetzt?

Wie wäre es, wenn es Ihr Bewusstsein nicht gäbe? Das ist eigentlich ganz einfach – Sie wären nicht da. Es gäbe kein Gefühl eines »Ich«. Da wäre niemand, der sagen könnte: »Wow, ich war mal hier drinnen, aber jetzt gibt es mich nicht mehr.« Es gäbe kein Bewusstsein des Seins mehr. Und ohne das Bewusstsein des Seins, ohne Bewusstheit, gibt es nichts. Gibt es Objekte? Wer weiß das schon? Wenn sich niemand der Objekte bewusst ist, wird ihre Existenz oder Nichtexistenz völlig irrelevant. Es spielt keine Rolle, wie viele Dinge man vor sich hat. Wenn man das Bewusstsein ausschaltet, ist nichts da. Wenn Sie jedoch bewusst sind, wissen Sie genau, dass es draußen nichts gibt. Das ist wirklich nicht kompliziert, und es ist sehr erhellend.

Wenn ich Sie jetzt frage: »Wer sind Sie?«, antworten Sie:

> »Ich bin derjenige, der sieht. Ich bin hier drinnen irgendwo hinten, und von dort schaue ich irgendwo nach draußen und bin mir der Ereignisse, Gedanken und Gefühle bewusst, die an mir vorüberziehen.«

Wenn Sie sehr tief gehen, erkennen Sie, dass Sie an diesem Ort da drinnen leben. Sie leben im Sitz des Bewusstseins. Ein wahres spirituelles Wesen lebt dort, ohne Anstrengung und ohne Absicht. So, wie Sie mühelos nach draußen schauen und alles sehen, was Sie sehen, werden Sie sich schließlich weit genug nach innen setzen, um all Ihre Gedanken und Emotionen zu sehen, ebenso wie die äußeren Formen und Gestalten. All diese Objekte, die äußeren wie die inneren, befinden sich vor Ihnen. Die Gedanken sind näher an Ihnen dran, die Emotionen sind etwas weiter weg als diese, und die Formen sind weit draußen. Hinter all dem existieren Sie. Dann gehen Sie ganz tief und erkennen, dass Sie immer schon da waren. In jeder Phase Ihres Lebens haben Sie andere Gedanken, Gefühle und Objekte an Ihnen vorbeiziehen sehen. Aber Sie sind immer der bewusste Empfänger von allem, was ist.

Jetzt befinden Sie sich im Zentrum Ihres Bewusstseins. Sie sind hinter allem und schauen einfach nur zu. Das ist Ihr wahres Zuhause. Nehmen Sie alles andere weg, dann sind Sie immer noch da und sich bewusst, dass alles weg ist. Nehmen Sie aber das Zentrum des Bewusstseins weg, dann ist nichts mehr da. Dieses Zentrum ist der Sitz des Selbst. Von diesem Sitz aus sind Sie sich bewusst, dass es Gedanken, Emotionen und eine Welt gibt, die durch Ihre Sinne zu Ihnen hereinkommt. Aber jetzt sind Sie sich bewusst, dass Sie bewusst sind. Das ist der Sitz des buddhistischen Selbst[1], des hinduistischen Atman[2] und der jüdisch-christlichen Seele. Das große Mysterium beginnt, sobald Sie diesen Sitz tief im Inneren einnehmen.

---

1 Wie von Buddha im *Mahayana Mahaparinirvana Sutra* (Übers. Kosho Yamamoto 1973) erklärt

2 Atman: *Hinduismus* – Die innerste Essenz eines jeden Menschen (Merriam-Webster 2003)

KAPITEL 4

DAS LUZIDE SELBST

Es gibt eine Art von Traum, den sogenannten luziden Traum, bei dem man weiß, dass man träumt. Wenn Sie in einem solchen Traum fliegen, wissen Sie, dass Sie fliegen. Sie denken: »Hey, schau mal! Ich träume, dass ich fliege. Ich werde dorthin fliegen.« Sie sind tatsächlich bewusst genug, um zu wissen, dass Sie im Traum fliegen und dass Sie den Traum träumen. Das ist ein großer Unterschied zu normalen Träumen, in denen Sie völlig in den Traum eingetaucht sind. Diese Unterscheidung ist genau der Unterschied zwischen dem Bewusstsein, dass Sie bewusst Ihr tägliches Leben leben, und dem Nicht-Bewusstsein, dass man sich bewusst ist. Wenn Sie ein bewusstes Wesen sind, tauchen Sie nicht mehr völlig in die Ereignisse um Sie herum ein. Stattdessen bleiben Sie sich innerlich bewusst, dass Sie die Person sind, die sowohl die Ereignisse als auch die entsprechenden Gedanken und Gefühle erlebt. Wenn in diesem Bewusstseinszustand ein Gedanke entsteht, verlieren Sie sich nicht in ihm, sondern bleiben sich bewusst, dass Sie das Selbst sind, das diese Gedanken denkt. Sie sind luzid.

Das wirft einige sehr interessante Fragen auf. Wenn Sie das in Ihnen wohnende Wesen sind, das all dies erlebt, warum gibt es dann verschiedene Ebenen der Wahrnehmung? Wenn Ihr Sitz das bewusste Selbst ist, ist Ihr Gewahrsein klar und deutlich. Aber wo sind Sie, wenn Sie nicht tief genug im Selbst zentriert sind, um alles, was Sie erleben, bewusst zu erfahren?

Zunächst einmal verfügt das Bewusstsein über eine Fähigkeit, die sich »Konzentration« nennt. Sie ist Teil der Natur des Bewusstseins. Die Essenz des Bewusstseins ist das Gewahrsein, und das beinhaltet die Fähigkeit, sich einer Sache stärker und einer anderen weniger stark gewahr zu werden. Mit anderen Worten, das Bewusstsein ist in der Lage, sich auf bestimmte Objekte zu konzentrieren. Der Lehrer sagt: »Konzentriere dich auf das, was ich sage.« Was bedeutet das? Es bedeutet, dass Sie Ihr Bewusstsein auf einen Ort fokussieren. Die Lehrer gehen davon aus, dass Sie bereits wissen, wie man das macht. Wer hat es Ihnen beigebracht? In welchem Kurs in der Highschool haben Sie gelernt, Ihr Bewusstsein auf etwas zu konzentrieren? Niemand hat Ihnen das beigebracht. Sie sind ganz intuitiv und natürlich dazu in der Lage. Sie haben immer schon gewusst, wie es geht.

Wir wissen also, dass das Bewusstsein existiert, nur sprechen wir normalerweise nicht darüber. Wahrscheinlich haben Sie die Grundschule, die Highschool und das College durchlaufen, ohne dass je über die Natur des Bewusstseins gesprochen wurde. Glücklicherweise gibt es Lehren wie zum Beispiel Yoga, in denen die menschliche Natur sehr genau erforscht wurde. Tatsächlich dreht sich in den uralten Yogalehren alles um das Bewusstsein.

Der beste Weg, etwas über das Bewusstsein herauszufinden, ist die eigene direkte Erfahrung. Sie wissen zum Beispiel sehr gut, dass Ihr Bewusstsein ein weites Feld von Objekten wahrnehmen kann, aber es kann sich auch so sehr auf ein Objekt konzentrieren, dass Sie nichts anderes mehr wahrnehmen. Das passiert, wenn Sie sich in Ihren Gedanken verlieren. Sie lesen ein Buch, und plötzlich lesen Sie nicht mehr, weil Sie an etwas anderes denken. Das passiert die ganze Zeit. Äußere Objekte oder innere Gedanken können jederzeit Ihre Aufmerksamkeit erregen. Aber es ist immer noch dasselbe Bewusstsein, egal, ob es auf die Außenwelt oder auf Ihre Gedanken gerichtet ist.

Der Schlüssel ist, dass das Bewusstsein die Fähigkeit hat, sich auf verschiedene Dinge zu konzentrieren. Das Subjekt, das Bewusstsein, hat die Fähigkeit, seine Aufmerksamkeit selektiv auf bestimmte Objekte zu richten. Wenn Sie einen Schritt zurücktreten, werden Sie klar erkennen, dass ständig Objekte auf allen drei Ebenen an Ihnen vorbeiziehen: mental, emotional und physisch. Wenn Sie nicht zentriert sind, wird Ihr Bewusstsein unweigerlich von einem oder mehreren dieser Objekte angezogen und konzentriert sich auf sie. Wenn sich Ihr Bewusstsein genug konzentriert, verliert es sich in dem Objekt. Es ist sich nicht mehr bewusst, dass es sich des Objekts bewusst ist. Es wird einfach objektbewusst. Ist Ihnen schon einmal aufgefallen, dass Sie, wenn Sie sich ganz ins Fernsehen vertiefen, nicht mehr wissen, wo Sie sitzen oder was sonst im Zimmer vor sich geht?

Die Analogie mit dem Fernseher eignet sich perfekt, um zu untersuchen, wie sich unser Bewusstseinszentrum von der Wahrnehmung des Selbst zu einem Verloren-Sein in den Objekten, auf die wir uns konzentrieren, verschiebt. Der Unterschied besteht darin, dass Sie nicht in Ihrem Wohnzimmer sitzen und in den Fernseher vertieft sind, sondern dass Sie in Ihrem Bewusstseinszentrum sitzen und sich in das vertiefen, was auf den Bildschirmen des Geistes, der Emotionen und der äußeren Bilder an Ihnen vorbeizieht. Wenn Sie sich auf die Welt der physischen Sinne konzentrieren, lassen Sie sich von dieser Welt anziehen. Dann ziehen Ihre emotionalen und mentalen Reaktionen Sie immer weiter hinein. An diesem Punkt sitzen Sie nicht mehr im zentrierten Selbst. Sie sind in die innere Show vertieft, der Sie zuschauen.

Betrachten wir Ihre innere Show genauer. Die ihr zugrunde liegenden Gedankenmuster spielen sich die ganze Zeit um Sie herum ab. Diese Gedankenmuster bleiben stets ziemlich gleich. Sie sind mit Ihren normalen Gedankenmustern so vertraut wie mit den Zimmern in Ihrem Zuhause. Sie haben auch Emotionen, die Sie als normal empfinden: ein gewisses Maß an Angst, ein gewisses Maß an Liebe und ein gewisses Maß an Ungewissheit. Sie wissen, dass, wenn bestimmte Dinge passieren, eine oder mehrere dieser Emotionen aufflackern werden und Ihr Bewusstsein dominieren. Dann, irgendwann, werden sie sich wieder auf die Norm einpendeln. Sie wissen das so gut, dass Sie innerlich sehr damit beschäftigt sind, dafür zu sorgen, dass nichts passiert, was diese Störungen hervorruft. Tatsächlich sind Sie so sehr damit beschäftigt, Ihre Gedankenwelt, Ihre Emotionen und Ihre körperlichen Empfindungen zu kontrollieren, dass Sie nicht einmal wissen, dass Sie da drinnen sind. Das ist für die meisten Menschen der Normalzustand.

Wenn Sie sich in diesem »eingetauchten« Zustand befinden, werden Sie so sehr von den Objekten Ihrer Gedanken, Gefühle und Sinne absorbiert, dass Sie sich als Subjekt ganz vergessen. In diesem Moment sitzen Sie im Zentrum Ihres Bewusstseins und schauen sich Ihre persönliche Fernsehsendung an. Aber da sind so viele interessante Objekte, die Ihr Bewusstsein ablenken, dass Sie gar nicht anders können, als in sie hineingezogen zu werden. Es ist überwältigend. Es ist dreidimensional. Es ist all das, was um Sie herum geschieht. Alle Ihre Sinne ziehen Sie hinein – Sehen, Hören, Schmecken, Riechen und Tasten – ebenso wie Ihre Gefühle und Gedanken. Aber in Wirklichkeit sitzen Sie ruhig im Inneren und schauen sich all diese Objekte an. So wie die Sonne ihren Platz am Himmel nicht verlässt, um Objekte mit ihrem strahlenden Licht zu beleuchten, so verlässt auch das Bewusstsein sein Zentrum nicht, während es Gewahrsein auf die Objekte projiziert – auf die äußeren Formen, auf die Gedanken und auf die Gefühle.

Wenn Sie sich wieder zentrieren wollen, fangen Sie einfach an, innerlich Hallo zu sagen, immer und immer wieder. Nehmen Sie dann wahr, dass Sie sich dieses Gedankens bewusst sind. Denken Sie nicht daran, dass Sie sich seiner bewusst sind – das ist nur ein weiterer Gedanke. Entspannen Sie sich einfach, und seien Sie sich bewusst, dass Sie das Hallo in Ihrem Verstand hören können. Das ist der Sitz Ihres zentrierten Bewusstseins.

Wechseln wir nun von der kleinen zur großen Leinwand. Lassen Sie uns das Bewusstsein am Beispiel eines Films studieren. Wenn Sie ins Kino gehen, lassen Sie sich in den Bann ziehen. Das ist ein Teil der Erfahrung, die man beim Anschauen eines Films macht. Bei einem Film benutzen Sie zwei Sinne: Sehen und Hören. Und es ist sehr wichtig, dass diese Sinne aufeinander abgestimmt sind. Wenn das nicht der Fall wäre, würde man sich nicht so sehr auf den Film einlassen. Stellen Sie sich vor, Sie sehen einen James-Bond-Film, und der Soundtrack ist nicht mit den Szenen synchronisiert. Anstatt in die magische Welt des Films hineingezogen zu werden, wären Sie sich sehr bewusst, dass Sie in einem Kino sitzen und dass etwas nicht stimmt. Da aber Soundtrack und Szenen normalerweise perfekt aufeinander abgestimmt sind, fesselt der Film Ihre Aufmerksamkeit, und Sie vergessen, dass Sie im Kino sitzen. Sie vergessen Ihre persönlichen Gedanken und Gefühle und werden in den Film hineingezogen. Es besteht wirklich ein phänomenaler Unterschied zwischen der Erfahrung, neben Fremden in einem kalten, dunklen Kinosaal zu sitzen, und der Erfahrung, so in den Film vertieft zu sein, dass man seine Umgebung gar nicht mehr wahrnimmt! Bei einem fesselnden Film kann es sogar passieren, dass man die vollen zwei Stunden durchhält, ohne sich seiner selbst bewusst zu werden. Die Synchronisation von Bild und Ton ist also sehr wichtig, wenn Ihr Bewusstsein in den Film eintauchen soll. Und das sind nur zwei Ihrer Sinne.

Was passiert, wenn Sie einen Film auch mit Geruch und Geschmack erleben? Stellen Sie sich vor, Sie erleben einen Film, in dem jemand isst, und Sie schmecken, was diese Person schmeckt, und riechen, was sie riecht. Sie würden sich gewiss völlig in diesem Film verlieren. Der sensorische Input hat sich verdoppelt und damit auch die Anzahl der Objekte, die auf Ihr Bewusstsein wirken. Töne, Sehen, Schmecken, Riechen – und das Wichtigste haben wir noch gar nicht erwähnt: Würden Sie überhaupt in ein Kino gehen, in dem auch der Tastsinn einbezogen wird? Wenn alle fünf Sinne zusammenarbeiten, vollkommen synchron, haben Sie keine Chance. Sie sind von dem Erlebnis völlig gefangen. Aber auch das muss nicht unbedingt der Fall sein. Stellen Sie sich vor, Sie sitzen im Kino, und trotz dieser überwältigenden Sinneserfahrung langweilt Sie der Film. Er fesselt Ihre Aufmerksamkeit einfach nicht, und Ihre Gedanken schweifen ab. Sie beginnen, darüber nachzudenken, was Sie tun werden, wenn Sie nach Hause kommen. Oder Sie denken über etwas nach, das Ihnen in der Vergangenheit passiert ist. Nach einer Weile sind Sie so in Ihren Gedanken versunken, dass Sie kaum noch merken, dass Sie einen Film sehen. Und das, obwohl Ihre fünf Sinne Ihnen immer noch all diese Filmbotschaften übermitteln. Das kann nur geschehen, weil Ihre Gedanken unabhängig von dem äußeren Film in Erscheinung treten können. Damit bietet Ihr Denken Ihrem Bewusstsein einen alternativen Ort an, auf den es sich konzentrieren kann.

Stellen Sie sich nun vor, dass Filme gemacht werden, die nicht nur die fünf Sinne ansprechen, sondern auch Ihre Gedanken und Gefühle mit dem Geschehen auf der Leinwand synchronisieren. Bei diesem Filmerlebnis hören, sehen und schmecken Sie, und plötzlich beginnen Sie, die Emotionen der Figur zu fühlen und die Gedanken der Figur zu denken. Die Figur sagt: »Ich bin so nervös. Soll ich sie fragen, ob sie mich heiraten will?«, und plötzlich packt Sie die gleiche Ungewissheit. Jetzt haben wir die volle Dimension der Erfahrung: fünf körperliche Sinne plus Gedanken und Gefühle. Stellen Sie sich vor, Sie gehen in diesen Film und werden in die Handlung hineingezogen. Vorsicht, das wäre das Ende von Ihnen, wie Sie sich selbst kennen. Es gäbe kein Objekt des Bewusstseins, das nicht mit der Erfahrung synchronisiert wäre. Jeder Ort, der Ihre Aufmerksamkeit erregt, wäre Teil des Films. Sobald der Film die Kontrolle über die Gedanken erlangt, ist es vorbei. Es gibt kein »Ich«, das sagt: »Ich mag diesen Film nicht. Ich möchte gehen.« Dazu wäre ein unabhängiger Gedanke nötig, aber Ihre Gedanken wurden vom Film übernommen. Jetzt sind Sie völlig verloren. Wie kommen Sie jemals wieder aus der Sache heraus?

Auch wenn es beängstigend klingen mag: Das ist das Dilemma Ihres Lebens. Da alle Objekte, die Sie wahrnehmen, synchronisiert sind, werden Sie hineingesaugt und sind sich nicht mehr bewusst, dass Sie eigentlich von den Objekten getrennt sind. Die Gedanken und Emotionen bewegen sich im Einklang mit dem Anblick und den Klängen. Alles kommt herein, und Ihr Bewusstsein wird davon völlig absorbiert. Solange Sie nicht vollständig die Position des Zeugen-Bewusstseins einnehmen, sind Sie sich nicht bewusst, dass Sie das Selbst sind, das alles beobachtet. So lange fühlen Sie sich verwirrt und verloren.

Die verirrte Seele ist ein Bewusstsein, das sich völlig von dem Ort hat einnehmen lassen, wo alle Gedanken, Emotionen und Sinneswahrnehmungen – Sehen, Hören, Schmecken, Tasten und Riechen – vollkommen synchronisiert sind. All diese Botschaften treffen sich an einem Punkt. Dann macht das Bewusstsein, das in der Lage ist, das alles wahrzunehmen, den Fehler, sich zu sehr auf diesen einen Punkt zu fokussieren. Wenn das Bewusstsein davon aufgesaugt wird, erkennt es sich als Selbst nicht mehr. Es hält sich für die Objekte, die es erlebt. Mit anderen Worten, Sie nehmen sich selbst als diese Objekte wahr. Sie denken, Sie wären die Summe Ihrer erlernten Erfahrungen.

Stellen Sie sich eine superfortschrittliche Kino-Filmtechnologie vor. In einem solchen Film können Sie zunächst auswählen, welche Rolle Sie spielen möchten. Sagen wir, Sie entscheiden: »Ich bin James Bond.« Okay, aber wenn Sie dann den Knopf drücken, gibt es kein Zurück – dann können Sie nur hoffen, dass das System einen Timer hat! Denn Ihr Selbst, wie Sie es kennen, ist plötzlich nicht mehr da. All Ihre Gedanken sind jetzt die Gedanken von James Bond, sodass Ihr gesamtes Selbstbild verschwindet. Denken Sie daran, dass Ihr Selbst-Konzept nichts weiter als eine Ansammlung der Gedanken ist, die Sie über sich selbst denken. Ebenso sind Ihre Gefühle nun die Gefühle James Bonds, und Sie sehen den Film aus Bonds visueller und akustischer Perspektive. Der einzige Aspekt Ihres Wesens, der gleich bleibt, ist das Bewusstsein, das sich dieser Objekte bewusst ist. Es ist dasselbe Bewusstseinszentrum, das auch Ihre alten Gedanken, Gefühle und Sinneseindrücke wahrgenommen hat. Nun schaltet jemand den Film aus. Sofort werden Bonds Gedanken und Gefühle wieder durch Ihre alten Gedanken und Gefühle ersetzt. Sie denken nun wieder, dass Sie eine vierzigjährige Frau sind. Alle Gedanken stimmen überein. Alle Gefühle stimmen überein. Alles sieht so aus, riecht so, schmeckt so und fühlt sich so an wie vorher. Aber das ändert nichts an der Tatsache, dass all diese Eindrücke nur etwas sind, was das Bewusstsein erlebt. Es sind alles nur Objekte des Bewusstseins, und das Bewusstsein sind Sie.

Ein bewusstes, zentriertes Wesen unterscheidet sich von einer Person, die weniger bewusst ist, lediglich durch den Fokus seiner Aufmerksamkeit. Im Bewusstsein selbst besteht kein Unterschied. Alles Bewusstsein ist dasselbe. So wie alles Licht der Sonne gleich ist, ist auch alles Bewusstsein gleich. Das Bewusstsein ist weder rein noch unrein. Es besitzt keine Eigenschaften. Es existiert einfach und ist sich bewusst, dass es bewusst ist. Der Unterschied besteht darin, dass sich das Bewusstsein, wenn es nicht im Inneren zentriert ist, völlig auf die Objekte seiner Aufmerksamkeit fokussiert. Sind Sie hingegen ein zentriertes Wesen, ist sich Ihr Bewusstsein immer bewusst, dass es bewusst ist. Ihr Seinsbewusstheit existiert unabhängig von den inneren und äußeren Objekten, auf die Sie Ihre Aufmerksamkeit richten.

Um diesen Unterschied wirklich zu verstehen, müssen Sie sich zunächst einmal klarmachen, dass sich das Bewusstsein auf alles konzentrieren kann. Was geschieht also, wenn sich Ihr Bewusstsein auf sich selbst konzentriert? Dann sind Sie sich nicht mehr Ihrer Gedanken bewusst, sondern Sie sind sich bewusst, dass Sie sich Ihrer Gedanken bewusst sind. Sie haben das Licht des Bewusstseins wieder auf sich selbst gerichtet.

Über irgendetwas denken Sie immer nach, aber dieses Mal denken Sie über die Quelle des Bewusstseins nach. Das ist wahre Meditation. Wahre Meditation geht über den Akt der einfachen, auf einen Punkt gerichteten Konzentration hinaus. Um wirklich tief meditieren zu können, müssen Sie nicht nur in der Lage sein, Ihr Bewusstsein vollständig auf ein Objekt zu fokussieren, Sie müssen auch die Fähigkeit entwickeln, das Bewusstsein selbst zu diesem Objekt zu machen. Im höchsten Zustand des Gewahrseins ist die Aufmerksamkeit auf das Selbst gerichtet.

Wenn Sie über die Natur des Selbst nachsinnen, meditieren Sie. Deshalb ist Meditation der höchste Zustand. Es ist die Rückkehr zur Wurzel Ihres Seins: Sie sind sich einfach bewusst, dass Sie bewusst sind. Sobald Sie sich Ihres Bewusstseins bewusst werden, gelangen Sie in einen völlig anderen Zustand. Sie werden sich bewusst, wer Sie sind. So werden Sie zu einem erwachten Wesen. Das ist wirklich die natürlichste Sache der Welt. »Hier bin ich. Ich war schon immer hier.« Es ist, als hätten Sie auf dem Sofa gesessen und ferngesehen, und dabei waren Sie so sehr in die Sendung vertieft, dass Sie ganz vergessen hatten, wo Sie sich befinden. Jemand schüttelt Sie, und plötzlich sind

Sie sich wieder bewusst, dass Sie auf dem Sofa sitzen und fernsehen. Sonst hat sich nichts geändert. Sie haben einfach aufgehört, Ihr Selbstgefühl auf dieses bestimmte Objekt des Bewusstseins zu projizieren. Sie sind erwacht. Das ist Spiritualität. Das ist die Natur des Selbst. Das ist, was Sie sind.

Wenn Sie sich in diesen Sitz des Bewusstseins zurückziehen, ist die Welt nicht länger ein Problem für Sie. Sie ist nur etwas, das Sie beobachten. Sie verändert sich ständig, aber das fühlt sich nun nicht mehr wie ein Problem an. Je mehr Sie bereit sind, die Welt einfach nur etwas sein zu lassen, dessen Sie sich bewusst sind, desto mehr wird die Welt Sie sein lassen, wer Sie sind – das Bewusstsein, das Selbst, der Atman, die Seele.

Ihnen wird klar, dass Sie nicht die Person sind, für die Sie sich gehalten haben. Sie sind noch nicht einmal ein Mensch. Sie schauen nur zufällig einem Menschen zu. Nun werden Sie damit beginnen, tiefe Erfahrungen in Ihrem eigenen Bewusstseinszentrum zu machen. Das werden tiefe, intuitive Erfahrungen der wahren Natur des Selbst sein. Sie werden feststellen, dass Sie über eine ungeheure Weite verfügen. Wenn Sie, statt der Formen und Gestalten, das Bewusstsein selbst erforschen, werden Sie erkennen, dass Ihr Bewusstsein Ihnen nur deshalb klein und begrenzt vorkommt, weil Sie sich auf kleine und begrenzte Objekte konzentrieren. Das ist genau das, was passiert, wenn Sie sich nur auf den Fernsehapparat konzentrieren: Es gibt dann in Ihrer Welt nichts anderes. Wenn Sie jedoch Ihren Blickwinkel ändern, können Sie das ganze Zimmer sehen, einschließlich des Fernsehers. Anstatt sich nur auf die Gedanken, Gefühle und Sinneswelten dieses einen Menschen zu konzentrieren, können Sie sich zurückziehen und alles sehen. Sie können vom Endlichen zum Unendlichen übergehen. Ist es nicht das, was sie alle uns zu sagen versuchen – Christus, Buddha und die großen Heiligen und Weisen aller Zeiten und aller Religionen?

Einer dieser großen Heiligen, Ramana Maharshi, fragte immer wieder: »Wer bin ich?« Wir sehen jetzt, was für eine tiefgründige Frage das ist. Fragen Sie sich das unaufhörlich, ständig. Dann werden Sie feststellen, dass Sie selbst die Antwort sind. Es gibt keine intellektuelle Antwort – Sie selbst sind die Antwort. Seien Sie die Antwort, und alles wird sich ändern.

TEIL II

ENERGIE ERFAHREN

KAPITEL 5

UNENDLICHE ENERGIE

Das Bewusstsein ist eines der großen Geheimnisse des Lebens. Die innere Energie ist ein weiteres. Es ist eigentlich eine Schande, wie wenig Aufmerksamkeit die westliche Welt den Gesetzen der inneren Energie schenkt. Wir studieren die äußere Energie und messen den Energieressourcen großen Wert bei, aber wir ignorieren die innere Energie. Die Menschen gehen durch ihr Leben, denken, fühlen und handeln, ohne zu verstehen, wie diese Aktivitäten zustande kommen. Die Wahrheit ist, dass jede Bewegung Ihres Körpers, jede Emotion, die Sie empfinden, und jeder Gedanke, der Ihnen durch den Kopf geht, Energie benötigen. So wie alles, was draußen in der physischen Welt geschieht, Energie erfordert, so verbraucht auch alles, was in Ihnen geschieht, Energie.

Wenn Sie sich zum Beispiel auf einen Gedanken konzentrieren, und ein anderer Gedanke stört Sie, müssen Sie eine Gegenkraft aufbringen, um den störenden Gedanken zu bekämpfen. Das kostet Energie, und es kann Sie ermüden. Wenn Sie einen Gedanken haben, den Sie festhalten wollen, der aber immer wieder abdriftet, müssen Sie sich absichtlich konzentrieren, um ihn zurückzuholen. Wenn Sie das tun, schicken Sie dem Gedanken mehr Energie, um ihn an einem bestimmten Ort zu halten. Sie setzen auch Energie ein, um mit Ihren Gefühlen umzugehen. Wenn Sie eine Emotion haben, die Sie nicht mögen und die Sie in Ihrem Tun behindert, schieben Sie sic beiseite. Das tun Sie fast automatisch, instinktiv, damit die unerwünschte Emotion nicht auftaucht und Sie stört. Für jede dieser Handlungen benötigen Sie Energie.

Gedanken erzeugen, an Gedanken festhalten, Gedanken abrufen, Emotionen erzeugen, Emotionen kontrollieren und mächtige innere Antriebe disziplinieren – all das benötigt einen enormen Energieaufwand. Woher kommt diese große Menge an Energie? Warum ist die Energie manchmal da, und zu anderen Zeiten fühlen Sie sich völlig ausgelaugt? Ist Ihnen schon einmal aufgefallen, dass Essen nicht viel hilft, wenn Sie geistig und emotional ausgelaugt sind? Umgekehrt, wenn Sie sich an die Zeiten in Ihrem Leben erinnern, in denen Sie verliebt oder in anderer Hinsicht besonders inspiriert und freudig erregt waren: Da sprühten Sie so vor Energie, dass Sie kaum ein Verlangen nach Essen verspürten. Diese Energie, von der wir hier sprechen, stammt nicht aus den Kalorien, die Ihr Körper aus der Nahrung aufnimmt und verbrennt. Es gibt eine Energiequelle, aus der Sie von innen schöpfen können. Sie unterscheidet sich von der äußeren Energiequelle.

Am besten lässt sich diese Energiequelle anhand eines Beispiels untersuchen. Nehmen wir an, Sie sind in Ihren Zwanzigern, und Ihre Freundin oder Ihr Freund trennt sich von Ihnen. Sie werden so deprimiert, dass Sie anfangen, allein zu Hause zu bleiben. Weil Sie keine Energie zum Aufräumen haben, liegt bald alles über den ganzen Boden verstreut. Weil Sie kaum aus dem Bett kommen, schlafen Sie fast die ganze Zeit. Zwischendurch essen Sie aber offensichtlich, denn überall liegen Pizzakartons herum. Aber nichts scheint zu helfen. Sie haben einfach keine Energie. Ihre Freunde laden Sie ein, mit ihnen auszugehen, aber Sie lehnen ab. Sie sind einfach zu müde, um etwas zu unternehmen.

Die meisten Menschen waren irgendwann in ihrem Leben schon einmal an diesem Punkt. Man hat das Gefühl, sich in einer ausweglosen Situation zu befinden, und es scheint, als würde das nun für alle Zeit so bleiben. Dann, eines Tages, klingelt plötzlich das Telefon. Es ist Ihre Freundin. Richtig, die, die Sie vor drei Monaten verlassen hat. Sie weint und sagt: »Oh, mein Gott! Erinnerst du dich noch an mich? Ich hoffe, du redest noch mit mir. Ich fühle mich einfach so schrecklich. Dich zu verlassen, war der schlimmste Fehler, den ich je gemacht habe. Ich sehe jetzt, wie wichtig du mir bist, und ich kann ohne dich nicht leben. Die einzige wirkliche Liebe, die ich je in meinem Leben empfunden habe, habe ich während der Zeit erfahren, als wir zusammen waren. Würdest du mir bitte verzeihen? Könntest du mir jemals verzeihen? Darf ich zu dir zurückkommen?«

Wie geht es Ihnen jetzt? Mal im Ernst: Wie lange brauchen Sie, bis Sie genug Energie aufbringen, um aus dem Bett zu springen, die Wohnung aufzuräumen, zu duschen und wieder etwas Farbe ins Gesicht zu bekommen? Es geht praktisch von jetzt auf gleich. In dem Moment, in dem Sie den Hörer auflegen, sind Sie voller Energie. Wie kann das passieren? Sie waren völlig ausgelaugt. Über Monate hinweg hatten Sie keine Energie. Und dann, wie aus dem Nichts, in Sekundenschnelle, haben Sie so viel Energie, dass Sie kaum still stehen können.

Mit Sicherheit haben auch Sie schon auf die ein oder andere Weise einen solchen enormen Umschwung in Ihrem Energielevel erlebt. Es ist eine tiefgreifende Erfahrung, die niemanden gleichgültig lässt. Aber woher genau kommt all diese Energie? Es gab keine plötzliche Veränderung Ihrer Ess- oder Schlafgewohnheiten. Doch wenn Ihre Freundin vorbeikommt, reden Sie die ganze Nacht und gehen morgens nach draußen, um sich den Sonnenaufgang anzuschauen. Sie sind überhaupt nicht müde. Sie sind wieder zusammen und halten Händchen, und diese Glücksgefühle wollen einfach nicht aufhören, Sie zu überwältigen. Die Leute sehen Sie beide und bemerken, dass Sie geradezu strahlen vor Glück. Woher kommt all diese ganze Energie?

Wenn Sie das genau beobachten, werden Sie feststellen, dass Sie eine phänomenale Menge Energie in sich tragen. Diese Energie kommt nicht aus der Nahrung und nicht aus dem Schlaf. Diese Energie steht Ihnen immer zur Verfügung. In jedem Moment können Sie sie abrufen. Sie steigt einfach in Ihnen empor und erfüllt Sie von innen. Und wenn das geschieht, haben Sie das Gefühl, es mit der ganzen Welt aufnehmen zu können. Wenn die Energie stark fließt, können Sie tatsächlich spüren, wie sie in Wellen durch Sie hindurchjagt. Sie sprudelt spontan von tief drinnen empor und versorgt Sie mit neuer Kraft.

Der einzige Grund, warum Sie diese Energie nicht ständig spüren, ist, dass Sie selbst ihr Fließen blockieren. Die Energie wird dadurch blockiert, dass Sie Ihr Herz verschließen, Ihren Verstand verschließen und sich selbst in einen begrenzten Raum im Inneren zurückziehen. Damit sperren Sie sich gegen die ganze Energie. Wenn Sie Ihr Herz oder Ihren Verstand verschließen, verkriechen Sie sich in der Dunkelheit Ihrer Innenwelt. Es gibt kein Licht. Es gibt keine Energie. Es fließt nichts mehr. Die Energie ist immer noch da, aber sie kann nicht zu Ihnen gelangen.

Das bedeutet es, »blockiert« zu sein. Deshalb haben Sie, wenn Sie deprimiert sind, keine Energie. Es gibt in uns Zentren, die unseren Energiefluss kanalisieren. Wenn Sie diese schließen, fließt keine Energie. Öffnen Sie jedoch die Zentren, ist die Energie sofort da. Es gibt in Ihrem Körper verschiedene Energiezentren, aber das, bei dem Sie intuitiv am besten wissen, wie man es öffnet und schließt, ist Ihr Herz. Nehmen wir an, Sie lieben jemanden und fühlen sich in seiner Gegenwart sehr offen. Weil Sie diesem Menschen vertrauen, öffnen Sie Ihre Schutzwälle und spüren viel Energie. Aber wenn diese Person dann etwas tut, das Ihnen missfällt, fühlt sich das nächste Treffen mit ihr für Sie nicht mehr so gut an. Sie empfinden weniger Liebe. Stattdessen spüren Sie eine Enge in Ihrer Brust. Das geschieht, weil Sie Ihr Herz verschlossen haben. Das Herz ist ein Energiezentrum, und es kann sich öffnen oder schließen. Die Yogis nennen die Energiezentren *Chakren.* Wenn Sie Ihr Herzzentrum verschließen, kann die Energie nicht einströmen. Und ohne die Energie herrscht Dunkelheit. Je nachdem, wie verschlossen Sie sind, fühlen Sie entweder eine enorme Unruhe oder eine überwältigende Lethargie. Oft schwanken die Menschen zwischen diesen beiden Zuständen hin und her. Wenn Sie dann feststellen, dass der geliebte Mensch nichts falsch gemacht hat, oder wenn er sich zu Ihrer Zufriedenheit entschuldigt, öffnet sich Ihr Herz wieder. Durch diese Öffnung strömt Energie, und die Liebe beginnt wieder zu fließen.

Wie oft haben Sie diese Dynamik in Ihrem Leben schon erlebt? Es gibt in Ihnen eine wunderbare Energiequelle. Wenn Sie offen sind, spüren Sie sie, wenn Sie verschlossen sind, spüren Sie sie nicht. Dieser Energiefluss kommt aus der Tiefe Ihres Seins. Er trägt viele Namen. In der alten chinesischen Medizin heißt die Energie Chi. Im Yoga heißt sie Shakti. Im Westen nennt man sie Geist. Nennen Sie sie, wie es Ihnen gefällt. Alle großen spirituellen Traditionen sprechen von dieser spirituellen Energie. Sie geben ihr nur andere Namen. Diese spirituelle Energie erleben Sie dann, wenn Liebe in Ihr Herz strömt. Wenn Sie von etwas beseelt und begeistert sind, steigt all diese hohe Energie in Ihnen auf.

Sie sollten über diese Energie Bescheid wissen, denn es ist Ihre. Sie ist Ihr Geburtsrecht, und sie ist unbegrenzt verfügbar. Sie können sie abrufen, wann immer Sie wollen. Sie hat nichts mit dem Alter zu tun. Manche achtzigjährigen Menschen haben die Energie und den Enthusiasmus eines Kindes. Sie können sieben Tage in der Woche lange arbeiten. Das ist einfach Energie. Energie wird nicht alt, sie wird nicht müde, und sie braucht keine Nahrung. Was sie braucht, ist Offenheit und Empfänglichkeit. Diese Energie ist für jeden gleich verfügbar. Die Sonne scheint auf alle Menschen gleichermaßen. Sie scheint auf Sie, wenn Sie anständig sind. Sie scheint auf Sie, wenn Sie etwas Schlechtes getan haben. So ist es auch mit der inneren Energie. Der einzige Unterschied ist, dass Sie sich innerlich verschließen und damit die innere Energie blockieren können. Wenn Sie sich verschließen, hört die Energie auf zu fließen. Wenn Sie sich öffnen, steigt die Energie ungehindert in Ihnen auf. In den wahren spirituellen Lehren geht es um diese Energie und darum, wie man sich für sie öffnet.

Das Einzige, was Sie wissen müssen, ist, dass das Öffnen die Energie hereinlässt und das Schließen sie blockiert. Nun müssen Sie entscheiden, ob Sie diese Energie wollen oder nicht. Wie stark soll sie in Ihnen fließen? Wie viel Liebe wollen Sie spüren? Wie viel Begeisterung wollen Sie für die Dinge empfinden, die Sie tun? Wenn ein erfülltes Leben bedeutet, ständig hohe Energie, Liebe und Enthusiasmus zu empfinden, dann sollten Sie sich niemals verschließen.

Es gibt eine sehr einfache Methode, um offen zu bleiben. Man bleibt offen, indem man sich nie verschließt. Das ist wirklich so einfach. Sie müssen nur entscheiden, ob Sie offen bleiben wollen oder ob Sie das Gefühl haben, dass es sich für Sie in irgendeiner Form lohnen könnte, sich zu verschließen. Sie können sich sogar antrainieren, das Schließen zu vergessen. Sich zu verschließen, ist eine Gewohnheit, und wie jede andere Gewohnheit kann man sie ablegen. Sie könnten zum Beispiel zu den Menschen gehören, die unterschwellig Angst vor anderen Menschen haben und dazu neigen, sich zu verschließen, wenn sie Leuten begegnen, die ihnen noch unvertraut sind. Sie könnten es sich angewöhnt haben, sich verkrampft, verschlossen zu fühlen, wenn jemand, den Sie nicht kennen, auf Sie zugeht und Sie begrüßt. Aber Sie können sich selbst trainieren, das Gegenteil zu tun. Sie können sich antrainieren, sich jedes Mal zu öffnen, wenn Sie jemandem begegnen. Die Entscheidung, ob Sie sich verschließen oder öffnen wollen, liegt ganz bei Ihnen.

Das Problem ist, dass wir diese Kontrolle nicht ausüben. Unter normalen Umständen lassen wir zu, dass es von psychologischen Faktoren abhängt, ob und wie weit wir uns öffnen. Im Grunde sind wir darauf programmiert, uns aufgrund unserer früheren Erfahrungen zu öffnen oder zu verschließen. Die Eindrücke aus der Vergangenheit sind immer noch in uns, und sie werden durch verschiedene Ereignisse stimuliert. Wenn es negative Eindrücke waren, neigen wir dazu, uns zu verschließen. Wenn es positive Eindrücke waren, neigen wir dazu, uns zu öffnen. Nehmen wir an, Sie riechen einen bestimmten Duft, der Sie daran erinnert, wie es war, als Sie jung waren und jemand das Abendessen kochte. Wie Sie auf diesen Duft reagieren, hängt von den Eindrücken ab, die Ihre damaligen Erfahrungen hinterlassen haben. War es eine Freude für Sie, mit der Familie zu Abend zu essen? War das Essen gut? Wenn ja, dann löst der Geruch ein warmes Gefühl in Ihnen aus, sodass Sie sich öffnen. Wenn die Stimmung bei den gemeinsamen Essen nicht so gut war oder Sie etwas essen mussten, das Sie nicht mochten, dann ziehen Sie sich innerlich zusammen und verschließen sich. So empfindlich reagiert Ihr inneres System. Ein Geruch kann dazu führen, dass man sich öffnet oder schließt, genauso wie der Anblick eines Autos in einer bestimmten Farbe oder sogar die Schuhe, die eine Person trägt. Wir sind auf der Grundlage unserer früheren Eindrücke so programmiert, dass alle möglichen Dinge dazu führen können, dass wir uns öffnen oder verschließen. Wenn Sie aufmerksam sind, werden Sie feststellen, dass dies im Laufe eines Tages immer wieder geschieht.

Aber etwas so Wichtiges wie Ihren inneren Energiefluss sollten Sie nie dem Zufall überlassen. Wenn Sie Energie mögen, und das tun Sie, dann verschließen Sie sich niemals. Je mehr Sie lernen, offen zu bleiben, desto mehr kann die

Energie Sie durchströmen und erfüllen. Dieses innere Öffnen üben Sie ganz einfach, indem Sie sich bewusst nicht verschließen. Jedes Mal, wenn Sie anfangen, sich zu verschließen, fragen Sie sich, ob Sie den Energiefluss wirklich unterbrechen wollen. Denn wenn Sie wollen, können Sie lernen, offen zu bleiben, ganz egal, was in dieser Welt geschieht. Verpflichten Sie sich einfach, Ihre Fähigkeit zu erkunden, unbegrenzt Energie empfangen zu können. Entscheiden Sie bewusst, sich nicht zu verschließen. Zunächst fühlt sich das unnatürlich an, da Sie von Natur aus dazu neigen, sich zu verschließen, um sich zu schützen. Aber wenn Sie Ihr Herz verschließen, schützt Sie das nicht wirklich vor irgendetwas. Es schneidet Sie nur von Ihrer Energiequelle ab. Sie bleiben in sich selbst gefangen.

Sie werden feststellen, dass das Einzige, was Sie wirklich vom Leben wollen, Begeisterung, Freude und Liebe ist. Wenn Sie das die ganze Zeit fühlen können, wen kümmert es dann, was da draußen passiert? Wenn Sie sich immer gut fühlen können, wenn Sie sich immer über die Erfahrung des Augenblicks freuen können, dann ist es egal, welche Erfahrung Sie gerade machen. Egal, was es ist, es ist schön, wenn Sie sich innerlich gut fühlen. So lernen Sie, offen zu bleiben, egal, was geschieht. Wenn Sie das tun, bekommen Sie ganz umsonst das, worum alle anderen kämpfen: Liebe, Begeisterung, freudige Erregung und Energie. Ihnen wird klar, dass die Definition dessen, was Sie Ihrer Meinung nach brauchen, um sich innerlich öffnen zu können, Sie in Wirklichkeit einschränkt. Wenn Sie Listen erstellen, wie die Welt sein muss, damit Sie sich öffnen können, haben Sie Ihre Offenheit auf diese Bedingungen beschränkt. Besser ist es, offen zu sein, egal, was geschieht.

Wie Sie lernen, offen zu bleiben, hängt von Ihnen ab. Der ultimative Trick ist, sich nicht zu verschließen. Wenn Sie sich nicht verschließen, haben Sie gelernt, offen zu bleiben. Lassen Sie nicht zu, dass irgendetwas im Leben so wichtig ist, dass Sie bereit sind, Ihr Herz deswegen zu verschließen. Wenn sich Ihr Herz zu verschließen beginnt, sagen Sie einfach: »Nein, ich werde mich nicht verschließen. Ich werde mich entspannen. Ich werde diese Situation zulassen und mit ihr leben.« Ehren und respektieren Sie die Situation, und gehen Sie angemessen mit ihr um. Nehmen Sie sich auf jeden Fall der Sache an. Tun Sie das Beste, was Sie können. Aber bleiben Sie dabei offen. Gehen Sie mit Begeisterung und Enthusiasmus an die Sache heran. Egal, was es ist, machen Sie es einfach zur spannenden sportlichen Herausforderung des Tages. Mit der Zeit werden Sie feststellen, dass Sie vergessen, wie man sich überhaupt verschließt. Egal, was irgendjemand tut, egal, welche Situation eintritt, Sie werden nicht einmal mehr die Neigung verspüren, sich innerlich abzuschotten. Sie werden einfach mit ganzem Herzen und ganzer Seele das Leben umarmen. Wenn Sie einmal diesen hohen Zustand erreicht haben, wird Ihr Energieniveau phänomenal sein. Sie werden jederzeit alle Energie haben, die Sie benötigen. Entspannen Sie sich einfach, und öffnen Sie sich, dann steigt eine enorme Energie in Ihnen auf. Dieser Energiefluss wird allein durch Ihre Fähigkeit begrenzt, offen zu bleiben.

Wenn Sie wirklich offen bleiben wollen, achten Sie darauf, wann Sie Liebe und Begeisterung empfinden. Dann fragen Sie sich, warum Sie das nicht immer fühlen können. Warum muss es verschwinden? Die Antwort liegt auf der Hand: Liebe und Begeisterung verschwinden nur, wenn Sie die Entscheidung treffen, sich zu verschließen. Indem Sie sich verschließen, wählen Sie, keine Offenheit und Liebe zu empfinden. Immer wieder entscheiden Sie sich gegen die Liebe. Sie empfinden Liebe, bis jemand etwas sagt, das Ihnen missfällt, und dann gehen Sie bewusst aus dem Zustand der Liebe heraus. Sie gehen begeistert Ihrer Arbeit nach, bis jemand etwas, das Sie tun, kritisiert, und darauf reagieren Sie so wütend, dass Sie am liebsten sofort kündigen wollen. Sie haben die Wahl. Sie können entweder den Job wechseln, weil Ihnen das, was passiert ist, nicht gefällt, oder Sie können weiterhin Liebe und Begeisterung empfinden und mit Ihrer Arbeit weitermachen, die Ihnen Freude bereitet. Solange Sie definieren, was Ihnen gefällt und was nicht, werden Sie sich entweder öffnen oder verschließen. Sie definieren tatsächlich Ihre Grenzen selbst. Sie erlauben Ihrem Verstand, ständig Auslöser zu erschaffen, die bei Ihnen bewirken, dass Sie sich entweder öffnen oder verschließen. Lösen Sie sich von diesem Muster. Wagen Sie es, anders zu sein. Genießen Sie Ihr ganzes Leben.

Je mehr Sie offen bleiben, desto mehr kann sich der Energiefluss aufbauen. Irgendwann fließt so viel Energie in Ihnen, dass diese Energie ganz von selbst aus Ihnen hinaus in die Umwelt strömt. Sie spüren, wie die Energie wellenförmig von Ihnen ausgeht. Sie merken deutlich, wie sie aus Ihren Händen, Ihrem Herzen und durch andere Energiezentren hinausfließt. All diese Energiezentren öffnen sich, und eine enorme Menge an Energie beginnt, aus Ihnen hervorzuströmen. Mehr noch, Ihre Energie wirkt sich auch auf andere Menschen aus. Die Menschen können sie aufnehmen, und Sie nähren die anderen durch diesen Energiefluss. Wenn Sie bereit sind, sich noch mehr zu öffnen, wird das zu einem wirklich niemals versiegenden Strom. So werden Sie zu einer Quelle des Lichts für alle Menschen in Ihrer Umgebung.

Öffnen Sie sich einfach weiter, und verschließen Sie sich nicht mehr. Und schauen Sie, was mit Ihnen geschieht. Sogar Ihre körperliche Gesundheit können Sie auf diese Weise positiv beeinflussen. Wenn Sie spüren, dass sich eine Krankheit anbahnt, entspannen Sie sich einfach, und öffnen Sie sich. Wenn Sie sich öffnen, bringen Sie mehr Energie in das System, und das ermöglicht Heilung. Energie heilt, und deshalb ist auch die Liebe heilkräftig. Wenn Sie Ihre innere Energie erforschen, öffnet sich eine ganze Welt für Sie.

Ihre innere Energie ist das Wichtigste in Ihrem Leben. Wenn Sie ständig müde sind und sich für nichts begeistern können, macht das Leben keinen Spaß. Wenn Sie aber immer inspiriert und voller Energie sind, dann ist jede Minute eines jeden Tages eine aufregende Erfahrung. Lernen Sie, mit diesen Dingen zu arbeiten. Durch Meditation, Bewusstheit und Willenskraft können Sie lernen, Ihre Energiezentren geöffnet zu halten. Das gelingt Ihnen, indem Sie sich einfach entspannen und loslassen. Lassen Sie sich von der Vorstellung leiten, dass es immer etwas gibt, für das es sich lohnt, innerlich offen zu bleiben und sich nicht zu verschließen. Denken Sie daran: Wenn Sie das Leben lieben, lohnt es sich nicht, sich vor irgendetwas zu verschließen. Nichts ist es jemals wert, dass Sie deswegen Ihr Herz verschließen.

KAPITEL 6

DIE GEHEIMNISSE DES SPIRITUELLEN HERZENS

Nur sehr wenige Menschen verstehen das Herz. In Wahrheit ist Ihr Herz ein Meisterwerk der Schöpfung. Es ist ein phänomenales Instrument. Es hat das Potenzial, Schwingungen und Harmonien zu erzeugen, die weit über die Schönheit von Klavieren, Geigen oder Flöten hinausgehen. Man kann ein Instrument hören, aber sein Herz fühlt man. Und wenn Sie glauben, Sie würden ein Musikinstrument spüren, dann nur, weil sein Klang Ihr Herz berührt hat. Ihr Herz ist ein Instrument aus einer äußerst feinen Energie, das nur wenige Menschen zu schätzen wissen.

Bei den meisten Menschen verrichtet das Herz seine Arbeit unbeachtet. Obwohl sein Verhalten den Verlauf unseres Lebens bestimmt, wird es nicht verstanden. Wenn sich das Herz zu einem bestimmten Zeitpunkt öffnet, verlieben wir uns. Wenn es sich zu einem bestimmten Zeitpunkt wieder verschließt, hört die Liebe auf. Wenn das Herz schmerzt, werden wir wütend, und wenn wir es gar nicht mehr fühlen, werden wir leer. All diese verschiedenen Dinge geschehen, weil das Herz Veränderungen durchmacht. Diese Energieverschiebungen und Veränderungen, die im Herzen stattfinden, bestimmen unser Leben. Mit dem Herzen identifizieren Sie sich so sehr, dass Sie die Worte »ich« und »mich« benutzen, wenn Sie sich darauf beziehen, was in Ihrem Herzen vor sich geht. Aber in Wahrheit sind Sie nicht Ihr Herz. Sie sind das Bewusstsein, von dem Ihr Herz wahrgenommen und erlebt wird.

Es ist eigentlich sehr einfach, das Herz zu verstehen. Das Herz ist ein Energiezentrum, ein Chakra. Es ist eines der schönsten und kraftvollsten Energiezentren und eines, das tagtäglich unser Leben beeinflusst. Wie wir gesehen haben, ist ein Energiezentrum ein Bereich in unserem Wesen, in dem sich unsere Energie konzentriert, verteilt und fließt. Dieser Energiefluss wird auch als Shakti, Geist und Chi bezeichnet und spielt eine wichtige Rolle in unserem Leben. Sie spüren die Energie des Herzens die ganze Zeit über. Denken Sie daran, wie es ist, Liebe in Ihrem Herzen zu spüren. Denken Sie daran, wie es ist, wenn Inspiration und Begeisterung aus Ihrem Herzen strömen. Denken Sie daran, wie es sich anfühlt, wenn Energie in Ihrem Herzen aufsteigt und Sie zuversichtlich und stark macht. All das geschieht, weil das Herz ein Energiezentrum ist.

Das Herz steuert den Energiefluss durch Öffnen und Schließen. Das bedeutet, Ihr Herz kann, wie ein Ventil, den Energiefluss entweder durchlassen oder blockieren. Wenn Sie Ihr Herz beobachten, wissen Sie sehr gut, wie es sich anfühlt, wenn es geöffnet ist, und wie es sich anfühlt, wenn es sich verschlossen hat. Tatsächlich ändert sich der Zustand Ihres Herzens ziemlich regelmäßig. Sie können in der Gegenwart eines anderen Menschen starke Liebesgefühle empfinden, bis er etwas sagt, was Ihnen nicht gefällt. Dann verschließt sich Ihr Herz, und Sie spüren die Liebe einfach nicht mehr. Das haben wir alle schon erlebt, aber was genau ist die Ursache dafür? Da wir ja alle jeden Tag die Regungen unseres Herzens erleben, lohnt es sich zu verstehen, was in ihm vor sich geht.

Zu Beginn dieser Analyse stellen wir eine grundlegende Frage: Was in der Struktur des Herzzentrums ermöglicht es ihm, sich zu verschließen? Sie werden feststellen, dass sich das Herz verschließt, weil es durch gespeicherte unaufgelöste Energiemuster aus der Vergangenheit blockiert wird. Um dies zu erkennen, müssen Sie einfach nur Ihre

Alltagserfahrungen anschauen. Ereignisse, die in dieser Welt stattfinden, dringen durch Ihre Sinne ein und beeinflussen Ihren inneren Zustand. Diese Ereignisse zu erleben, kann Furcht, Angst oder vielleicht auch Liebe hervorrufen. Je nachdem, wie Sie die Eindrücke aus der Außenwelt aufnehmen und verdauen, während Sie durch sie hindurchgehen, spielen sich in Ihnen unterschiedliche Erfahrungen ab. Wenn Sie die Welt durch Ihre Sinne aufnehmen, ist es eigentlich Energie, die in Ihr Wesen hineinkommt. Die Form selbst gelangt nicht in Ihren Verstand oder Ihr Herz. Die Form bleibt draußen, aber sie wird von unseren Sinnen zu Energiemustern verarbeitet, die unser Verstand und unser Herz empfangen und erfahren können.

Die Wissenschaft erklärt uns diesen Wahrnehmungsprozess. Ihre Augen sind nicht wirklich Fenster, durch die Sie in die Welt hinausschauen. Ihre Augen sind Kameras, die elektronische Bilder von der Welt in Sie hineinschicken. Dies gilt für alle Ihre Sinne. Die Sinne nehmen die Welt wahr, wandeln die Informationen um, übertragen die Daten durch elektrische Nervenimpulse, und dann werden die Eindrücke in Ihrem Verstand wiedergegeben. Ihre Sinne sind in der Tat elektronische Messgeräte. Aber wenn die Energiemuster, die in Ihre Psyche eindringen, Störungen verursachen, werden Sie sich dagegen wehren und ihnen nicht erlauben, Sie zu durchlaufen. Wenn Sie das tun, werden die Energiemuster in Ihnen tatsächlich blockiert.

Das ist sehr wichtig. Um besser zu verstehen, wie es ist, diese Energien in sich gespeichert zu haben, lassen Sie uns zunächst untersuchen, wie es wäre, wenn nichts gespeichert wäre. Was wäre, wenn alles einfach an Ihnen vorbeigehen würde? Wenn Sie zum Beispiel auf einer Autobahn fahren, kommen Sie wahrscheinlich an Tausenden von Bäumen vorbei. Sie hinterlassen keine Eindrücke bei Ihnen. Sie nehmen sie wahr, und im nächsten Augenblick sind sie schon wieder verschwunden. Während Sie fahren, sehen

Sie Bäume, Gebäude und Autos, und nichts davon hinterlässt bei Ihnen einen bleibenden Eindruck. Es ist nur eine momentane visuelle Wahrnehmung. All das kommt zwar durch die Sinne zu Ihnen herein und hinterlässt Eindrücke in Ihrem Verstand, aber so schnell, wie die Eindrücke entstanden sind, werden sie wieder losgelassen. Wenn Sie keine persönlichen Probleme mit ihnen haben, können Sie die Eindrücke frei verarbeiten.

So sollte Ihr gesamtes Wahrnehmungssystem funktionieren. Es sollte die Dinge aufnehmen, Ihnen erlauben, sie zu erfahren, und sie dann passieren lassen, damit Sie im nächsten Moment wieder voll präsent sind. Solange dieses System funktioniert, geht es Ihnen gut, und alles ist in Ordnung. Sie machen einfach eine Erfahrung nach der anderen. Autofahren ist eine Erfahrung, vorbeiziehende Bäume sind eine Erfahrung, und vorbeifahrende Autos sind eine Erfahrung. Diese Erfahrungen sind Geschenke an Sie, wie ein toller Kinofilm. Die Erfahrungen kommen herein und werden von Ihnen als anregend erlebt. Sie haben tatsächlich eine tiefgreifende Wirkung auf Sie. Moment für Moment kommen Erfahrungen herein, während Sie lernen und sich weiterentwickeln. Ihr Herz und Ihr Verstand erweitern sich. Sie werden auf einer sehr tiefen Ebene berührt. Wenn Erfahrung der beste Lehrer ist, dann gibt es nichts, was sich dafür so gut eignet wie die Erfahrungen dieses Lebens.

Das Leben zu leben bedeutet, den Moment zu erleben, der durch Sie hindurchgeht, und dann den nächsten Moment zu erleben, und dann den nächsten. Viele verschiedene Erfahrungen kommen herein und gehen durch Sie hindurch. Wenn das richtig funktioniert, ist es ein großartiges System. Wenn Sie in diesem Zustand leben können, sind Sie ein voll bewusstes Wesen, denn das ist die Art und Weise, wie ein erwachtes Wesen im »Jetzt« lebt. Sie sind gegenwärtig, das Leben ist gegenwärtig, und die Ganzheit des

Lebens fließt durch Sie hindurch. Stellen Sie sich vor, Sie wären bei jeder Lebenserfahrung so vollständig präsent, dass Sie davon bis in die Tiefe Ihres Seins berührt werden. Jeder Augenblick wäre eine anregende, bewegende Erfahrung, denn Sie wären völlig offen, und das Leben würde Sie frei und ungehindert durchströmen.

Aber so läuft es leider bei den meisten von uns nicht. Stattdessen ist es eher so, dass Sie die Straße entlangfahren, Bäume ziehen vorbei, Autos kommen Ihnen entgegen. Eine Weile läuft es problemlos, aber dann geschieht unweigerlich etwas, das Sie irritiert, behindert oder Ihnen gar völlig den Weg versperrt. Da taucht plötzlich dieses Auto auf, ein hellblauer Ford Mustang, der aussieht wie der Wagen Ihrer Freundin. Er parkt am Straßenrand, und während Sie daran vorbeifahren, sehen Sie zwei Menschen, die eng umschlungen in dem Auto sitzen. Zumindest sah es aus, als würden sie sich umarmen, und es sah wirklich aus wie das Auto Ihrer Freundin. Aber es war ein Auto wie alle anderen, nicht wahr? Nein, für Sie war es nicht so wie alle anderen Autos.

Schauen wir uns genau an, was passiert ist. Für die Kamera der Augen gibt es sicherlich keinen Unterschied zwischen diesem Auto und den anderen. Das Licht prallt von den Objekten ab, durchdringt die Netzhaut und hinterlässt einen visuellen Eindruck in Ihrem Kopf. Auf der physischen Ebene gibt es also keinen Unterschied. Aber auf der mentalen Ebene ist das anders. Denn schon im nächsten Augenblick nehmen Sie die Bäume nicht mehr wahr. Sie nehmen die anderen Autos nicht mehr wahr. Ihr Herz und Ihr Verstand sind völlig auf dieses eine Auto fixiert, obwohl es längst wieder aus Ihrem Blickfeld verschwunden ist. Also haben Sie ein Problem. Es gibt eine Blockade, ein Ereignis, das in Ihnen feststeckt. Alle nachfolgenden Erfahrungen versuchen, durch Sie hindurchzufließen, aber in Ihrem Inneren ist etwas passiert, das Sie daran hindert, das kurze

Erlebnis mit dem blauen Ford Mustang abzuschließen und sich wieder davon zu lösen.

Was geschieht nun mit solchen Eindrücken – zum Beispiel diesem Bild des Autos Ihrer Freundin –, die nicht ungehindert durch Sie hindurchfließen und einfach in der Erinnerung verschwinden konnten wie alles andere? Irgendwann müssen Sie aufhören, sich mit ihnen zu beschäftigen, weil etwas anderes Ihre Aufmerksamkeit fordert – zum Beispiel die nächste Ampel. Was Sie nicht erkennen, ist, dass sich Ihre gesamte Lebenserfahrung aufgrund dessen, was Sie nicht bewältigt und aufgelöst haben, verändern wird. Das Leben muss nun mit diesem blockierten Erlebnis um Ihre Aufmerksamkeit konkurrieren, und dieses Erlebnis sitzt nicht einfach still da drinnen. Sie werden feststellen, dass Sie dazu neigen, immer wieder daran zu denken. Das alles geschieht in dem Versuch, einen Weg zu finden, das verstörende Erlebnis geistig zu verarbeiten. Sie brauchen die Bäume, an denen Sie vorbeifahren, nicht zu verarbeiten, aber dieses Erlebnis müssen Sie verarbeiten. Weil Sie sich dagegen gewehrt haben, steckt es in Ihnen fest, und jetzt haben Sie ein Problem. Gedanken wie diese tauchen in Ihnen auf: »Also, vielleicht war sie es ja gar nicht. Natürlich war sie es nicht. Wie könnte das denn auch möglich sein?« Ein Gedanke nach dem anderen geht Ihnen durch den Kopf. Das macht Sie ganz verrückt. All dieser innere Lärm ist nur Ihr Versuch, die blockierte Energie zu verarbeiten und aus dem Weg zu räumen.

Langfristig werden die unverarbeiteten, unaufgelösten Energiemuster zwar aus dem Vordergrund Ihres Verstandes verdrängt, aber Sie halten trotzdem innerlich an ihnen fest. Auflösen werden diese Muster sich nur, wenn Sie sich bewusst dafür entscheiden, sie loszulassen. Solche Energiemuster, die enorme Details über die mit ihnen verbundenen Ereignisse enthalten, sind völlig real. Sie verschwinden nicht einfach. Wenn es Ihnen nicht gelingt, die Ereignisse

Ihres Lebens frei durch Ihr Bewusstsein fließen zu lassen, setzen sie sich in Ihnen fest. Das erzeugt Probleme, und zwar hartnäckig und lang anhaltend.

Energie am Fließen zu hindern, ist nicht leicht. Indem Sie Willenskraft aufbringen, um die Erlebnisse davon abzuhalten, Ihr Bewusstsein zu durchlaufen, arbeiten Sie genau gegen die durch die gespeicherten Erlebnisse in Ihnen blockierte Energie: Diese strebt nämlich zunächst immer danach, sich zu befreien, indem sie sich in Ihrem Verstand manifestiert. Das ist der Grund, warum der Verstand so aktiv wird. Wenn die Energie aufgrund von Konflikten mit anderen Gedanken und mentalen Konzepten nicht durch den Verstand fließen kann, dann versucht sie, sich über Ihr Herz zu befreien. Deswegen wird so viel emotionale Aktivität erzeugt. Wenn Sie der Freisetzung dieser Energie Widerstand leisten, wird sie komprimiert und in den tiefer liegenden Speicher Ihres Herzens gezwängt. In der yogischen Tradition bezeichnet man ein solches unaufgelöstes Energiemuster als *Samskara*. Dieses Sanskrit-Wort bedeutet »Eindruck«. In den yogischen Lehren gelten solche Samskaras als einer der wichtigsten Faktoren, die unser Leben beeinflussen. Ein Samskara ist eine Blockade, ein Eindruck aus der Vergangenheit. Es ist ein unaufgelöstes Energiemuster, das einen starken Einfluss auf Ihr Leben ausübt.

Um das zu verstehen, sollten wir uns zunächst die Physik hinter diesen blockierten Energiemustern genauer ansehen. Wie alle Energie muss auch diese Energie, die in Sie eindringt, in Bewegung bleiben. Trotzdem kann sie durchaus in Ihnen blockiert werden. Es gibt einen Weg, wie die Energie sowohl in Bewegung als auch an einem Ort bleiben kann – nämlich, indem sie um sich selbst kreist. Wir sehen das an den Atomen und den Umlaufbahnen der Planeten. Alles ist Energie, und Energie dehnt sich nach außen aus, wenn sie nicht daran gehindert wird. Damit sich die Schöpfung manifestieren kann, muss die Energie in die Dynamik des Kreisens um sich selbst eintreten, denn nur so wird eine stabile Einheit geschaffen. Deshalb ist Energie, die sich als Atom manifestiert, der Grundbaustein dieses gesamten physischen Universums. Energie kreist um sich selbst, und wie wir herausgefunden haben, haben Atome genug nutzbare Energie, um die Welt in Stücke zu sprengen, wenn diese Energie freigesetzt wird. Aber wenn sie nicht zum Gegenteil gezwungen werden, bleibt die Energie aufgrund ihres Gleichgewichtszustandes im Atom gespeichert.

Dieser Prozess des Energiekreislaufs ist genau das, was bei einem Samskara geschieht. Ein Samskara ist ein Zyklus von gespeicherten Energiemustern aus der Vergangenheit in einem Zustand relativen Gleichgewichts. Es ist Ihr Widerstand gegen das Erleben dieser Muster, der bewirkt, dass die Energie immer wieder um sich selbst kreist. Es gibt keinen anderen Ort, an den sie gehen kann – denn Sie selbst lassen das nicht zu. Auf diese Weise verarbeiten die meisten Menschen ihre Probleme. Dieses Paket von kreisender Energie ist buchstäblich in Ihrem energetischen Herzzentrum gespeichert. Alle Samskaras, die Sie im Laufe Ihres Lebens angesammelt haben, sind dort gespeichert.

Um zu verstehen, was das bedeutet, kehren wir zu dem Beispiel mit dem hellblauen Ford Mustang zurück, der wie das Auto Ihrer Freundin aussah. Sobald die gestörten Energiemuster blockiert und im Herzen gespeichert sind, sind sie im Grunde inaktiv. Es mag für Sie so aussehen, als hätten Sie die Situation gemeistert und nun keine Probleme mehr mit dieser Erfahrung. Vielleicht haben Sie Ihrer Freundin gegenüber das Erlebnis gar nicht erwähnt, um nicht den Eindruck zu erwecken, Sie wären eifersüchtig. Damals wussten Sie nicht, wie Sie mit dem Erlebnis umgehen sollten, also wehrten Sie sich gegen die Energie. Daher wurde sie in Ihrem Herzen gespeichert, wo sie in den Hintergrund treten konnte und Sie scheinbar nicht mehr störte oder beunruhigte. Auch wenn es so scheint, als wäre die Angelegenheit damit erledigt, stimmt das nicht.

Jedes einzelne Samskara, das Sie gespeichert haben, ist immer noch da. Alles, was nicht frei durch Sie hindurchfließen konnte – von der Zeit, als Sie ein Baby waren, bis zum jetzigen Augenblick –, ist immer noch in Ihnen. Es sind diese Eindrücke, diese Samskaras, die das Ventil Ihres spirituellen Herzens verkrusten. Diese Verkrustung baut sich auf und behindert den Energiefluss.

Jetzt wissen wir also, was es mit den Blockaden im Herzen auf sich hat, und damit ist die strukturelle Frage beantwortet, wodurch das Herz blockiert wird. Sicher verstehen Sie nun, dass sich Eindrücke bis zu einem Punkt aufstauen können, an dem nur noch sehr wenig Energie durchkommt. Das ist dann der Zustand der Depression. In diesem Zustand wird alles dunkel. Das liegt daran, dass nur noch sehr wenig Energie in Ihr Herz oder Ihren Verstand gelangt. Alles erscheint Ihnen negativ, weil alle Sinneseindrücke Ihr Bewusstsein erst erreichen, wenn sie diese festsitzende Energie passiert haben.

Aber auch wenn Sie nicht zu Depressionen neigen, wird Ihr Herz mit der Zeit blockiert werden. Es staut sich einfach zu viel dort an. Doch diese Blockaden dauern nicht ewig. Je nach Lebenserfahrung kann sich Ihr Herz häufig öffnen und wieder verschließen.

Das führt uns zu unserer nächsten Frage: Was ist die Ursache für diese häufigen Veränderungen im Zustand des Herzens? Wenn Sie genau hinschauen, werden Sie sehen, dass es mit ebenjenen gespeicherten Eindrücken aus der Vergangenheit zu tun hat, von denen die Blockaden verursacht wurden.

Die gespeicherten Energiemuster sind real. Ein Samskara ist tatsächlich mit den spezifischen Details des Ereignisses programmiert, das nicht aufgelöst wurde. Wenn Sie Eifersucht empfinden, weil Sie dachten, Sie hätten Ihre Freundin gesehen, wie sie jemanden in einem Auto umarmte, sind in dem betreffenden Samskara sehr detaillierte Daten über dieses Ereignis gespeichert. Es enthält die Schwingung des Ereignisses, die Natur des Ereignisses und auch den Grad der Empfindlichkeit, mit der Sie auf das Ereignis reagierten.

Um das zu verstehen, schauen wir uns an, was in der Zukunft geschieht. Inzwischen sind fünf Jahre vergangen, und Sie sind nicht mehr mit dieser Freundin zusammen. Sie haben eine andere Frau geheiratet und sind viel reifer geworden. Eines Tages sind Sie mit Ihrer Familie im Auto unterwegs und verbringen eine schöne Zeit. Die Bäume ziehen vorbei, die Autos fahren vorbei, und dann kommt ein am Straßenrand parkender hellblauer Ford Mustang in Ihr Blickfeld, in dem sich zwei Menschen umarmen. Sofort verändert sich etwas in Ihrem Herzen. Ihr Herz setzt tatsächlich einen Schlag aus. Dann beginnt es, schneller zu schlagen. Sie werden launisch, gereizt und aufgeregt. Nun ist Ihr Tag plötzlich nicht mehr so schön. All diese inneren Veränderungen treten auf, weil Ihr Herz dadurch gestört wurde, dass Sie ein bestimmtes Auto sahen. Es ist wirklich erstaunlich, wenn man einen Schritt zurücktritt und sich diesen Vorgang anschaut. Vor fünf Jahren passierte etwas, das nur wenige Augenblicke dauerte. Sie haben nie mit jemandem darüber gesprochen, und jetzt, fünf Jahre später, fahren Sie wieder an einem hellblauen Ford Mustang vorbei, und dadurch verändert sich der Energiefluss in Ihrem Herzen und Ihrem Verstand.

So unglaublich das auch klingt, es ist real. Und es gilt nicht nur für hellblaue Ford Mustangs, sondern für alles, was Sie nicht aufgelöst haben. Kein Wunder, dass wir uns oft von äußeren Erlebnissen so überwältigt fühlen. Kein Wunder, dass sich das Herz immer wieder öffnet und verschließt. Die dort gespeicherte Energie ist real, und sie interagiert mit dem Fluss der aktuellen Gedanken und Ereignisse. Die Dynamik dieser Wechselwirkung führt dazu, dass die Schwingungen, die als Samskaras gespeichert sind, aktiviert werden, manchmal erst Jahre später. Das ist es, was mit dem hellblauen Mustang geschah. Sie müssen jedoch verstehen, dass es noch nicht einmal genau das gleiche Auto sein muss, um die gespeicherte Energie zu aktivieren. Es hätte auch ein schwarzer Mustang sein können oder irgendein Auto, in dem sich zwei Menschen umarmen. Alles, was Ihre Aufmerksamkeit erregt, hat das Potenzial, ein Samskara zu aktivieren.

Der Punkt ist, dass vergangene Eindrücke stimuliert werden, sogar sehr alte, und dass dies einen großen Einfluss auf Ihr Leben hat. Die Sinneseindrücke der heutigen Ereignisse graben sich durch alles, was Sie im Laufe der Jahre gespeichert haben, und aktivieren genau die vergangenen Muster, bei denen ein Bezug zu den neu auf Sie einströmenden Erfahrungen besteht. Wird ein Samskara stimuliert, öffnet es sich wie eine Blume und beginnt, die gespeicherte Energie freizusetzen. Plötzlich strömen Geistesblitze von dem, was Sie erlebt haben, als das ursprüngliche Ereignis stattfand, in Ihr Bewusstsein – Gedanken, Gefühle, manchmal sogar Gerüche und andere Sinneseindrücke. In dem Samskara kann eine vollständige Momentaufnahme des Ereignisses gespeichert sein. Das geht weit über jedes von Menschen geschaffene Computerspeichersystem hinaus. Ein Samskara kann alles archivieren, was Sie während eines Erlebnisses gefühlt haben, was Sie dabei dachten und was um das Ereignis herum geschah. All diese Informationen werden in einer winzigen Energieblase in Ihrem Herzen eingelagert. Jahre später wird sie stimuliert, und sofort erleben Sie die Gefühle, die Sie in der Vergangenheit hatten. Tatsächlich können Ängste und Unsicherheit aus Ihrer Kindheit später immer noch in Ihnen lebendig werden, selbst wenn Sie inzwischen über sechzig sind. Es handelt sich um unvollendete mentale und emotionale Energiemuster, die tief drinnen gespeichert sind und reaktiviert werden.

Aber genauso wichtig ist die Erkenntnis, dass das meiste, was wir aufnehmen, nicht blockiert wird, sondern augenblicklich frei durch uns hindurchfließt. Stellen Sie sich vor, wie viele Dinge Sie den ganzen Tag über sehen. Sie werden nicht alle auf diese Weise gespeichert. Von all diesen Eindrücken werden nur die blockiert, die entweder Probleme oder ein außergewöhnliches Gefühl der Freude verursachen. Ja, Sie speichern auch positive Eindrücke. Wenn Sie etwas Wunderbares erleben, kann es auch sein, dass Sie es nicht loslassen wollen. Festhalten bedeutet: »Ich will nicht, dass es verschwindet. Er hat mir gesagt, dass er mich liebt, und ich habe mich so geliebt und beschützt gefühlt. Ich möchte diesen Moment immer wieder erleben. Ich möchte ihn immer und immer wieder erleben ...« Anhaftung erzeugt positive Samskaras, und wenn diese stimuliert werden, setzen sie positive Energie frei. Daher können zwei Arten von Erfahrungen auftreten, die das Herz blockieren. Entweder versucht man, Energien wegzustoßen, weil sie einen stören, oder man versucht, Energien in der Nähe zu halten, weil man sie mag. In beiden Fällen lässt man sie nicht frei fließen und verschwendet wertvolle Energie, indem man den Energiefluss durch Widerstand und Anhaftung blockiert.

Die Alternative besteht darin, das Leben zu genießen, anstatt sich an Erfahrungen zu klammern oder sie zu verdrängen. Wenn es Ihnen gelingt, so zu leben, wird jeder Augenblick Sie verändern. Wenn Sie bereit sind, das Geschenk des Lebens zu erfahren, anstatt gegen das Leben anzukämpfen, gelangen Sie in die wahre Tiefe Ihres Seins. Wenn Sie diesen Zustand erreichen, beginnen Sie, die Geheimnisse des Herzens zu verstehen. Das Herz ist der Ort, durch den Energie fließt, die Sie am Leben erhält. Diese Energie inspiriert und erhebt Sie. Sie ist die Kraft, die Sie durchs Leben trägt. Es ist die wunderbare Erfahrung der Liebe, die Ihr ganzes Sein durchströmt. So sollte es in Ihnen immer sein. Wie viel Freude es in Ihrem Leben gibt, hängt einfach davon ab, wie energetisch offen Sie sind. Wenn Sie sich nicht verschließen, kann es immer so sein. Verkaufen Sie sich nicht unter Wert – Sie können diese positiven Gefühle die ganze Zeit über erleben: unendliche Inspiration, Liebe und Offenheit. Das ist der natürliche Zustand eines gesunden Herzens.

Um diesen Zustand zu erreichen, lassen Sie einfach zu, dass die Erfahrungen des Lebens in Sie eindringen und Ihr Wesen durchdringen können. Wenn alte Energien hochkommen, weil Sie sie noch nicht verarbeiten konnten, dann geben Sie sie nun frei und lösen sich von ihnen. So einfach ist das. Wenn Sie den hellblauen Mustang sehen und Angst oder Eifersucht verspüren, lächeln Sie einfach. Seien Sie froh, dass dieses Samskara, das dort unten in Ihnen so lange gespeichert war, nun Gelegenheit bekommt, frei durch Sie hindurch- und aus Ihnen herauszufließen. Öffnen Sie sich, entspannen Sie Ihr Herz, vergeben Sie, lachen Sie, tun Sie alles, was Sie wollen. Verdrängen Sie die Energie nur nicht wieder. Pressen Sie sie nicht wieder hinunter in Ihr Herz. Natürlich schmerzt es, wenn das Samskara hochkommt. Es wurde mit Schmerz gespeichert und schmerzt erneut, wenn Sie sich von ihm lösen. Sie müssen sich entscheiden, ob Sie weiterhin mit gespeicherten Schmerzen herumlaufen wollen, die Ihr Herz blockieren und Ihr Leben einschränken. Die Alternative ist, bereit zu sein, den Schmerz loszulassen, wenn er stimuliert wird. Es tut nur einen Moment lang weh, dann ist es vorbei.

Sie haben also die Wahl: Wollen Sie versuchen, die Welt so zu verändern, dass sie Ihre Samskaras nicht mehr stört, oder sind Sie bereit, diesen Prozess der Reinigung zu durchlaufen? Treffen Sie keine Entscheidungen aufgrund von stimulierten Blockaden. Lernen Sie, zentriert genug zu sein, um diese Dinge einfach auftauchen zu lassen. Sobald Sie tief genug in Ihrem Inneren sitzen und aufhören, gegen die gespeicherten Energiemuster zu kämpfen, werden sie einfach auftauchen, durch Sie hindurchgehen und sich auflösen. Sie werden tagsüber auftauchen und sogar in Ihren Träumen auftauchen. Und Ihr Herz wird sich an diesen Prozess des Loslassens und Reinigens gewöhnen. Lassen Sie es einfach geschehen. Bringen Sie es hinter sich. Verarbeiten Sie nicht eines nach dem anderen. Das ist zu langsam. Bleiben Sie in Ihrer Mitte, und lassen Sie die Samskaras los. Genau wie der physische Körper Bakterien und andere Fremdkörper ausscheidet, wird der natürliche Fluss Ihrer Energie die gespeicherten Muster aus Ihrem Herzen ausscheiden.

Ihre Belohnung ist ein dauerhaft offenes Herz. Es gibt kein Ventil mehr. Nun leben Sie in der Liebe, und die Liebe nährt Sie und gibt Ihnen Kraft. Das ist ein offenes Herz. Das ist Ihr Herz-Instrument, wie es sein soll. Gestatten Sie es sich, jede Note zu erleben, die das Herz spielen kann. Wenn Sie sich entspannen und loslassen, ist diese Reinigung Ihres Herzens eine wunderbare Sache. Richten Sie Ihren Blick auf den höchsten Zustand, den Sie sich vorstellen können, und konzentrieren Sie sich immer wieder darauf. Wenn Sie ausrutschen, stehen Sie einfach wieder auf. Es spielt keine Rolle. Allein die Tatsache, dass Sie diesen Prozess der Befreiung des Energieflusses überhaupt durchlaufen wollen, bedeutet, dass Sie wunderbar sind. Sie werden es schaffen. Lassen Sie einfach immer wieder los.

KAPITEL 7

ABSCHOTTUNG ÜBERWINDEN

Spirituelles Wachstum und persönliches Erwachen haben eine Grundlage, deren Existenz von den Erkenntnissen der westlichen Wissenschaft beeindruckend bestätigt wird. Die Wissenschaft hat uns gezeigt, wie ein allem zugrunde liegendes Energiefeld sich zu Atomen formt, die sich dann zu Molekülen verbinden und sich schließlich im gesamten physischen Universum manifestieren. Das Gleiche gilt für unser Inneres. Alles, was in uns vor sich geht, hat ebenfalls dieses Energiefeld als Grundlage. Bewegungen in diesem Feld sind es, die unsere mentalen und emotionalen Muster sowie unsere inneren Antriebe und instinktiven Reaktionen hervorbringen. Unabhängig davon, wie Sie dieses innere Kraftfeld nennen – Chi, Shakti oder Spirit –, es handelt sich dabei um eine allem zugrunde liegende Energie, die in bestimmten Mustern durch Ihr inneres Wesen fließt.

Wenn man diese Muster in sich selbst und in anderen Lebewesen betrachtet, liegt die Erkenntnis nahe, dass der ursprünglichste Energiefluss der Überlebensinstinkt ist. Während Äonen der Evolution, von den einfachsten Lebensformen bis zu den komplexesten, gab es immer den täglichen Kampf, sich zu schützen. In unseren hoch entwickelten kooperativen Sozialstrukturen hat dieser Überlebensinstinkt evolutionäre Veränderungen erfahren. Vielen von uns mangelt es nicht mehr an Nahrung, Wasser, Kleidung oder Obdach. Auch sind wir nicht mehr regelmäßig lebensbedrohlichen physischen Gefahren ausgesetzt. Infolgedessen haben sich die Schutzenergien darauf eingestellt, das Individuum eher psychologisch als physiologisch zu verteidigen. Wir haben nun im Alltag das Bedürfnis, unser Selbstkonzept zu verteidigen und nicht unseren Körper. Unsere größten Kämpfe fechten wir gegen unsere eigenen inneren Ängste, Unsicherheiten und destruktiven Verhaltensmuster aus, und nicht mehr gegen äußere Kräfte.

Dennoch drängen die gleichen Impulse, die ein Reh zum Weglaufen bringen, auch Sie dazu, die Flucht zu ergreifen. Nehmen wir an, jemand schreit Sie an oder spricht über ein unangenehmes Thema. Das sind keine körperlich bedrohlichen Umstände, und doch beginnt Ihr Herz, ein wenig schneller zu schlagen. Genau das passiert auch bei Rehen, wenn sie ein plötzliches Geräusch hören. Ihr Herz schlägt schneller, und sie erstarren oder laufen weg. In Ihrem Fall ist es jedoch normalerweise nicht die Art von Angst, die Sie veranlasst, physisch wegzulaufen. Es ist einfach eine tiefe persönliche Angst, die nach Schutz verlangt.

Da es nicht gesellschaftsfähig ist, in den Wald zu rennen und sich wie ein Reh zu verstecken, verstecken Sie sich in Ihrem Inneren. Sie machen dicht und ziehen sich hinter Ihren Schutzschild zurück. Was Sie tatsächlich tun, ist, Ihre Energiezentren zu verschließen. Selbst wenn Sie gar nicht wissen, dass es in Ihnen Energiezentren gibt, haben Sie sich dennoch seit Kindertagen antrainiert, diese immer wieder zu verschließen. Sie wissen genau, wie man sein Herz verschließt und einen psychologischen Schutzschild hochfährt. Das tun Sie, um nicht zu empfänglich und empfindlich gegenüber den verschiedenen Energien zu sein, die hereinkommen und Angst auslösen.

Wenn Sie sich verschließen und schützen, ziehen Sie eine Hülle um den Teil von Ihnen, der schwach ist. Das ist der Teil, der das Gefühl hat, Schutz zu brauchen, auch wenn kein physischer Angriff stattfindet. Sie schützen damit Ihr Ego, Ihr Selbstkonzept. Auch wenn eine Situation keine physische Gefahr darstellt, kann sie bei Ihnen Unruhe,

Angst, Unsicherheit und andere emotionale Probleme hervorrufen. Deshalb haben Sie das Bedürfnis, sich zu schützen.

Das Problem besteht darin, dass dieser Teil Ihres Wesens aus dem Gleichgewicht geraten ist. Er ist so empfindlich, dass er schon bei der kleinsten Kleinigkeit überreagiert. Sie leben auf einem Planeten, der mitten im Weltraum rotiert, aber Sie machen sich entweder Sorgen um Ihre Hautunreinheiten, den Kratzer an Ihrem neuen Auto oder die Tatsache, dass Sie in der Öffentlichkeit versehentlich gerülpst haben. Das ist nicht gesund. Wäre Ihr physischer Körper so empfindlich, würden Sie das als krankhaft definieren. Aber unsere Gesellschaft hält psychische Überempfindlichkeit für normal. Da sich die meisten von uns keine Sorgen um Essen, Kleidung oder Unterkunft machen müssen, können wir uns den Luxus leisten, uns über einen Fleck auf der Hose, ein zu lautes Lachen oder eine falsche Bemerkung Gedanken zu machen. Weil wir diese überempfindliche Psyche entwickelt haben, verwenden wir ständig unsere Energien, um uns in Watte zu packen. Aber damit verschleiern wir die Probleme nur, statt sie zu lösen. Dadurch, dass Sie Ihre Krankheit in Ihrem Inneren einsperren, machen Sie sie nur noch schlimmer.

Sie werden in Ihrer Entwicklung an einen Punkt kommen, an dem Ihnen klar wird, dass Sie niemals frei sein werden, solange Sie sich selbst schützen. So einfach ist das. Aus lauter Angst haben Sie sich in Ihrem Haus eingeschlossen und alle Jalousien heruntergelassen. Jetzt ist es dunkel, und Sie möchten das Sonnenlicht spüren, doch das geht nicht. Es ist unmöglich. Wenn Sie sich verschließen und schützen, sperren Sie diese ängstliche, unsichere Person in Ihrem Herzen ein. Auf diese Weise werden Sie niemals frei.

Wenn Sie sich perfekt schützen, versagen Sie sich letztlich den Freiraum, der nötig wäre, damit Sie wachsen und sich weiterentwickeln können. Dann halten Sie immer weiter an Ihren Gewohnheiten und Marotten fest. Das Leben stagniert, wenn Menschen ihre gespeicherten Muster schützen. Die Leute sagen Dinge wie: »Du weißt doch, dass wir über dieses Thema nie in Gegenwart deines Vaters sprechen.« Es gibt all diese Regeln für Dinge, die nicht nach außen dringen dürfen, weil sie im Inneren für Unruhe sorgen könnten. Ein solches Leben lässt nur wenig spontane Freude und Begeisterung zu. Die meisten Leute gehen im ständigen Bestreben durch den Alltag, sich selbst zu schützen und sicherzustellen, dass nichts allzu sehr schiefgeht oder aus dem Ruder läuft. Wenn jemand sie am Ende des Tages fragt: »Wie war dein Tag?«, lautet die übliche Antwort: »Nicht schlecht«, oder: »Ich hab's überlebt.« Was sagt das über ihre Lebenseinstellung aus? Sie betrachten das Leben als Bedrohung. Ein guter Tag ist einer, den man ohne Verletzungen überstanden hat. Je länger man auf diese Weise lebt, desto verschlossener wird man.

Wenn Sie wirklich wachsen wollen, müssen Sie das genaue Gegenteil tun. Echtes spirituelles Wachstum geschieht, wenn Sie innerlich eins sind, statt sich in verschiedene Teile aufzuspalten. Es gibt dann keinen Teil, der Angst hat, und einen anderen Teil, der den Teil beschützt, der Angst hat. Alle Teile bilden ein Ganzes. Weil es in Ihnen keinen Teil gibt, den Sie nicht sehen wollen, ist Ihr Geist nicht mehr in Bewusstes und Unterbewusstes unterteilt. Alles, was Sie da drinnen sehen, ist einfach nur etwas, das Sie da drinnen sehen. Das sind nicht Sie – es ist das, was Sie sehen. Es ist einfach reine Energie, die Sie durchströmt und Wellen von Gedanken und Gefühlen erzeugt, und dann ist da Ihr Bewusstsein, das diese Wellen wahrnimmt. Es gibt einfach Sie, und Sie beobachten den Tanz der Psyche.

Um diesen Zustand der Bewusstheit zu erreichen, müssen Sie Ihre gesamte Psyche an die Oberfläche kommen lassen. Jedes kleine, bislang abgetrennte und verdrängte Stück muss vorbeigelassen und angeschaut werden. Im Moment haben Sie in Ihrem Innern viele fragmentierte Teile Ihrer Psyche gespeichert. Wenn Sie frei sein wollen, müssen Sie all diese Teile gleichermaßen ins Licht Ihrer Bewusstheit holen und freigeben. Aber das gelingt nur, wenn Sie sich nicht länger verschließen. Schließlich diente dieses Verschließen dazu, sensible Teile Ihrer Psyche vor der Bloßlegung zu schützen. Also müssen Sie entscheiden, ob Sie bereit sind, diesen Preis für Ihre Freiheit zu zahlen, egal, wie viel Schmerz die Enthüllung verursacht. Wenn Sie nicht mehr bereit sind, sich mit dem Teil von Ihnen zu identifizieren, der sich in eine Million Teile aufspaltet, sind Sie bereit für echtes Wachstum.

Beginnen Sie damit, Ihre Tendenz, sich zu schützen und zu verteidigen, zu erkennen. Wir haben eine tiefe angeborene Neigung, uns zu verschließen, vor allem in Bezug auf unsere Schwachstellen. Aber irgendwann werden Sie erkennen, wie anstrengend dieses Verschließen ist. Sobald Sie sich verschließen, müssen Sie dafür sorgen, dass das, was Sie schützen wollen, nicht gestört und bloßgelegt wird. Diese Aufgabe wird Sie dann Ihr Leben lang beschäftigen. Die Alternative besteht darin, bewusst genug zu werden, um einfach den Teil Ihres Wesens zu beobachten, der ständig versucht, sich zu schützen. Sie können sich dann selbst das größte aller Geschenke machen, indem Sie sich dafür entscheiden, diese Schutzmechanismen aufzugeben. Stattdessen beschließen Sie, sich von diesem Teil zu befreien.

Sie beginnen, das Leben zu beobachten und den ständigen Strom von Menschen und Situationen wahrzunehmen, mit denen Sie es jeden Tag zu tun haben. Wie oft ertappen Sie sich dabei, dass Sie versuchen, diesen schwachen Teil Ihrer Psyche zu beschützen und zu verteidigen? Sie haben das Gefühl, dass die Welt Sie direkt angreifen will. Überall, wo Sie hinkommen, gibt es jemanden oder etwas, der oder das Sie stört oder ärgert. Warum lassen Sie diese Energie nicht einfach fließen, statt gegen sie zu kämpfen? Wenn

Sie sich doch eigentlich gar nicht gestört fühlen oder nicht wütend sein wollen, dann hören Sie doch einfach auf, sich zu schützen und abzuschotten.

Die Belohnung dafür, dass Sie Ihre Psyche nicht schützen, ist Befreiung. Sie sind frei, durch diese Welt zu gehen, ohne das Leben zu problematisieren. Stattdessen haben Sie einfach Spaß daran, zu erleben, was auch immer als Nächstes passiert. Weil Sie diesen ängstlichen Teil von Ihnen losgeworden sind, müssen Sie sich keine Sorgen mehr machen, verletzt oder gestört zu werden. Sie müssen sich keine Gedanken Ihres Verstandes mehr anhören wie: »Was werden sie von mir denken?«, oder: »Oh Gott, ich wünschte, ich hätte das nicht gesagt. Es klang so dumm.« Sie gehen einfach Ihrer Arbeit nach und konzentrieren sich mit Ihrem ganzen Wesen auf das, was gerade im Moment geschieht, anstatt Ihre ganze Aufmerksamkeit Ihren persönlichen Empfindlichkeiten zu widmen.

Wenn Sie sich einmal dazu entschlossen haben, sich von dieser ängstlichen Person zu befreien, werden Sie feststellen, dass es einen klaren Punkt der Entscheidung gibt, von dem aus Wachstum möglich wird. Beim spirituellen Wachstum geht es um jenen Punkt, an dem Sie spüren, wie Ihre Energie sich verändert. Wenn zum Beispiel jemand etwas sagt, spüren Sie, wie die Energie in Ihnen ein wenig seltsam oder unangenehm wird. Sie verspüren ein Gefühl der Anspannung. Das zeigt Ihnen, dass es für Sie an der Zeit ist, zu wachsen. Es ist nicht an der Zeit, sich zu verteidigen, denn den Teil von Ihnen, den Sie in einem solchen Moment verteidigen würden, wollen Sie gar nicht mehr in sich haben. Und wenn Sie ihn nicht wollen, dann lassen Sie ihn gehen.

Schließlich werden Sie so bewusst sein, dass Sie in dem Moment, in dem Sie spüren, dass die Energie seltsam wird, sofort innehalten. Sie hören damit auf, sich auf diese sich seltsam anfühlende Energie einzulassen. Wenn diese Energie Sie normalerweise dazu treibt, bestimmte Dinge zu sagen, dann schweigen Sie nun einfach. Wenn Sie sehen, wohin der Satz führt, den Sie gerade begonnen haben, dann brechen Sie ihn ab. Reden Sie nicht weiter. In dem Moment, in dem Sie erkennen, dass die Energie in Ihnen aus der Balance gerät, in dem Moment, in dem Ihr Herz anfängt, sich zu verkrampfen und zu verteidigen, halten Sie einfach inne. Hören Sie damit auf. Tun Sie nicht, was Sie sonst in solchen Situationen tun.

Was genau bedeutet »aufhören«? Es ist etwas, das man innerlich tut. Man nennt es »loslassen«. Wenn Sie loslassen, folgen Sie der Energie nicht, die Sie wieder in das alte Muster hineinziehen will. Diese inneren Energien sind machtvoll. Sie saugen Ihr Bewusstsein regelrecht auf. Wenn Ihnen ein Hammer auf den Zeh fällt, fokussiert sich Ihr ganzes Bewusstsein darauf. Auch ein plötzliches lautes Geräusch wird sofort Ihre gesamte Aufmerksamkeit beanspruchen. Das Bewusstsein hat die Neigung, sich auf Störungen zu konzentrieren, und das gilt auch für Störungen im Bereich Ihrer inneren Energien. Diese gestörten Energien ziehen unwillkürlich Ihre Aufmerksamkeit auf sich. Aber das müssen Sie nicht zulassen. Sie verfügen tatsächlich über die Fähigkeit, sich davon zu lösen und sich auf den Sitz des inneren Beobachters zurückzuziehen.

Wenn die Energien im Inneren in Bewegung geraten, müssen Sie ihnen nicht folgen. Wenn zum Beispiel Ihre Gedanken zu kreisen beginnen, müssen Sie das nicht mitmachen. Nehmen wir an, Sie gehen spazieren, und ein Auto fährt vorbei. Ihre Gedanken sagen: »Ach, ich wünschte, ich hätte auch so ein tolles Auto!« Nun könnten Sie einfach weiterspazieren, aber stattdessen fangen Sie an, sich zu ärgern. Sie würden sich gerne ein neues Auto kaufen, aber Ihr Gehalt ist dafür zu niedrig. Also fangen Sie an, darüber nachzugrübeln, wie Sie eine Gehaltserhöhung oder einen besser bezahlten Job bekommen können. Das wäre alles gar nicht nötig gewesen. Stattdessen hätte es einfach so ablaufen können: Hier kommt das Auto, und schon ist es wieder weg, und hier kommt der Gedanke, und schon ist er wieder weg. Beides verschwindet gleich wieder, weil Sie den Eindrücken und Gedanken nicht hinterherlaufen, sondern bei dem bleiben, was man »in seiner Mitte sein« nennt.

Wenn Sie nicht in Ihrer Mitte sind, folgt Ihr Bewusstsein einfach allem, was gerade seine Aufmerksamkeit erregt. Sie sehen ein Auto vorbeifahren und sind sofort damit beschäftigt, etwas dagegen zu unternehmen. An einem anderen Tag sehen Sie ein Boot, und nun dreht sich in Ihnen alles um das Boot, und darüber vergessen Sie das Auto. Solche Menschen gibt es, und sie neigen dazu, häufig den Job zu wechseln, und auch ihre Beziehungen halten meist nicht lange. Sie sind oft ziemlich durcheinander, und ihre Energie ist sehr zerstreut.

Sie besitzen aber die Fähigkeit, nicht zum Spielball Ihrer Gedanken zu werden. Sie sind ihnen keineswegs hilflos ausgeliefert, sondern Sie können sich einfach in den Sitz Ihres Bewusstseins zurückziehen und loslassen. Ein Gedanke oder eine Emotion taucht auf, wird von Ihnen wahrgenommen, und dann lassen Sie zu, dass das wieder verschwindet, einfach, indem Sie nicht an ihm festhalten. Sie lassen los. Diese Technik der Befreiung beruht auf der Erkenntnis, dass Gedanken und Emotionen nur Objekte des Bewusstseins sind. Wenn Sie sehen, dass Ihr Herz anfängt, unruhig zu werden, sind Sie sich dieser Erfahrung offensichtlich bewusst. Aber wer ist sich dessen bewusst? Es ist das Bewusstsein, das im Inneren wohnende Wesen, die Seele, das Selbst. Es ist der Seher, die Seherin – das in Ihnen, was sieht. Die Veränderungen, die Sie in Ihrem inneren Energiefluss erleben, sind einfach Objekte dieses Bewusstseins. Wenn Sie frei sein wollen, dann entspannen Sie sich jedes Mal, wenn Sie eine Veränderung des Energieflusses spüren. Kämpfen Sie nicht dagegen an, versuchen Sie nicht, die Energie zu verändern oder sie zu beurteilen.

Sagen Sie nicht: »Oh, ich kann nicht glauben, dass ich das immer noch fühle. Ich hatte mir doch geschworen, nie mehr an dieses Auto zu denken!« Tun Sie das nicht. Die Gedanken an das Auto werden sonst unvermeidlich zu Schuldgefühlen führen. Lassen Sie all das los.

Aber es geht nicht nur darum, Gedanken und Gefühle loszulassen. Es geht eigentlich darum, sich von der Anziehungskraft zu lösen, die Energien dieser Art auf Ihr Bewusstsein ausüben. Die gestörte Energie versucht, Ihre Aufmerksamkeit auf sich zu ziehen. Wenn Sie nun Ihre Willenskraft einsetzen, um der Energie nicht zu folgen, und einfach im Inneren sitzen bleiben, werden Sie feststellen, dass der Unterschied zwischen dem Bewusstsein selbst und dem Objekt des Bewusstseins wie Tag und Nacht ist. Es sind zwei völlig verschiedene Dinge. Das Objekt kommt und geht, und das Bewusstsein sieht zu, wie es kommt und geht. Dann kommt und geht das nächste Objekt, während das Bewusstsein es beobachtet. Beide Objekte kamen und gingen, aber das Bewusstsein ist nirgendwo hingegangen. Es bleibt konstant an Ort und Stelle und beobachtet einfach alles. Das Bewusstsein erlebt die Entstehung von Gedanken und Emotionen und verfügt über die Klarheit, zu sehen, woher sie kommen. Es sieht all das, ohne darüber nachzudenken. Es sieht, was im Inneren vor sich geht, genauso mühelos, wie es sieht, was in der Außenwelt vor sich geht. Es beobachtet einfach. Das Selbst beobachtet, wie sich die inneren Energien in Übereinstimmung mit den inneren und äußeren Kräften verändern. Alle Energien, die es beobachtet, kommen und gehen einfach, es sei denn, Sie verlassen Ihren Sitz des Bewusstseins und folgen den Energien.

Schauen wir uns einmal in Zeitlupe an, was geschieht, wenn Sie sich auf diese Energien einlassen. Zuerst taucht ein Gedanke oder ein Gefühl auf. Dieses Gefühl kann eher subtil sein. Vielleicht spüren Sie, wie Ihr Energiefluss enger wird und Sie innerlich in eine Verteidigungshaltung gehen, es kann sich aber auch um etwas viel Stärkeres handeln. Wenn diese Energien Ihre Aufmerksamkeit auf sich ziehen und Ihr Bewusstsein sich mit ganzer Kraft auf sie konzentriert, nährt diese Kraft die Energien. Das Bewusstsein ist eine ungeheuer mächtige Kraft. Die Gedanken und Gefühle, auf die Sie sich konzentrieren, werden mit Energie und Kraft aufgeladen. Deshalb werden Gedanken und Gefühle umso stärker, je mehr Aufmerksamkeit Sie ihnen schenken. Nehmen wir an, Sie empfinden ein wenig Eifersucht oder ein wenig Angst. Wenn Sie sich darauf konzentrieren, gewinnt dieses Gefühl an Bedeutung und fordert von Ihnen mehr Aufmerksamkeit. Und weil Ihre Aufmerksamkeit das Gefühl nährt, wird es mit noch mehr Energie aufgeladen und zieht noch mehr Aufmerksamkeit auf sich. So funktioniert dieser Kreislauf. Schließlich kann das, was als flüchtiger Gedanke oder Gefühl begann, zum Mittelpunkt Ihres gesamten Lebens werden. Wenn Sie nicht aufhören, daran festzuhalten, kann es völlig außer Kontrolle geraten.

Ein weiser Mensch bleibt zentriert genug, um sich sofort von einer Energie zu lösen, die in einen defensiven Modus wechselt. In dem Moment, in dem sich die Energie bewegt und Sie spüren, wie Ihr Bewusstsein in sie hineingezogen wird, entspannen Sie sich einfach und lassen los. Loslassen bedeutet, bewusst zurückzubleiben, in Ihrer Mitte zu bleiben, statt in die Energie einzutauchen. Es braucht nur einen Moment bewusster Anstrengung, um zu entscheiden, dass Sie der Energie nicht folgen wollen. Und dann lassen Sie sie einfach los. Dazu müssen Sie nur bereit sein, das Wagnis einzugehen, die Energie loszulassen, statt sich von ihr mitziehen zu lassen. Wenn Sie sich von der Energie befreit haben, die Sie anzog, können Sie die Freude und Weite erleben, die in Ihnen existiert.

Also beschließen Sie, das Leben zu nutzen, um sich zu befreien. Nun sind Sie bereit, jeden Preis für die Freiheit Ihrer

Seele zu zahlen. Aber Sie werden erkennen, dass der einzige Preis, den Sie zahlen müssen, darin besteht, sich von Ihrem alten Selbstbild zu lösen. Nur Sie selbst können sich die innere Freiheit nehmen oder geben. Niemand sonst kann das. Es ist egal, was andere tun, solange Sie nicht entscheiden, dass es wichtig für Sie ist. Beginnen Sie mit kleinen Dingen. Wir neigen dazu, uns von den kleinen, bedeutungslosen Dingen, die jeden Tag passieren, stören zu lassen. Zum Beispiel stehen Sie vor der roten Ampel, und hinter Ihnen hupt jemand. Wenn diese kleinen Dinge geschehen, werden Sie spüren, wie sich Ihre Energie verändert. In dem Moment, in dem Sie eine Veränderung spüren, entspannen Sie Ihre Schultern und den Bereich um Ihr Herz. In dem Moment, in dem sich die Energie bewegt, entspannen Sie sich einfach und lassen Sie los. Spielen Sie damit, loszulassen und sich von diesem Gefühl des Bedrängtwerdens zu lösen. Nehmen wir an, eine Bürokollegin hat Ihnen Ihren Bleistift weggenommen, und Sie bemerken, dass sich jedes Mal, wenn Sie einen neuen benutzen wollen, Ihre innere Energie verschiebt – und sei es auch nur ein wenig. Sind Sie bereit, den alten Bleistift loszulassen, um sich zu befreien? So machen Sie aus der Freiheit ein Spiel. Anstatt sich zu ärgern, werden Sie frei. Wenn Sie nach einem Bleistift greifen und merken, dass Sie sich ein wenig verkrampfen, lassen Sie los. Ihr Verstand sagt sich vielleicht: »Heute war es ein Bleistift, und wenn ich das hinnehme, werden sie immer dreister werden. Morgen nehmen sie mir meinen Schreibtisch weg oder mein Haus, oder vielleicht sogar meinen Mann.« So redet Ihr Verstand, sehr melodramatisch. Aber Sie beschließen, dass Sie sich, für den Preis eines Bleistifts, auf den Versuch einlassen wollen. Sie sagen zu Ihrem Verstand: »Wenn sie so weit gehen, mir mein Auto wegzunehmen, werde ich das nicht hinnehmen. Im Moment aber kostet es nur einen Bleistift, um frei zu sein.«

Entscheiden Sie einfach, dass Sie sich nicht einmischen,

egal, was der Verstand sagt. Sie kämpfen nicht gegen den Verstand. Tatsächlich versuchen Sie nicht einmal, ihn zu ändern. Sie machen einfach ein Spiel daraus, sich angesichts des Melodramas, das er aufführt, zu entspannen. Lernen Sie einfach, wie Sie sich von der Neigung befreien können, in die Energie hineingezogen zu werden. Den Schlüssel finden Sie, wenn sich das Bewusstsein der Anziehungskraft dieser Energien bewusst wird.

Sie werden sehen, dass die Energie die Macht hat, Ihre Aufmerksamkeit auf sich zu lenken. Selbst wenn Sie sich entschieden haben, das nicht zuzulassen, hat sie immer noch eine enorme Macht über Sie. Es passiert bei der Arbeit, und es passiert zu Hause. Es passiert mit Ihren Kindern und mit Ihrem Mann oder Ihrer Frau. Es passiert mit allem und jedem, die ganze Zeit über. Ihre Möglichkeiten zu wachsen sind endlos. Sie liegen immer direkt vor Ihnen. Verpflichten Sie sich einfach, sich nicht von der Energie fesseln zu lassen. Wenn Sie die Anziehungskraft spüren, wenn jemand an Ihrem Herzen zieht, lassen Sie einfach los. Lassen Sie sich zurücksinken in den Sitz des Bewusstseins. Entspannen Sie sich einfach, und lassen Sie los. Und egal, wie oft Sie von einer Energie angezogen werden, entspannen Sie sich jedes Mal, und lassen Sie los. Weil die Neigung, sich mitreißen zu lassen, stets besteht, muss auch Ihre Bereitschaft, loszulassen und in Ihrer Mitte zu bleiben, konstant sein.

Ihr Bewusstseinszentrum ist immer stärker als die Energie, die an ihm zieht. Alles, was es dazu braucht, ist, dass Sie Ihre Willensstärke trainieren. Aber es ist kein Kampf, keine Auseinandersetzung. Es ist nicht so, dass Sie versuchen, die Energien zu stoppen, die in Ihnen hochsteigen. Es ist nichts falsch daran, die Energien von Angst, Eifersucht oder Anziehung zu spüren. Es ist nicht Ihre Schuld, dass solche Energien existieren. All die Anziehung, Abstoßung, Gedanken und Gefühle machen keinen Unterschied. Sie machen Sie weder rein noch unrein. Diese Energien sind nur nicht Sie, denn Sie sind dasjenige, was beobachtet – reines Bewusstsein. Denken Sie nicht, dass Sie frei wären, wenn Sie diese Art von Gefühlen einfach nicht hätten. Das ist nicht wahr. Wenn Sie frei sein können, obwohl Sie diese Art von Gefühlen haben, dann sind Sie wirklich frei – denn es werden immer Eindrücke und Gefühle da sein.

Wenn Sie lernen, bei den kleinen Dingen in Ihrer Mitte zu bleiben, werden Sie sehen, dass Sie auch bei den großen Dingen in Ihrer Mitte bleiben können. Mit der Zeit werden Sie feststellen, dass Sie sogar bei den wirklich ganz großen Dingen in der Mitte bleiben können.

Ereignisse, wegen denen Sie in der Vergangenheit am Boden zerstört gewesen wären, können nun kommen und gehen, und Sie bleiben dabei vollkommen in Ihrer Mitte und friedlich. Selbst angesichts eines tiefen Verlustes kann es Ihnen tief im Inneren gut gehen. Es ist nichts falsch daran, friedlich und in Ihrer Mitte zu sein, solange Sie die Energie fließen lassen und nicht unterdrücken. Letztendlich sollten Sie in der Lage sein, ohne emotionale Narben und Eindrücke zu leben, selbst wenn schreckliche Dinge geschehen. Wenn Sie diese Themen nicht in sich festhalten, können Sie Ihr Leben weiterführen, ohne psychischen Schaden zu nehmen. Ganz gleich, was im Leben passiert, es ist immer besser, loszulassen, als sich zu verschließen.

Es gibt einen Ort tief in Ihrem Inneren, wo das Bewusstsein die Energie berührt und die Energie das Bewusstsein. Das ist der Ort, wo die Arbeit stattfindet. Von diesem Ort aus geschieht das Loslassen. Wenn Sie einmal losgelassen haben, in jeder Minute eines jeden Tages, Jahr für Jahr, dann werden Sie dort leben. Diesen Sitz Ihres Bewusstseins kann Ihnen nichts und niemand nehmen. Und Sie werden lernen, immer dort zu bleiben. Wenn Sie Jahr um Jahr in diesen Entwicklungsprozess investiert und gelernt haben loszulassen, egal, wie tief der Schmerz ist, werden Sie in einen wunderbaren Zustand gelangen. Und Sie werden mit der ultimativen schlechten Angewohnheit brechen: der ständigen Anziehung des niederen Selbst nachzugeben. Dann werden Sie frei sein, die Natur und Quelle Ihres wahren Seins zu erforschen – das reine Bewusstsein.

TEIL III

SELBSTBEFREIUNG

KAPITEL 8

LASSEN SIE JETZT LOS, ODER FALLEN SIE

Die Erforschung des Selbst ist untrennbar mit der Entfaltung des eigenen Lebens verwoben. Die natürlichen Höhen und Tiefen des Lebens können entweder zu persönlichem Wachstum führen oder persönliche Ängste auslösen. Was davon überwiegt, hängt ganz davon ab, wie wir mit Veränderungen umgehen. Sie können entweder als aufregend oder als beängstigend empfunden werden, aber unabhängig davon, wie wir sie betrachten, müssen wir uns alle der Tatsache stellen, dass Wandel zum Wesen des Lebens gehört. Wenn Sie ängstlich sind, werden Sie Veränderungen nicht mögen. Sie werden versuchen, um sich herum eine Welt zu erschaffen, die vorhersehbar und kontrollierbar ist und klare Grenzen hat – eine Welt, die Ihre Ängste nicht triggert. Die Angst will sich selbst nicht spüren. Die Angst hat eigentlich Angst vor sich selbst. Also benutzen Sie Ihren Verstand, um das Leben so zu manipulieren, dass möglichst wenig Anlass für Angstgefühle besteht.

Die Menschen verstehen nicht, dass Angst ein Objekt ist. Sie ist lediglich ein weiteres Objekt im Universum, das Sie erleben können. Es gibt zwei Möglichkeiten, mit Angst umzugehen: Man erkennt an, dass man Angst hat, und arbeitet bewusst daran, sich von ihr zu lösen, oder man hält an der Angst fest und versucht, sich vor ihr zu verstecken. Viele Menschen verstehen die Angst nicht, weil sie nicht objektiv mit ihr umgehen. Letztlich haften sie an ihrer Angst an und versuchen ständig, alles zu vermeiden, was sie ängstigen könnte. Sie streben nach Sicherheit und Kontrolle, indem sie genau festlegen, wie ihr Leben sein muss, damit sie sich wohlfühlen. Aber auf diese Weise wird die Welt beängstigend.

Ein auf Angstvermeidung ausgerichtetes Leben mag auf den ersten Blick Sicherheit versprechen. Aber das stimmt nicht. Wenn Sie sich so verhalten, wird die Welt für Sie wirklich bedrohlich. Das Leben wird zu einem »Ich gegen die Umwelt«. Sie schleppen überall Angst, Unsicherheit oder Schwäche mit sich herum und bemühen sich, jede Stimulation dieser unangenehmen Gefühle zu vermeiden. Doch in Ihrem Leben werden unweigerlich Ereignisse und Veränderungen eintreten, die sich diesem Bemühen in den Weg stellen. Weil Sie sich gegen Veränderungen sträuben, haben Sie das Gefühl, mit dem Leben hadern und kämpfen zu müssen. Sie haben das Gefühl, dass andere Menschen sich nicht so verhalten, wie sie sollten, und dass Ereignisse nicht so ablaufen, wie Sie es sich wünschen. Sie betrachten Erinnerungen an frühere Erfahrungen als störend, und die Zukunft ist für Sie eine Quelle möglicher Probleme. Ihre Definitionen, was Sie als wünschenswert oder unerwünscht, als gut oder schlecht beurteilen, orientieren sich stets daran, wie Ihr Leben aussehen muss, damit Sie sich wohlfühlen.

Wir alle wissen, dass wir uns so verhalten, aber niemand hinterfragt es. Wir denken, wir müssten herausfinden, wie das Leben sein sollte, und es dann entsprechend gestalten. Nur jemand, der tiefer blickt und sich fragt, warum die Ereignisse des Lebens auf eine bestimmte Weise ablaufen müssen, wird diese Annahme infrage stellen. Wie sind wir auf die Idee gekommen, dass das Leben nicht in Ordnung ist, so wie es ist, oder dass es nicht in Ordnung sein wird, so wie es sein wird? Wer sagt, dass die Art und Weise, wie sich das Leben natürlich entfaltet, nicht in Ordnung ist?

Die Antwort lautet: Die Angst sagt das. Der Teil in Ihnen, der nicht mit sich selbst im Reinen ist, kann sich nicht für die natürliche Entfaltung des Lebens öffnen, weil sich das wie ein Kontrollverlust anfühlt. Wenn sich das Leben auf eine Weise entfaltet, die Ihre inneren Probleme stimuliert, dann ist es, nach dieser Definition, nicht in Ordnung. Das ist wirklich sehr einfach: Was Sie nicht stört, ist in Ordnung, und was Sie stört, ist nicht in Ordnung. Wir definieren die gesamte Bandbreite unserer äußeren Erfahrung auf der Basis unserer inneren Probleme. Wenn Sie spirituell wachsen wollen, müssen Sie das ändern. Wenn Sie die ganze Schöpfung auf der Grundlage des am stärksten gestörten Teils Ihrer Psyche definieren, wie wird die Schöpfung dann für Sie aussehen? Sie wird wie ein furchtbares Chaos aussehen!

Wenn Sie spirituell wachsen, werden Sie erkennen, dass Sie mit Ihren Versuchen, sich vor Problemen zu schützen, in Wirklichkeit nur immer mehr Probleme erzeugen. Wenn Sie versuchen, Menschen, Orte und Dinge so zu ordnen, dass Sie sich nicht von ihnen gestört fühlen, wird für Sie der Eindruck entstehen, das Leben sei gegen Sie. Sie werden das Gefühl haben, das Leben wäre ein ständiger Kampf, und Sie hätten es schwer, weil Sie ja alles kontrollieren und mit allem ringen müssen. Es wird Wettbewerb, Eifersucht und Angst geben. Sie werden das Gefühl haben, dass jeder andere Mensch Sie jeden Moment stören kann. Er braucht nur etwas zu sagen oder zu tun, und augenblicklich geraten Sie in Unruhe. Das macht das Leben zu einer Bedrohung. Und deshalb müssen Sie sich so viele Sorgen machen. Deshalb spielt sich in Ihrem Kopf dieses ständige Selbstgespräch ab. Sie versuchen entweder herauszufinden, wie Sie verhindern können, dass dies und das passiert, oder Sie versuchen herauszufinden, was Sie tun müssen, weil es bereits passiert ist. Es ist ein Kampf mit dem Leben selbst, und damit machen Sie die ganze Schöpfung zur Quelle Ihrer Angst.

Die Alternative besteht darin, sich dafür zu entscheiden, nicht gegen das Leben zu kämpfen. Erkennen und akzeptieren Sie, dass Sie das Leben nicht kontrollieren können. Das Leben verändert sich ständig, und wenn Sie versuchen, es zu kontrollieren, werden Sie nie in der Lage sein, es voll und ganz zu leben. Anstatt das Leben zu leben, werden Sie Angst vor ihm haben. Haben Sie aber einmal die Entscheidung getroffen, nicht mit dem Leben zu kämpfen, müssen Sie sich der Angst stellen, die Sie bisher zu diesem ständigen Kampf antrieb. Glücklicherweise sind Sie nicht an diese Angst gebunden. Es gibt so etwas wie ein Leben ohne Angst. Um uns für diese Möglichkeit zu öffnen, müssen wir zunächst ein tieferes Verständnis dafür entwickeln, was Angst eigentlich ist.

Wenn Sie Angst in sich tragen, wird sie durch die Ereignisse des Lebens unweigerlich stimuliert. Wie ein Stein, der ins Wasser geworfen wird, erzeugt die Welt mit ihren ständigen Veränderungen Wellen in dem, was wir in uns tragen. Das ist an sich überhaupt kein Problem. Das Leben erzeugt Situationen, die Sie an Ihre Grenzen bringen mit dem Effekt, dass Ihre inneren Blockaden aufgelöst werden. Das, was in Ihnen blockiert und verschüttet ist, ist die Grundlage Ihrer Angst. Angst wird durch Blockaden im Energiefluss verursacht. Wenn Ihre Energie blockiert ist, kann sie nicht nach oben steigen und Ihr Herz nähren. Das schwächt Ihr Herz. Dadurch wird es anfällig für niedrige Schwingungen, und eine der niedrigsten Schwingungen überhaupt ist die Angst. Angst ist die Ursache für jedes Problem. Sie ist die Wurzel aller Vorurteile und der negativen Emotionen Wut, Eifersucht und Besitzgier. Wenn Sie keine Angst hätten, könnten Sie vollkommen glücklich in dieser Welt leben. Nichts würde Sie beunruhigen. Sie wären bereit, sich allem und jedem zu stellen, weil es in Ihnen keine Angst geben würde, die Sie hemmt oder blockiert.

Das Ziel der spirituellen Entwicklung besteht darin, die

Blockaden zu beseitigen, die Ursache Ihrer Angst sind. Die Alternative dazu ist, Ihre Blockaden zu schützen, damit Sie keine Angst empfinden müssen. Dafür müssen Sie jedoch versuchen, Ihre ganze Umwelt zu kontrollieren, damit das Triggern Ihrer inneren Problemthemen vermieden wird. Es ist schwer zu verstehen, wie wir überhaupt auf die Idee kommen konnten, es wäre intelligent, unseren inneren Themen auszuweichen, aber alle tun es. Alle sagen: »Ich werde alles tun, was ich kann, um zu beschützen, was mir gehört. Und wenn du etwas sagst, das mich stört, werde ich mich verteidigen. Ich werde dich anschreien und dich dazu bringen, es zurückzunehmen. Wenn du irgendeine Störung in mir verursachst, werde ich dafür sorgen, dass es dir sehr leidtut.« Mit anderen Worten: Wenn jemand etwas tut, das Angst auslöst, denken Sie, er oder sie hätte etwas falsch gemacht. Dann tun Sie, was Sie können, um sicherzustellen, dass diese Person dergleichen nie wieder tut. Erst verteidigen Sie sich, dann schützen Sie sich. Sie tun alles, was Ihnen notwendig erscheint, um sich nicht gestört zu fühlen.

Irgendwann wird man hoffentlich klug genug, um zu erkennen, dass man all dies Zeug nicht in sich haben will. Es spielt keine Rolle, wer es stimuliert. Es spielt keine Rolle, welche Situation es triggert. Es spielt keine Rolle, ob es Sinn macht, ob es fair erscheint oder nicht. Leider sind die meisten von uns nicht so klug. Wir versuchen nicht wirklich, uns von unseren Problemen zu befreien, sondern zu rechtfertigen, warum wir an ihnen festhalten.

Wenn Sie wirklich spirituell wachsen wollen, werden Sie erkennen, dass Sie mit all Ihrem Zeug, an das Sie sich klammern, in der Falle sitzen. Irgendwann wollen Sie heraus aus diesem selbst geschaffenen Gefängnis, koste es, was es wolle. Dann werden Sie erkennen, dass das Leben Ihnen eigentlich helfen will. Das Leben umgibt Sie mit Menschen und Situationen, die Sie zu Wachstum und Weiterentwicklung anregen. Sie müssen nicht entscheiden, wer recht hat und wer sich irrt. Sie müssen sich nicht um die Probleme anderer Leute kümmern. Sie müssen nur bereit sein, Ihr Herz für alles und jeden zu öffnen und zuzulassen, dass der Reinigungsprozess stattfinden kann. Wenn Sie das tun, werden Sie als Erstes feststellen, dass Sie mit Situationen konfrontiert werden, die Ihnen auf die Nerven gehen. Aber in Wahrheit ist ja genau das schon Ihr ganzes Leben lang geschehen. Der einzige Unterschied ist, dass Sie es jetzt als etwas Gutes betrachten, weil jede dieser Situationen für Sie eine Gelegenheit ist, loszulassen.

Die Themen, an denen Sie festhalten, tauchen immer wieder auf. Wenn das geschieht, lassen Sie sie ziehen, lösen Sie sich von ihnen. Erlauben Sie dem Schmerz einfach, in Ihr Herz zu kommen und durch es hindurchzufließen. Wenn Sie das tun, geht er vorüber. Wenn Sie aufrichtig nach Wahrheit suchen, werden Sie alles Unangenehme, das in Ihnen hochsteigt, bewusst wahrnehmen und es dann loslassen. Dies ist Anfang und Ende des ganzen Pfades – Sie geben sich dem Prozess der Selbstentleerung hin. Wenn Sie damit arbeiten, werden Sie die subtileren Gesetze des Loslassens kennenlernen.

Es gibt ein Gesetz, das Sie sehr früh im Spiel lernen werden, weil es eine unvermeidliche Wahrheit ist. Sie werden es früh lernen, aber Sie werden viele Male scheitern, wenn Sie versuchen, es zu befolgen. Das Gesetz ist sehr einfach: Wenn Ihre Themen getriggert werden, lassen Sie sofort los, denn später wird es schwieriger sein. Es wird nicht leichter, wenn Sie die Sache erforschen oder damit spielen in der Hoffnung, das würde Sie beruhigen. Es wird nicht leichter, wenn Sie darüber nachdenken, darüber reden oder versuchen, jeweils nur einen Teil der Angelegenheit loszulassen. Wenn Sie im Kern Ihres Wesens frei sein wollen, müssen Sie sofort loslassen, denn später wird es nicht einfacher.

Um nach diesem Gesetz leben zu können, müssen Sie es verstehen. Zunächst müssen Sie sich bewusst sein, dass da in Ihnen etwas ist, das losgelassen werden muss. Dann müssen Sie sich klarmachen, dass Sie als das Bewusstsein, das bemerkt, wie dieses unangenehme Zeug in Ihnen hochkommt, verschieden sind von dem, was Sie erleben. Sie nehmen es wahr, aber wer sind Sie? Dieser Ort Ihrer Bewusstheit ist sozusagen Ihr innerer Zeugenstand, der Sitz des Selbst. Nur von diesem Ort aus können Sie loslassen. Nehmen wir an, Sie bemerken, dass etwas in Ihrem Herzen ein unangenehmes Gefühl auslöst. Wenn Sie loslassen und im Sitz Ihrer Bewusstheit bleiben, wird das, was Sie bemerken, vorübergehen. Wenn Sie nicht loslassen und sich stattdessen in den störenden Gefühlen und Gedanken verlieren, werden Sie erleben, wie sich eine Abfolge von Ereignissen so schnell entfaltet, dass Sie nicht wissen, was Sie da eigentlich aus der Balance gebracht hat.

Wenn Sie nicht loslassen, werden Sie feststellen, dass die Energie, die in Ihrem Herzen angeregt wurde, wie ein Magnet wirkt. Es ist eine phänomenale Anziehungskraft, die Ihr Bewusstsein in sich hineinziehen wird. Das Nächste, was Sie wissen, ist, dass Sie nicht mehr da sind. Sie werden die zentrierte Perspektive des Bewusstseins nicht aufrechterhalten, in der Sie ruhten, als Sie die Störung zum ersten Mal bemerkten. Sie werden den Sitz des objektiven Gewahrseins verlassen, von dem aus Sie sahen, wie Ihr Herz zu reagieren begann, und Sie werden sich von den Energiewellen mitreißen lassen, die von Ihrem Herzen ausgehen. Einige Zeit später werden Sie in Ihre Mitte zurückkehren und feststellen, dass Sie eindeutig abwesend waren. Sie haben sich völlig in Ihren inneren Themen verloren. Und können nun nur hoffen, dass Sie nichts gesagt oder getan haben, das Sie später bereuen werden.

Sie schauen auf die Uhr. Schon sind fünf Minuten vergangen, oder eine Stunde, oder sogar ein Jahr. Man kann für eine ziemliche Weile völlig den Überblick verlieren. Wo sind Sie gewesen? Wie sind Sie wieder ins Zentrum Ihres

Bewusstseins zurückgelangt? Auf diese Fragen werden wir in Kürze eingehen, aber das Wichtigste ist, dass Sie, wenn Sie klarsehen, nirgendwo hingehen. Sie bleiben stets im Sitz des zentrierten Bewusstseins und beobachten, wie Ihre Themen getriggert werden. Und solange Sie dort im Beobachter-Sitz bleiben, werden Sie sich nicht in den Erfahrungen, den Objekten, verlieren.

Der Schlüssel liegt darin, dass Sie verstehen, dass die störende Kraft der aktivierten Energie in Ihnen den Impuls auslöst, Ihr Bewusstsein darauf zu fokussieren. Das können Sie nur vermeiden, indem Sie sofort loslassen. Wenn Ihr Bewusstsein erst einmal in die Störung eintaucht, verlieren Sie Ihren klaren Sitz des Selbst. Das geschieht augenblicklich. Man hat nicht das Gefühl, irgendwo hinzugehen, genauso wenig, wie man den Raum verlässt, wenn man sich in ein Buch oder eine Fernsehsendung vertieft. Sie verlieren einfach den Fixpunkt des Bewusstseins, von dem aus Sie Ihre Umgebung objektiv wahrgenommen haben. Ihr Bewusstsein verlässt die zentrierte Position, in der Sie die vielen Energien um Sie herum wahrnehmen, und Sie werden in die Konzentration auf nur eine einzige von ihnen hineingezogen.

Dieses Verlassen des Sitzes des Selbst ist im Allgemeinen kein willentlicher Akt. Es wird durch das Gesetz der Anziehung bewirkt. Das Bewusstsein wird immer von dem Objekt angezogen, das am meisten ablenkt: der Zeh, den Sie sich gerade gestoßen haben, das laute Geräusch oder Ihr schmerzendes Herz. Dieses Gesetz gilt für die inneren Vorgänge ebenso wie für die äußeren. Das Bewusstsein geht zu dem Ort, der es am stärksten ablenkt. Das meinen wir, wenn wir sagen: »Es erregte meine Aufmerksamkeit, weil es so laut war.« Ihr Bewusstsein wurde dorthin gelenkt. Wenn eine Blockade auftritt, findet dieselbe Anziehung statt, und das Bewusstsein wird zur Quelle des Unbehagens gezogen. Dieser Ort wird dann vorübergehend zum Sitz

Ihres Bewusstseins. Wenn sich das Unbehagen gelegt hat und Sie wieder loslässt, kehren Sie ganz natürlich zu Ihrem höheren Sitz des Bewusstseins zurück. Dort sitzen Sie, wenn Sie nicht durch eine Störung abgelenkt werden. Aber so wichtig dieser höhere Sitz ist, so wichtig ist es auch, zu sehen, was passiert, wenn Sie durch Störungen abgelenkt werden – Ihr Sitz des Bewusstseins verlagert sich blitzschnell dorthin, wo die Störung stattfindet, und Ihre ganze Welt sieht anders aus.

Lassen Sie uns diesen Vorgang Schritt für Schritt analysieren. Es beginnt damit, dass Sie in die gestörte Energie hineingezogen werden. Sie landen genau dort, wo Sie nicht hingehören. Dort unten ist wirklich der allerletzte Ort, wo Ihr Bewusstsein sein möchte. Aber genau von ihm wird es angezogen. Wenn Sie jetzt durch die Brille dieser gestörten Energie schauen, nehmen Sie alles durch den Nebel dieser Störung verzerrt wahr. Dinge, die schön waren, sehen jetzt hässlich aus. Dinge, die Sie eigentlich mögen, sehen dunkel und deprimierend aus. Aber eigentlich hat sich nichts verändert. Es ist nur so, dass Sie das Leben nun nicht mehr aus Ihrer Mitte, sondern von diesem Sitz der Störung her betrachten.

Jede dieser Verschiebungen in Ihrer Wahrnehmung sollte Sie daran erinnern, loszulassen. In dem Moment, in dem Sie merken, dass Sie die Menschen, die Sie früher mochten, nicht mehr mögen, in dem Moment, in dem Sie merken, dass Ihr Leben ganz anders aussieht, in dem Moment, in dem alles negativ wird – lassen Sie los. Sie hätten schon früher loslassen sollen, aber Sie haben es nicht getan. Und nun ist es noch schwieriger. Sie hätten gleich loslassen können, unmittelbar, als die Störung auftrat. Jetzt erfordert es ernsthafte Arbeit, den früheren Sitz des Bewusstseins wieder zu erreichen, ohne den ganzen Zyklus zu durchlaufen.

Der Zyklus ist die Zeit, die von dem Moment, in dem Sie Ihren Sitz der relativen Klarheit verlassen, bis zu Ihrer

Rückkehr vergeht. Diese Zeitspanne hängt von der Tiefe der Energieblockade ab, von der die anfängliche Störung verursacht wurde. Einmal aktiviert, muss die Blockade ihren Lauf nehmen. Wenn Sie nicht loslassen, werden Sie hineingesaugt. Dann sind Sie nicht mehr frei, sondern gefangen. Sobald Sie aus dem Sitz Ihrer relativen Klarheit herausfallen, sind Sie der gestörten Energie ausgeliefert. Wenn diese Blockade durch eine andauernde Situation ausgelöst wird, kann es sein, dass Sie lange Zeit dort unten verbringen werden. Wenn es sich nur um ein vorübergehendes Ereignis handelt und die durch die Blockade freigesetzte Energie sich sofort auflöst, dann werden Sie schnell wieder nach oben driften, zurück in Ihre Mitte, Ihre relative Klarheit. Der wichtigste Punkt ist, dass Sie darüber keine Kontrolle haben. Sie haben die Kontrolle verloren.

Das ist die Anatomie des Fallens. Wenn Sie sich in diesem Zustand der Störung befinden, neigen Sie dazu, durch aktives Handeln die Dinge in Ordnung zu bringen. Es fehlt Ihnen aber die Klarheit, erkennen zu können, was wirklich vor sich geht. Alles, was Sie wollen, ist, dass die Störung so schnell wie möglich aufhört. Also fangen Sie an, Ihre Überlebensinstinkte zu aktivieren. Vielleicht haben Sie das Gefühl, etwas Drastisches tun zu müssen – vielleicht Ihren Ehepartner verlassen, umziehen oder Ihren Job kündigen. Der Verstand fängt an, alle möglichen Dinge zu sagen, weil er diesen Zustand, in dem Sie sich befinden, nicht erträgt und auf jede erdenkliche Weise daraus flüchten will.

Jetzt, wo Sie an diesem Punkt angelangt sind, kommt der dramatische Höhepunkt: Stellen Sie sich vor, dass Sie, während Sie völlig in die gestörte Energie hineingefallen sind, tatsächlich das ein oder andere von dem tun, wozu Ihr Verstand Ihnen rät. Stellen Sie sich vor, was passieren würde, wenn Sie tatsächlich Ihren Job kündigen oder beschließen: »Ich habe das lange genug hinausgezögert. Ich werde ihm meine Meinung sagen. Jetzt.« Sie haben keine

Ahnung, was für ein großer Rückschritt das wäre. Es ist eine Sache, wenn die Störung in Ihrem Inneren vor sich geht. Aber in dem Moment, in dem Sie ihr erlauben, sich auszudrücken, in dem Moment, in dem Sie zulassen, dass diese Energie Ihren Körper bewegt, sind Sie auf eine andere Ebene hinabgestiegen. Jetzt ist es fast unmöglich, loszulassen. Wenn Sie anfangen, jemanden anzuschreien, wenn Sie jemandem aus diesem Zustand der Unklarheit heraus sagen, was Sie ihm oder ihr gegenüber empfinden, dann haben Sie das Herz und den Verstand dieses Menschen in Ihre inneren Angelegenheiten mit einbezogen. Nun sind also zwei Egos beteiligt. Sobald Sie diese Energien nach außen tragen, werden Sie Ihre Handlungen verteidigen und als angemessen erscheinen lassen wollen. Aber die andere Person wird niemals denken, dass Ihr Verhalten angemessen war.

Also sind ab sofort noch mehr Kräfte aktiv, die Sie fesseln und davon abhalten, wieder in die klare Höhe Ihres Beobachter-Sitzes zurückzukehren. Zuerst fallen Sie hinab in die Dunkelheit, und dann manifestieren Sie diese Dunkelheit. Wenn Sie das tun, nehmen Sie buchstäblich die Energie Ihrer Blockade und geben sie an andere Menschen weiter. Wenn Sie Ihr inneres Zeug hinaus in die Welt werfen, ist das, als würden Sie die Welt damit bemalen. Die Art von Energie, die Sie so in Ihre Umgebung abgeben, kommt wieder zu Ihnen zurück. Sie sind jetzt von Menschen umgeben, die entsprechend dieser Energie mit Ihnen interagieren werden. Das ist eine Form von »Umweltverschmutzung«, und sie wird sich auf Ihr Leben auswirken.

Auf diese Weise entstehen negative Zyklen. Sie nehmen ein Stück von sich, das nichts anderes als eine tief sitzende Störung aus Ihrer Vergangenheit ist, und pflanzen es in die Herzen der Menschen in Ihrem Umfeld. Früher oder später kehrt es von dort wieder zu Ihnen zurück. Alles, was Sie aussenden, kommt wieder zurück. Stellen Sie sich vor, Sie geraten derartig außer sich, dass Sie Ihre gesamten gestörten Energien vollständig auf eine andere Person loslassen. Auf diese Weise ruinieren Menschen Beziehungen und zerstören ihr Leben.

Welche Ausmaße kann das annehmen? Wenn Sie erst einmal geschwächt sind, kann eine weitere Blockade von Ihnen Besitz ergreifen, und noch eine. Sie können so weit in Ihre gestörten Energien hinabfallen, dass Ihr Leben ein einziges Chaos wird. Sie können einen Punkt erreichen, an dem alles außer Kontrolle gerät und Sie Ihre Mitte völlig aus den Augen verlieren. In diesem Zustand mag Ihr früherer Sitz der Klarheit hin und wieder kurz aufscheinen, aber Sie sind nicht in der Lage, dorthin zurückzufinden. Jetzt sind Sie verloren. Auch wenn Sie das bezweifeln: Es kann durchaus vorkommen, dass eine einzige Blockade im Herzen eines Menschen einen Absturz verursacht, von dem der Betroffene sich ein Leben lang nicht erholt.

Was wäre, wenn Sie all das vermeiden könnten, indem Sie von Anfang an loslassen? Hätten Sie das getan, wäre es mit Ihnen aufwärts- statt abwärtsgegangen. So funktioniert es. Wenn Sie auf eine innere Blockade treffen, ist das eine gute Sache. Es ist dann an der Zeit, sich innerlich zu öffnen und die blockierte Energie loszulassen. Wenn Sie loslassen, den Reinigungsprozess im Inneren zulassen, wird die blockierte Energie freigesetzt. Wenn sie losgelassen wird und nach oben fließen kann, wird sie gereinigt und verschmilzt wieder mit dem Zentrum Ihres Bewusstseins. Diese Energie stärkt Sie dann, statt Sie zu schwächen. Sie steigen auf, immer höher und höher, und lernen das Geheimnis des Aufstiegs kennen. Das Geheimnis des Aufstiegs besteht darin, niemals nach unten zu schauen – immer nach oben.

Ganz gleich, was unter Ihnen geschieht, richten Sie den Blick nach oben, und entspannen Sie Ihr Herz. Sie müssen den Sitz Ihres Selbst nicht verlassen, um mit der Dunkelheit fertigzuwerden. Sie wird sich von selbst reinigen und klären, wenn Sie das zulassen. Sich dagegen auf die Dunkelheit einzulassen, vertreibt sie nicht. Es nährt sie. Wenden Sie sich ihr gar nicht erst zu. Wenn Sie gestörte Energien in Ihrem Inneren bemerken, ist das in Ordnung. Denken Sie nicht, Sie hätten keine Blockaden mehr, die Sie auflösen müssen. Bleiben Sie einfach zentriert im Sitz des Gewahrseins. Was auch immer tiefer unten in Ihnen vor sich gehen mag, öffnen Sie einfach Ihr Herz, und lassen Sie diese Energie davonziehen. So wird Ihr Herz gereinigt, und Sie werden nie wieder einen Absturz erleben.

Wenn Sie auf dem Weg doch einmal fallen, stehen Sie einfach wieder auf, und vergessen Sie es. Nutzen Sie die Lektion, um Ihre Entschlossenheit zu stärken. Lassen Sie immer sofort los. Machen Sie sich keine Gedanken, geben Sie niemandem die Schuld, und versuchen Sie nicht, den Fehler zu finden. Tun Sie nichts. Lassen Sie einfach sofort los, und erlauben Sie der Energie, in das höchste Zentrum des Bewusstseins zurückzukehren, das sie erreichen kann. Wenn Sie Scham empfinden, lassen Sie sie los. Wenn Sie Angst empfinden, lassen Sie sie los. All dies sind die Überbleibsel der blockierten Energie, die nun endlich gereinigt wird.

Lassen Sie immer sofort los, sobald Sie merken, dass Sie es nicht geschafft haben, zentriert zu bleiben. Verschwenden Sie nicht Ihre Zeit, sondern nutzen Sie die Energie, um aufzusteigen. Sie sind ein großartiges Wesen, dem eine großartige Gelegenheit gegeben wurde, über sich selbst hinauszuwachsen. Der ganze Prozess ist sehr aufregend, und Sie werden gute und schlechte Zeiten erleben. Alle möglichen Dinge werden geschehen. Gerade deshalb macht diese Reise so viel Spaß!

Fallen Sie also nicht. Lassen Sie los. Was auch immer es ist, lassen Sie es los. Je größer es ist, desto größer ist die Belohnung für das Loslassen, und desto schlimmer ist der Absturz, wenn Sie es nicht tun. Hier gilt wirklich Schwarz oder Weiß: Entweder man lässt los oder nicht. Es gibt eigentlich nichts dazwischen. Machen Sie also all Ihre Blockaden und Störungen zum Treibstoff für Ihre Reise. Das, was Sie niederhält, kann zu einer mächtigen Kraft werden, die Sie aufrichtet. Sie müssen nur bereit sein, den Aufstieg zu wagen.

KAPITEL 9

DEN INNEREN DORN ENTFERNEN

Die spirituelle Reise ist ein Prozess ständiger Veränderung. Um zu wachsen, müssen Sie aufhören, sich an den Status quo zu klammern, und lernen, jederzeit offen für Wandel zu sein. Einer der wichtigsten Bereiche, der Veränderungen erfordert, ist die Art und Weise, wie wir mit unseren persönlichen Problemen umgehen. Normalerweise versuchen wir, unsere inneren Störungen in den Griff zu bekommen, indem wir uns schützen. Echte Transformation beginnt, wenn Sie Ihre Probleme als Chancen für persönliches Wachstum begreifen. Um zu verstehen, wie dieser Prozess funktioniert, lassen Sie uns die folgende Situation untersuchen.

Stellen Sie sich vor, Sie haben einen Dorn im Arm, der direkt auf einen Nerv trifft. Wenn der Dorn berührt wird, ist das sehr schmerzhaft, was ihn für Sie zu einem ernsten Problem macht. Er stört Sie beim Schlafen, jedes Mal, wenn Sie sich so drehen, dass Sie auf dem Arm liegen. Sie zögern, anderen Menschen zu nahe zu kommen, weil sie versehentlich den Dorn berühren könnten. Das macht Ihren Alltag sehr schwierig. Sie mögen nicht einmal mehr im Wald spazieren gehen aus Angst, Sie könnten mit der schmerzempfindlichen Stelle an Ihrem Arm einen Ast streifen. Dieser Dorn ist ein ständiges Ärgernis, und es gibt für Sie nur zwei Möglichkeiten, das Problem zu lösen.

Die erste Möglichkeit besteht darin, Ihre Situation zu betrachten und zu entscheiden, dass es extrem störend ist, wenn Dinge den Dorn berühren. Deshalb müssen Sie dafür sorgen, dass möglichst nichts ihn berührt. Die zweite Möglichkeit besteht darin, den Dorn zu entfernen. Ob Sie es glauben oder nicht, die Auswirkungen der von Ihnen getroffenen Entscheidung werden den Verlauf Ihres restlichen Lebens bestimmen. Dies ist eine der grundlegenden strukturellen Entscheidungen, die das Fundament für Ihre Zukunft legen.

Beginnen wir mit der ersten Entscheidung, und untersuchen wir, wie sie sich auf Ihr Leben auswirken wird. Wenn Sie sich dafür entscheiden, verhindern zu müssen, dass irgendetwas den Dorn berührt, dann wird das zu Ihrer Hauptbeschäftigung für den Rest Ihres Lebens. Wenn Sie im Wald spazieren gehen wollen, müssen Sie vorher den Weg weiträumig freischneiden, um zu verhindern, dass Äste Ihrem Dorn zu nahe kommen. Da Sie sich beim Schlafen oft umdrehen und dabei der Dorn mit Decke und Matratze in Kontakt kommt, werden Sie auch dafür eine Lösung finden müssen. Vielleicht können Sie einen Apparat entwickeln, der als Schutzvorrichtung dient. Wenn Sie wirklich viel Energie darauf verwenden und Ihre Lösung tatsächlich funktioniert, würden Sie von nun an glauben, Sie hätten Ihr Problem gelöst, und sagen: »Ich kann jetzt schlafen. Und wissen Sie was? Ich darf im Fernsehen von meiner Erfindung berichten. Jeder, der das Dornproblem hat, kann meine Schutzvorrichtung kaufen, und ich bekomme dafür sogar Tantiemen.«

Also haben Sie nun Ihr ganzes Leben um dieses Dornproblem herum aufgebaut und sind stolz darauf. Sie lassen den Wald regelmäßig auslichten, und nachts im Bett tragen Sie Ihre Schutzvorrichtung. Aber jetzt stehen Sie vor einem neuen Problem – Sie sind verliebt. Das ist ein Problem, denn in Ihrer Situation ist es schwer, sich zu umarmen. Niemand darf Sie berühren, weil dabei der Dornschmerz ausgelöst werden könnte. Also entwickeln Sie nun eine andere Vorrichtung, die Nähe zwischen Menschen ermöglicht, ohne dass sie sich berühren. Schließlich beschließen Sie, dass Sie völlig mobil sein wollen, ohne sich um den Dorn kümmern zu müssen. Also konstruieren Sie einen 24-Stunden-Rundumschutz, der nicht mehr nachts abgeschnallt oder für Umarmungen und andere tägliche Aktivitäten jeweils gegen eine andere Schutzvorrichtung ausgetauscht werden muss. Aber dieses Ding ist schwer. Also bringen Sie Räder an und installieren eine Hydrauliksteuerung und Aufprallsensoren. Es ist wirklich ein beeindruckendes Gerät.

Natürlich mussten Sie nun in Ihrem Haus größere Türen einbauen lassen, um mit Ihrem Schutzgerät hineinzukommen. Aber wenigstens können Sie jetzt Ihr Leben leben. Sie können arbeiten, schlafen und sich Menschen nähern. Also verkünden Sie allen: »Ich habe mein Problem gelöst. Ich bin ein freies Wesen. Ich kann hingehen, wohin ich will. Ich kann alles tun, was ich will. Früher hat dieser Dorn mein Leben bestimmt. Jetzt habe ich wieder die Kontrolle.«

Die Wahrheit ist, dass der Dorn auch weiterhin Ihr Leben beherrscht. Er beeinflusst alle Ihre Entscheidungen, wohin Sie gehen, mit wem Sie sich wohlfühlen und wer sich mit Ihnen wohlfühlt. Er bestimmt, wo Sie arbeiten dürfen, in welchem Haus Sie wohnen können und in welchem Bett Sie nachts schlafen. Letzten Endes bestimmt dieser Dorn über jeden Aspekt Ihres Lebens.

Es zeigt sich, dass ein Leben, in dem man sich vor seinem Problem schützt, zu einem perfekten Spiegelbild des Problems wird. Das ist einfach keine Lösung. Wenn Sie die Ursache Ihres Problems nicht beseitigen, sondern stattdessen versuchen, sich vor ihm zu schützen, wird es Ihr Leben beherrschen. Am Ende sind Sie psychologisch so sehr auf das Problem fixiert, dass Sie den Wald vor lauter Bäumen nicht mehr sehen. Sie haben das Gefühl, Sie hätten das Problem gelöst, weil Sie den Schmerz minimiert haben, den das Problem Ihnen bereitet. Aber damit haben Sie nur erreicht, dass Sie nun Ihr ganzes Leben der Vermeidung des Problems widmen. Das Problem ist zum Zentrum Ihres Universums geworden. Alles dreht sich darum.

Um die Analogie des Dorns auf Ihr ganzes Leben anzuwenden, ziehen wir die Einsamkeit als Beispiel heran. Nehmen wir an, Sie leiden unter einem sehr starken Gefühl innerer Einsamkeit. Das Gefühl ist so intensiv, dass Sie nachts nicht schlafen können und tagsüber überaus reizbar und empfindlich sind. Immer wieder leiden Sie unter heftigen Schmerzen in der Herzgegend, die Sie sehr beunruhigen. Sie haben Mühe, sich auf Ihre Arbeit zu konzentrieren, und Probleme im alltäglichen Umgang mit Ihren Mitmenschen. Weil Sie sich so einsam fühlen, fällt es Ihnen oft schwer, auf andere Menschen zuzugehen. Sie sehen also, dass Einsamkeit wie ein Dorn ist. Sie verursacht Schmerzen und Beeinträchtigungen in allen Lebensbereichen. Aber in Bezug auf unser Herz gibt es mehr als einen Dorn. Wir reagieren empfindlich auf Einsamkeit, auf Ablehnung, auf unsere körperliche Erscheinung und auf unsere geistigen Fähigkeiten. Wir laufen mit vielen Dornen herum, die genau an unserer empfindlichsten Stelle, dem Herzen, ansetzen. In jedem Augenblick kann Sie etwas berühren und innere Schmerzen auslösen.

Bei diesen inneren Dornen haben Sie, genau wie bei dem Dorn in Ihrem Arm, zwei Möglichkeiten. Sicher ist Ihnen klar, dass es viel besser gewesen wäre, den Dorn herauszuziehen. Es gibt wirklich keinen Grund, Ihr Leben damit zu verbringen, den Dorn vor Berührung zu schützen, wenn er sich doch ganz einfach entfernen lässt. Erst wenn der Dorn entfernt ist, sind Sie wirklich frei von ihm. Das Gleiche gilt für Ihre inneren Dornen: Sie können entfernt werden. Wenn Sie sie aber behalten wollen, ohne von ihnen gestört zu werden, müssen Sie künftig alle Situationen meiden, die den Schmerz auslösen. Wenn Sie einsam sind, müssen Sie es vermeiden, an Orte zu gehen, an denen sich Paare aufhalten. Wenn Sie Angst haben, zurückgewiesen zu werden, müssen Sie es vermeiden, Menschen zu nahe zu kommen. Der Grund für dieses Vermeidungsverhalten ist der gleiche, wegen dem Sie den Wald ausgelichtet haben. Sie versuchen, Ihr Leben unter Einbeziehung Ihrer Dornen zu gestalten. In dem ersten Beispiel befanden sich die Dornen außen. Jetzt sind sie in Ihnen.

Wenn man einsam ist, überlegt man, was man gegen seine Einsamkeit tun kann. Was können Sie sagen oder tun, um sich nicht so einsam zu fühlen? Beachten Sie, dass Sie nicht fragen, wie Sie das Problem loswerden können, sondern wie Sie sich davor schützen können, es zu spüren. Das tun Sie entweder, indem Sie Situationen vermeiden, oder indem Sie Menschen, Orte und Dinge als Schutzschild benutzen. Sie werden genauso enden wie die Person mit dem Dorn im Arm. Die Einsamkeit wird Ihr ganzes Leben beherrschen. Sie werden die Person heiraten, durch die Sie sich weniger einsam fühlen, und Sie werden denken, das sei natürlich und normal. Aber es ist genau dasselbe wie bei der Person, die den Schmerz des Dorns vermeidet, anstatt ihn zu beseitigen. Sie haben die Wurzel der Einsamkeit nicht beseitigt. Sie haben nur versucht, sich vor dem Gefühl zu schützen. Sollte der Mensch, den Sie geheiratet haben, sterben oder Sie verlassen, würde die Einsamkeit Sie wieder stören. Das Problem wird wieder auftauchen, sobald Ihre äußere Situation Sie nicht mehr vor dem schützen kann, was in Ihrem Inneren ist.

Wenn Sie den Dorn nicht entfernen, sind Sie letztlich sowohl für den Dorn als auch für alles verantwortlich, was Sie um sich herum aufgebaut haben, um den Schmerz zu vermeiden. Sollten Sie das Glück haben, jemanden zu finden, dem es gelingt, Ihr Einsamkeitsgefühl zu lindern, werden Sie anfangen, sich Sorgen zu machen, ob Sie die Beziehung zu dieser Person aufrechterhalten können. Mit Ihrem Versuch, das Problem zu vermeiden, haben Sie es verschlimmert. Das ist genau das Gleiche, wie wenn Sie den

Dorn in Ihrem Arm durch einen Schutzapparat zu kompensieren versuchen. Sie müssen dann Ihr ganzes Leben Ihrem Problem anpassen. In dem Moment, in dem Sie zulassen, dass das Kernproblem bestehen bleibt, weitet es sich zu mehreren Problemen aus. Es kommt Ihnen gar nicht in den Sinn, dass es durchaus möglich wäre, sich dauerhaft von diesem Kernproblem zu befreien. Stattdessen glauben Sie, die einzige Lösung wäre der Versuch, den Schmerz nicht fühlen zu müssen. Jetzt haben Sie keine andere Wahl, als alles zu reparieren, was mit Ihrem Problem zu tun hat. Sie müssen sich Gedanken darüber machen, wie Sie sich kleiden und wie Sie reden. Sie müssen sich Gedanken darüber machen, was andere von Ihnen denken, denn das könnte Ihr Gefühl der Einsamkeit oder Ihr Bedürfnis nach Liebe beeinflussen. Wenn sich jemand zu Ihnen hingezogen fühlt und dies Ihre Gefühle der Einsamkeit lindert, wünschen Sie sich, Sie könnten sagen: »Wie muss ich mich verhalten, um dir zu gefallen? Ich kann genau so sein, wie du willst. Ich möchte nur meine Einsamkeit nicht länger spüren.«

Nun leiden Sie also unter der zusätzlichen Last, sich um die Beziehung zu sorgen. Das führt zu unterschwelliger Anspannung und Unbehagen und kann sogar bewirken, dass Sie nachts schlecht schlafen. In Wahrheit ist das Unbehagen, das Sie empfinden, nicht wirklich das Gefühl der Einsamkeit. Es sind die ständigen sorgenvollen Gedanken: »Habe ich das Richtige gesagt? Mag sie mich wirklich, oder mache ich mir nur etwas vor?« Das eigentliche Problem ist jetzt unter all diesen oberflächlichen Problemen begraben, die nur dazu dienen, die tieferen Probleme zu vermeiden. Es wird alles sehr kompliziert. Am Ende benutzen die Menschen ihre Beziehungen, um ihre Dornen zu verstecken. Wenn man sich umeinander sorgt, besteht die gegenseitige Erwartung, das eigene Verhalten so anzupassen, dass man nicht die Dornen des anderen berührt.

Das ist es, was die Menschen tun. Sie lassen zu, dass die

Angst vor ihren inneren Dornen ihr Verhalten beeinflusst. Am Ende schränken sie ihr Leben genauso ein wie jemand, dem ein äußerer physischer Dorn in der Haut sitzt. Wenn Sie etwas in Ihrem Inneren stört, müssen Sie eine Entscheidung treffen. Sie können die Störung kompensieren, indem Sie in der Außenwelt alles vermeiden, von dem das Gefühl ausgelöst wird, oder Sie entfernen einfach den Dorn, statt Ihr ganzes Leben nach ihm auszurichten.

Zweifeln Sie nicht an Ihrer Fähigkeit, die Ursache der Störung in Ihnen zu beseitigen. Sie können tief in sich hineinschauen, in den Kern Ihres Wesens, und entscheiden, dass Sie nicht wollen, dass der schwächste Teil in Ihnen Ihr Leben beherrscht. Sie wollen frei davon sein. Sie wollen mit Menschen sprechen, weil Sie sie interessant finden, nicht, weil Sie einsam sind. Sie wollen Beziehungen zu Menschen eingehen, weil Sie sie wirklich mögen, nicht, weil Sie von ihnen gemocht werden wollen. Sie wollen lieben, weil Sie wirklich lieben, nicht, um Ihren inneren Problemen auszuweichen.

Wie befreit man sich selbst? Im tiefsten Sinne befreit man sich, indem man sich selbst findet. Sie sind nicht der Schmerz, den Sie empfinden, und Sie sind auch nicht der Teil, der von Zeit zu Zeit gestresst ist. Keine dieser Störungen hat etwas mit Ihnen zu tun. Sie sind derjenige, der diese Dinge wahrnimmt. Weil Ihr Bewusstsein unabhängig von den Objekten Ihrer Aufmerksamkeit existiert und sich dieser Dinge bewusst ist, können Sie sich befreien. Um sich von Ihren inneren Dornen zu befreien, müssen Sie einfach damit aufhören, an ihnen herumzuspielen. Je öfter Sie sie berühren, desto stärker werden sie gereizt. Weil Sie ständig etwas tun, um die Dornen nicht spüren zu müssen, bekommen diese keine Gelegenheit, sich auf natürliche Weise von Ihnen zu lösen. Wenn Sie wollen, können Sie die Störungen einfach zulassen und dann loslassen. Da es sich bei Ihren inneren Dornen lediglich um blockierte Energien aus der

Vergangenheit handelt, müssen Sie keineswegs an ihnen festhalten. Das Problem ist, dass Sie Situationen, in denen die Dornen schmerzhaft berührt werden, entweder völlig meiden oder bei solchen Anlässen aus Selbstschutz in eine Abwehrhaltung gehen.

Angenommen, Sie sitzen zu Hause vor dem Fernseher und schauen sich einen Film an. Sie genießen die Handlung, bis sich die beiden Hauptdarsteller ineinander verlieben. Plötzlich fühlen Sie sich einsam, aber es ist niemand da, der Ihnen Aufmerksamkeit schenkt. Dabei ging es Ihnen bis vor ein paar Minuten noch gut. Dieses Beispiel zeigt, dass der Dorn in Ihrem Herzen immer vorhanden ist. Er wird nur nicht aktiviert, solange ihn nichts berührt. Sie empfinden Leere oder ein Gefühl des Sinkens in Ihrem Herzen. Es fühlt sich sehr unangenehm an. Ein Gefühl der Schwäche überkommt Sie, und Sie beginnen, an andere Zeiten zurückzudenken, in denen Sie alleingelassen wurden, und an Menschen, von denen Sie verletzt wurden. Gespeicherte Energie aus der Vergangenheit löst sich aus dem Herzen und erzeugt Gedanken. Anstatt den Fernsehfilm zu genießen, sitzen Sie nun, sich allein fühlend, auf dem Sofa und werden von einer Welle aus Gedanken und Gefühlen überrollt.

Was können Sie tun, um dieses Problem zu lösen, außer sich mit Essen zu trösten, jemanden anzurufen oder etwas anderes zu tun, das eine beruhigende Wirkung auf Sie hat? Nun, zunächst einmal können Sie bemerken, dass Sie es bemerkt haben. Sie können bemerken, dass Ihr Bewusstsein fernsieht und lediglich Ihr inneres Melodrama beobachtet. Derjenige, der diese Beobachtung macht, sind Sie, das Subjekt. Das, was Sie sehen, ist ein Objekt. Ein Gefühl der Leere ist ein Objekt. Es ist etwas, das Sie fühlen. Aber wer fühlt es? Ihr Ausweg ist, einfach zu bemerken, wer es bemerkt. Es ist wirklich so einfach. Es ist viel weniger komplex als der Schutzapparat mit all seinen Kugellagern, Rädern und

Hydraulikleitungen. Alles, was Sie tun müssen, ist wahrzunehmen, wer die Einsamkeit spürt. Wenn Sie das wahrnehmen können, sind Sie bereits frei. Wenn Sie frei von diesen Energien sein wollen, müssen Sie ihnen erlauben, frei durch Sie hindurchzufließen, anstatt sie in Ihrem Inneren zu verbergen.

Seit Ihrer Kindheit bewegen sich in Ihnen Energien. Wachen Sie auf, und erkennen Sie, dass Sie da drinnen sind. Und mit Ihnen wohnt dort ein sensibles Wesen. Beobachten Sie einfach, wie dieser sensible Teil von Ihnen sich gestört fühlt. Sehen Sie, wie er Eifersucht, Bedürfnisse und Angst empfindet. Diese Gefühle sind einfach Teil der Natur des Menschen. Wenn Sie achtsam sind, werden Sie sehen, dass diese Gefühle nicht Sie sind, sondern nur etwas, das Sie fühlen und erleben – Sie, das da drinnen wohnende Wesen, das sich all dessen bewusst ist. Wenn Sie in Ihrer Mitte bleiben, können Sie lernen, sogar die schwierigen Erfahrungen wertzuschätzen und zu respektieren.

Zum Beispiel stammen einige der schönsten Gedichte und Musikstücke von Menschen, die zutiefst bewegt oder aufgewühlt waren. Große Kunst kommt aus der Tiefe des eigenen Wesens. Sie können diese sehr menschlichen Zustände erleben, ohne sich in ihnen zu verlieren oder ihnen zu widerstehen. Sie können bemerken, dass Sie bemerken, und einfach beobachten, wie sich die Erfahrung von Einsamkeit auf Sie auswirkt. Verändert sich Ihre Körperhaltung? Atmen Sie langsamer oder schneller? Was geschieht, wenn Sie der Einsamkeit den Raum geben, den sie benötigt, um durch Sie hindurchzugehen? Werden Sie zum Entdecker. Nehmen Sie das Gefühl bewusst wahr, dann wird es verschwinden. Wenn Sie sich nicht in der Erfahrung verlieren, wird sie schon bald vorübergehen, und etwas anderes wird an ihrer Stelle auftauchen. Genießen Sie das alles einfach. Das befreit Sie, und eine Welt reiner Energie wird sich für Sie auftun.

Je mehr Sie im Selbst zentriert sind, desto mehr werden Sie eine Energie spüren, die Sie noch nie zuvor erlebt haben. Sie kommt von hinten und nicht von vorne, wo Sie Ihren Verstand und Ihre Emotionen erleben. Wenn Sie nicht mehr in Ihr Melodrama vertieft sind, sondern stattdessen bequem tief drinnen im Sitz Ihres Gewahrseins ruhen, werden Sie anfangen, diesen Energiefluss zu spüren, der von tief drinnen aufsteigt. Dieser Fluss wird Shakti genannt. Dieser Fluss wird Geist genannt. Das ist es, was Sie erleben werden, wenn Sie sich mit dem Selbst beschäftigen, anstatt sich mit inneren Störungen herumzuschlagen. Dafür müssen Sie die Einsamkeit nicht loswerden, Sie müssen nur aufhören, sich mit ihr zu beschäftigen. Sie ist einfach nur ein weiteres Objekt im Universum wie Autos, Gras und die Sterne. Es geht Sie nichts an. Lassen Sie die Dinge einfach los. Das ist es, was das Selbst tut. Das Gewahrsein kämpft nicht. Das Gewahrsein lässt los. Das Gewahrsein ist einfach gewahr, während die Parade des Universums an ihm vorbeizieht.

Wenn Sie in Ihrem Selbst sitzen, werden Sie die Stärke Ihres inneren Wesens erfahren, selbst wenn sich Ihr Herz schwach anfühlt. Das ist die Essenz des Weges. Das ist die Essenz eines spirituellen Lebens. Wenn Sie lernen, dass es in Ordnung ist, innere Störungen zu fühlen, und wenn Ihr Sitz des Bewusstseins sich davon nicht mehr irritieren lässt, werden Sie frei. Und Sie beginnen, sich von dem inneren Energiefluss, der von hinten kommt, tragen zu lassen. Wenn Sie von der Ekstase des inneren Flusses gekostet haben, können Sie durch die Welt wandeln, und die Welt wird Sie niemals berühren. So werden Sie ein freies Wesen – Sie transzendieren.

KAPITEL 10

DIE SEELE BEFREIEN

Die Voraussetzung für wahre Freiheit ist die Entscheidung, nicht mehr leiden zu wollen. Sie müssen sich dafür entscheiden, dass Sie Ihr Leben genießen wollen und dass es keinen Grund für Stress, inneren Schmerz oder Angst gibt. Jeden Tag tragen wir eine Last, die wir nicht tragen sollten. Wir fürchten, dass wir nicht gut genug sind oder dass wir versagen werden. Wir fühlen uns unsicher, ängstlich, werden von Selbstzweifeln geplagt. Wir fürchten, dass die Menschen sich gegen uns wenden, uns ausnutzen oder uns nicht mehr lieben. All das belastet uns enorm. Während wir versuchen, offene und liebevolle Beziehungen zu führen, während wir versuchen, erfolgreich zu sein und unsere Talente zu entfalten, tragen wir eine innere Last mit uns herum. Diese Last ist die Angst davor, Schmerz, Angst oder Kummer zu erleiden. Entweder wir öffnen uns jeden Tag bewusst für diese Last und durchleben sie, oder wir sperren uns gegen sie. Sie ist ein so zentraler Teil von uns, dass wir ihren enormen Einfluss gar nicht bewusst erkennen.

Als Buddha sagte, das ganze Leben sei Leiden, meinte er genau dies. Die Menschen verstehen nicht, wie sehr sie leiden, weil sie nie erfahren haben, wie es ist, nicht zu leiden. Um das zu verdeutlichen, stellen Sie sich vor, wie es wäre, wenn weder Sie noch jemand, den Sie kennen, jemals körperlich gesund gewesen wäre. Alle hatten schon immer so schwere Krankheiten, dass sie kaum das Bett verlassen konnten. In dieser Welt würden die Menschen nur Dinge tun, für die sie sich nicht weit von ihrem Bett entfernen müssten. Wenn das so wäre, dann würden die Menschen nichts anderes kennen. Sie müssten ihre ganze Energie aufwenden, um ihren Körper zu bewegen, und wüssten überhaupt nicht, was Gesundheit und Vitalität sind.

Genau das geschieht mit den mentalen und emotionalen Energien, die Ihre Psyche ausmachen. Ihre inneren Empfindlichkeiten setzen Sie von Minute zu Minute einer ständigen Situation aus, in der Sie auf die eine oder andere Weise leiden. Sie versuchen entweder, das Leiden zu beenden, kontrollieren Ihre Umgebung, um das Leiden zu vermeiden, oder machen sich Sorgen über das Leiden in der Zukunft. Dieser Zustand ist so allgegenwärtig, dass Sie ihn gar nicht sehen, so wie ein Fisch das Wasser nicht sieht.

Sie merken erst, dass Sie leiden, wenn es schlimmer wird als sonst. Sie geben zu, dass Sie ein Problem haben, wenn es so schlimm wird, dass es sich auf Ihr Alltagsverhalten auswirkt. Aber in Wahrheit haben Sie während Ihres normalen Alltags ständig Probleme mit Ihrer Psyche. Um dies wirklich zu erkennen, vergleichen Sie Ihre Beziehung zu Ihrer Psyche mit Ihrer Beziehung zu Ihrem Körper. In normalen, gesunden Situationen denken Sie nicht über Ihren Körper nach. Sie erledigen einfach Ihre Arbeit, laufen herum, fahren Auto, spielen, ohne sich dabei auf Ihren Körper zu konzentrieren. Sie denken nur dann über ihn nach, wenn körperliche Beschwerden auftreten. Im Gegensatz dazu denken Sie die ganze Zeit über Ihr psychisches Wohlbefinden nach. Die Menschen denken ständig an Dinge wie: »Was ist, wenn ich in die Mangel genommen werde? Was soll ich sagen? Ich werde so nervös, wenn ich nicht vorbereitet bin.« Das ist Leiden. Dieses ständige ängstliche innere Reden ist eine Form des Leidens: »Kann ich ihm wirklich vertrauen? Was ist, wenn ich mich öffne und dann ausgenutzt werde? So etwas möchte ich nie wieder erleben.« Das ist eine Form des Schmerzes, die Sie dazu treibt, ständig an sich selbst zu denken.

Warum kreisen unsere Gedanken so oft um uns selbst? Schauen Sie, wie oft Sie darüber nachdenken, wie es Ihnen geht, ob Ihnen etwas gefällt oder nicht und wie Sie alles so gestalten können, dass Sie Ihre Umwelt als angenehm empfinden. Solche Gedanken beschäftigen Sie, weil es Ihnen innerlich nicht gut geht. Deshalb versuchen Sie ständig, sich besser zu fühlen. Wenn es Ihrem Körper schon lange nicht mehr gut ginge, würden Sie ständig darüber nachdenken, wie Sie ihn schützen können und wie Sie dafür sorgen können, dass er sich besser fühlt. Genau das geschieht auch mit Ihrer Psyche. Der einzige Grund, warum Sie so viel über Ihr psychisches Wohlbefinden nachdenken, ist der, dass es schon sehr lange nicht in Ordnung ist. Es ist tatsächlich ziemlich zerbrechlich. So ziemlich alles kann Ihre Psyche aus dem Gleichgewicht bringen.

Um das Leiden zu beenden, müssen Sie zunächst anerkennen, dass Ihre Psyche nicht in Ordnung ist. Dann müssen Sie anerkennen, dass es nicht so sein muss. Tatsächlich kann Ihre Psyche gesund werden und bleiben. Es ist wirklich ein Geschenk, zu erkennen, dass man sich nicht mit seiner Psyche abfinden oder sie beschützen muss. Sie müssen nicht ständig darüber nachdenken, was Sie gesagt haben oder was dieser oder jener Mensch von Ihnen denkt. Wie würde Ihr Leben aussehen, wenn Sie sich nicht ständig über diese Dinge den Kopf zerbrechen müssten? Innere Empfindlichkeit ist ein Symptom für Unwohlsein. Es ist vergleichbar mit den Schmerzen oder anderen Symptomen, die Ihr Körper sendet, wenn es ihm nicht gut geht. Schmerz ist nichts Schlechtes, sondern die Art und Weise, wie Ihr Körper mit Ihnen spricht. Wenn Sie zu viel essen, bekommen Sie Bauchschmerzen. Wenn Sie etwas tun, das Ihren Arm zu stark belastet, wird der Arm zu schmerzen beginnen. Der Körper kommuniziert durch seine universelle Sprache: Schmerz. Ihre Psyche kommuniziert durch ihre universelle Sprache: Angst. Schüchternheit, Eifersucht,

Unsicherheit, Nervosität – die Wurzel von alldem ist die Angst.

Wenn Sie ein Tier misshandeln, bekommt es Angst. Und genau das ist mit Ihrer Psyche geschehen. Sie wurde von Ihnen misshandelt, indem Sie ihr eine nicht sinnvolle, letztlich unerfüllbare Verantwortung übertrugen. Halten Sie einen Moment inne, und schauen Sie sich an, welche Aufgabe Sie Ihrem Verstand gegeben haben. Sie haben zu ihm gesagt: »Ich will, dass mich jeder mag. Ich will nicht, dass jemand schlecht über mich spricht. Ich möchte, dass alles, was ich sage und tue, für alle akzeptabel und angenehm ist. Ich will nicht, dass mich jemand verletzt. Ich will nicht, dass etwas geschieht, was mir nicht gefällt. Und ich möchte, dass all das geschieht, was mir gefällt.« Dann haben Sie noch gesagt: »Also, Verstand, überlege dir, wie du alle diese Dinge verwirklichen kannst, auch wenn das bedeutet, dass du rund um die Uhr nachdenken musst.« Und natürlich antwortete Ihr Verstand: »Klar, ich mache mich gleich an die Arbeit. Ich werde ständig daran arbeiten.«

Haben Sie eine Ahnung, was für eine Aufgabe das ist? Der Verstand muss versuchen, dafür zu sorgen, dass alles, was Sie sagen, auf die richtige Weise gesagt und verstanden wird und die richtige Wirkung auf alle Beteiligten hat. Er muss darauf achten, dass alles, was Sie tun, von den anderen wahrgenommen und richtig interpretiert wird und dass niemand etwas tut, das Ihnen schadet. Er muss dafür sorgen, dass Sie alles bekommen, was Sie wollen, und dass Sie niemals das bekommen, was Sie nicht wollen. Der Verstand versucht ständig, Ihnen Ratschläge zu geben, wie Sie alles in Ordnung bringen können. Das ist der Grund, warum der Verstand so hyperaktiv ist: Sie haben ihm eine unmögliche Aufgabe gestellt. Das ist so, als würden Sie von Ihrem Körper erwarten, dass er mit einem einzigen Sprung Bäume hochhebt und Berge erklimmt. Ihr Körper würde krank werden, wenn Sie immer wieder versuchten, ihn zu Dingen zu zwingen, zu denen er gar nicht in der Lage ist. Ebenso setzt eine ständige Überforderung auch Ihrer Psyche zu. Die Anzeichen dafür, dass Sie den Körper überlasten, sind Schmerzen und Schwäche. Die Anzeichen dafür, dass Sie Ihre Psyche überlasten, sind unterschwellige Angstgefühle und ständige neurotische Denkmuster.

Früher oder später werden Sie unweigerlich aufwachen und sich eingestehen müssen, dass Sie ein inneres Problem haben. Beobachten Sie einfach, und Sie werden sehen, dass Ihr Verstand Ihnen ständig sagt, was Sie tun sollen. Er sagt Ihnen, Sie sollen hierhingehen, aber nicht dorthin, und Sie sollen dies sagen, aber nicht das. Er sagt Ihnen, was Sie anziehen sollen und was nicht. Das hört nie auf. War das in der Schule nicht auch so? Sogar schon in der Grundschule? War es nicht schon immer so? Sich ständig Sorgen um sich selbst zu machen, ist eine Form des Leidens. Aber wie kann man das in Ordnung bringen? Wie können Sie erreichen, dass es aufhört?

Die meisten Menschen versuchen, ihre inneren Probleme zu lösen, indem sie sich in den äußeren Spielen, die sie schon immer gespielt haben, noch mehr anstrengen. Wenn wir eine Momentaufnahme unserer inneren Probleme machen, erkennen wir, dass die meisten Menschen etwas haben, das wir das »Problem des Tages« nennen. Das ist die Sache, die sie gerade aktuell am meisten stört. Und wenn dieses Problem sie nicht länger stört, taucht das nächste auf und das übernächste. Um diese Probleme kreisen ihre Gedanken. Also neigen Sie dazu, sich gedanklich auf das zu konzentrieren, was Sie am heutigen Tag besonders ärgert oder aufregt. Ihre Gedanken kreisen darum, warum dieses Problem Sie nervt und was Sie dagegen tun können. Wenn Sie gegen diese Denkmuster nichts unternehmen, wird das für den Rest Ihres Lebens so weitergehen.

Sie werden feststellen, dass Ihr Verstand Ihnen immer wieder sagt, dass Sie im Außen etwas verändern müssen, um Ihre inneren Probleme zu lösen. Aber wenn Sie weise sind, werden Sie dieses Spiel nicht mitspielen. Sie werden erkennen, dass die Ratschläge, die Ihr Verstand Ihnen gibt, psychologisch beeinträchtigt sind. Ihr Verstandesdenken ist durch Ängste beeinflusst. Hören Sie, um alles in der Welt, niemals auf den Rat eines gestörten Verstandes, denn er wird Sie auf Irrwege führen. Nehmen wir an, Ihr Verstand sagt zu Ihnen: »Wenn ich doch nur diese Beförderung bekomme, dann wird alles wieder gut. Ich fühle mich dann viel besser und bekomme endlich mein Leben wieder in den Griff.« Stimmt das wirklich? Werden durch diese Beförderung wirklich all Ihre Unsicherheiten und Selbstzweifel beseitigt, und haben Sie für den Rest Ihres Lebens finanziell ausgesorgt? Nein, natürlich nicht. Schon bald wird das nächste Problem auftauchen und Ihre Aufmerksamkeit beanspruchen.

Nun sollte Ihnen langsam klar werden, dass der Verstand hier ein ernstes, zentrales Problem hat, das alldem zugrunde liegt. Denn er denkt sich äußere Situationen aus, mit denen er Ihr Leben angenehmer zu machen hofft. Aber die äußeren Situationen sind nicht die Ursache für das innere Problem. Sie sind lediglich ein Versuch, das Problem zu lösen. Wenn Sie zum Beispiel in Ihrem Herzen Einsamkeit und Minderwertigkeitsgefühle spüren, liegt das nicht daran, dass Sie nicht in einer glücklichen Paarbeziehung leben. Die Ursache des Problems ist nicht Ihr Single-Dasein. Die Suche nach einem Partner oder einer Partnerin ist Ihr Versuch, das Problem zu lösen. Sie versuchen nur herauszufinden, ob Ihre innere Unruhe durch eine Beziehung gelindert werden kann. Wenn sich herausstellt, dass das nicht der Fall ist, werden Sie nach einer anderen Lösung suchen.

Es ist aber eine Tatsache, dass äußere Veränderungen Ihr Problem nicht lösen werden, weil Sie es damit nicht an der Wurzel packen. Das Grundproblem ist, dass Sie sich in Ihrem Inneren nicht heil und ganz fühlen. Wenn Sie diese

Wurzel Ihres Unglücklichseins nicht erkennen, werden die Menschen, Dinge oder Erlebnisse, nach denen Sie suchen, immer nur Pflaster sein, unter denen Sie Ihre innere Wunde verbergen. Sie werden sich selbst hinter Geld, Menschen, Ruhm und Bewunderung verstecken. Wenn Sie versuchen, den perfekten Partner zu finden, der Sie liebt und anbetet, und Ihnen das tatsächlich gelingt, haben Sie eigentlich versagt. Denn Sie haben Ihr Problem nicht gelöst. Sie haben lediglich erreicht, diese Person in Ihr Problem mit hineinzuziehen. Das ist der Grund, warum Menschen so viele Beziehungsschwierigkeiten haben. Sie versuchen, ein inneres Problem zu lösen, indem sie eine Beziehung zu einer anderen Person eingehen. Wenn Sie das tun, sind in dieser Beziehung Probleme vorprogrammiert, weil Ihr inneres Problem der Grund ist, warum Sie sich auf die Beziehung einlassen. Wenn Sie einen Schritt zurücktreten und es wagen, die Situation ehrlich zu betrachten, ist das alles ziemlich leicht zu erkennen.

Nachdem wir nun gesehen haben, wie Misserfolg aussieht, lassen Sie uns Erfolg definieren. Erfolg in Bezug auf Ihre Psyche ist vergleichbar mit Gesundheit in Bezug auf Ihren physischen Körper. Erfolg bedeutet, dass Sie nie wieder über Ihre Psyche nachdenken müssen. Ein natürlich gesunder Körper ist einer, der einfach tut, was er tun soll, während Sie Ihr Leben leben. Sie müssen nie groß über ihn nachdenken. Genauso wenig sollten Sie darüber nachdenken müssen, wie Sie es erreichen können, sich emotional wohlzufühlen, Ihre Angst loszuwerden oder sich geliebt zu fühlen. Sie sollten Ihr Leben nicht Ihrer Psyche widmen müssen.

Stellen Sie sich vor, wie schön das Leben wäre, wenn Sie nicht diese neurotischen persönlichen Gedanken mit sich herumschleppen würden. Sie könnten sich an Dingen erfreuen und Menschen kennenlernen, anstatt all das zu *brauchen*. Sie könnten einfach leben, anstatt Ihr Leben dem

Versuch zu widmen, das zu reparieren, was in Ihnen nicht stimmt. Und, glauben Sie mir, diesen Zustand können Sie wirklich erreichen. Dafür ist es nie zu spät.

Ihre derzeitige Beziehung zu Ihrer Psyche ist wie eine Sucht. Ständig stellt Ihr Verstand Forderungen an Sie, und Sie widmen Ihr Leben diesen Forderungen. Wenn Sie frei sein wollen, müssen Sie lernen, diese Sucht wie jede andere zu behandeln. Drogensüchtige sind zum Beispiel in der Lage, mit dem Drogenkonsum aufzuhören, einen Entzug durchzumachen und nie wieder Drogen zu nehmen. Vielleicht ist es nicht einfach, aber sie sind dazu in der Lage. Dasselbe gilt für die Sucht nach der Psyche. Auch Sie sind in der Lage, mit der Absurdität aufzuhören, sich die ständigen Probleme Ihrer Psyche anzuhören. Sie können dem ein Ende setzen. Sie können morgens aufwachen, sich auf den Tag freuen und sich keine Sorgen machen, was passieren wird. Ihr tägliches Leben kann wie Urlaub sein. Die Arbeit kann Spaß machen, die Familie kann Spaß machen, Sie können einfach alles genießen. Das bedeutet nicht, dass Sie nicht Ihr Bestes geben – aber Sie haben einfach Spaß daran, Ihr Bestes zu geben. Und wenn Sie am Abend schlafen gehen, lassen Sie alles hinter sich. Sie gehen einfach durch Ihr Leben, ohne sich dabei zu verkrampfen und sich Sorgen zu machen. Sie leben Ihr Leben, anstatt sich vor ihm zu fürchten oder gegen die Umstände anzukämpfen.

Sie können ein Leben führen, das völlig frei von psychischen Ängsten ist. Man muss nur wissen, wie das geht. Nehmen wir zum Beispiel das Rauchen. Es ist nicht schwer zu verstehen, wie man mit dem Rauchen aufhört. Das Schlüsselwort ist »aufhören«. Es spielt wirklich keine Rolle, welche Pflaster Sie verwenden. Letztendlich müssen Sie einfach aufhören zu rauchen. Die Art und Weise, mit dem Rauchen aufzuhören, besteht einfach darin, sich keine Zigarette mehr zwischen die Lippen zu stecken. Alle anderen Techniken sind nur Methoden, von denen Sie glauben, dass sie helfen. Aber das Entscheidende ist, dass Sie damit aufhören müssen, sich Zigaretten zwischen die Lippen zu stecken. Wenn Sie das tun, rauchen Sie nicht mehr. So geht das.

Mit der gleichen Technik werden Sie sich auch aus Ihrem psychologischen Schlamassel befreien. Sie hören einfach damit auf, Ihrem Verstand zu sagen, es wäre seine Aufgabe, Ihre persönlichen Probleme zu lösen. Diese Aufgabe bringt Ihren Verstand buchstäblich um den Verstand, sodass Ihre gesamte Psyche aus dem Gleichgewicht gerät. Es ist eine Überforderung, die Furcht, Angst und Neurosen hervorruft. Ihr Verstand hat nur sehr wenig Kontrolle über diese Welt. Er ist weder allwissend noch omnipotent. Er kann das Wetter und andere Naturgewalten nicht kontrollieren. Ebenso wenig kann er alle Menschen, Orte und Dinge um Sie herum kontrollieren. Sie haben ihm eine unlösbare Aufgabe gestellt, indem Sie ihn gebeten haben, die Welt zu manipulieren, um Ihre persönlichen inneren Probleme zu lösen. Wenn Sie innerlich gesunden wollen, müssen Sie damit aufhören, dies von Ihrem Verstand zu verlangen. Befreien Sie ihn einfach von der Aufgabe, dafür sorgen zu müssen, dass alles und jeder so ist, wie Sie es brauchen, um sich innerlich besser zu fühlen. Ihr Verstand ist für diese Aufgabe nicht qualifiziert. Entlasten Sie ihn davon, und lassen Sie stattdessen Ihre inneren Probleme los.

Sie können eine andere Beziehung zu Ihrem Verstand aufbauen. Wann immer er anfängt, Ihnen zu sagen, was Sie tun oder lassen sollen, damit die Welt Ihren vorgefassten Meinungen entspricht, hören Sie einfach nicht mehr auf ihn. Das funktioniert genauso, wie mit dem Rauchen aufzuhören. Egal, was Ihr Verstand Ihnen sagt, Sie fassen keine Zigarette mehr an, stecken sich keine mehr zwischen die Lippen. Es spielt keine Rolle, ob nach dem Abendessen ein guter Moment dafür wäre. Es spielt keine Rolle, ob Sie Angst haben und das Bedürfnis verspüren, sich durch Rauchen zu beruhigen. Es spielt keine Rolle, was der Grund ist – Sie fassen einfach keine Zigaretten mehr an. Wenn Ihr Verstand Ihnen sagt, was Sie tun müssen, damit alles in Ordnung ist, glauben Sie ihm einfach nicht. Die Wahrheit ist, dass alles in Ordnung sein wird, sobald Sie mit allem kein Problem mehr haben. Erst dann wird alles in Ordnung sein.

Sie müssen nur die Erwartung aufgeben, dass der Verstand das, was in Ihnen nicht stimmt, für Sie in Ordnung bringt. Das ist der Kern, die Wurzel des Ganzen. Dabei trifft Ihren Verstand keine Schuld. Er ist einfach ein Computer, ein Werkzeug. Und Sie können ihn dafür nutzen, über große Gedanken nachzusinnen, wissenschaftliche Probleme zu lösen und der Menschheit zu dienen. Aber in Ihrem verlorenen, verwirrten Zustand haben Sie ihm gesagt, er solle seine Zeit damit verbringen, äußere Lösungen für Ihre ganz persönlichen inneren Probleme herbeizuzaubern. Sie haben versucht, Ihren analytischen Verstand zu benutzen, um sich vor der natürlichen Entfaltung des Lebens zu schützen.

Wenn Sie Ihren Verstand beobachten, werden Sie feststellen, dass er sich bemüht, alles in Ordnung zu bringen. Rufen Sie sich bewusst ins Gedächtnis, dass Sie das gar nicht wünschen, und lösen Sie sich dann sanft davon. Kämpfen Sie nicht dagegen an. Kämpfen Sie niemals gegen Ihren Verstand. Diesen Kampf können Sie nicht gewinnen. Er wird Sie entweder jetzt sofort besiegen, oder Sie werden ihn unterdrücken, und er wird zurückkommen und Sie später besiegen. Anstatt den Verstand zu bekämpfen, lassen Sie sich einfach nicht auf seine Denkgebilde ein. Wenn Sie bemerken, dass der Verstand Ihnen sagt, wie Sie die Welt und jeden Menschen darin in Ordnung bringen sollen, damit alles so wird, wie es Ihnen passt, dann hören Sie ihm einfach nicht zu.

Ruhig zu bleiben, ist der Schlüssel. Es geht nicht darum, dass Ihr Verstand ruhig sein muss, Sie müssen ruhig sein.

Sie – das Bewusstsein, das im Inneren den neurotischen Verstand beobachtet – entspannen sich einfach. Dann gehen Sie ganz natürlich auf Distanz zu Ihrem Verstand, zurück in den Sitz Ihres Bewusstseins, wo Sie eigentlich schon immer waren und sind. Sie sind nicht der denkende Verstand, sondern Sie sind sich des denkenden Verstandes bewusst. Sie sind das Bewusstsein, das von seinem Sitz aus die Gedanken des Verstandes beobachtet. In dem Moment, in dem Sie aufhören, Ihr ganzes Herz und Ihre ganze Seele auf den Verstand auszurichten, als wäre er Ihr Retter und Beschützer, werden Sie sich wieder in Ihrem Sitz hinter dem Verstand wiederfinden. Und Sie wissen über Ihre Gedanken Bescheid, weil Sie da drinnen sind und beobachten. Irgendwann werden Sie dazu in der Lage sein, einfach nur still dazusitzen und den Verstand bewusst zu beobachten.

Wenn Sie diesen Zustand erreicht haben, werden Sie mit Ihrem Verstand keine Probleme mehr haben. Wenn Sie sich hinter den Verstand zurückziehen, sind Sie, die Bewusstheit, nicht in den Prozess des Denkens involviert. Denken ist eine Tätigkeit des Verstandes, bei der Sie ihn beobachten, während Sie einfach da und sich bewusst sind, dass Sie bewusst sind. Sie sind das innewohnende Wesen, das Bewusstsein. Das ist nicht etwas, worüber Sie nachdenken müssen – Sie *sind* es. Sie können den Verstand bei seinem Neurotischsein beobachten, ohne sich einzumischen. Das ist alles, was Sie tun müssen, um den gestörten Verstand auszuschalten. Der Verstand rotiert, weil Sie ihm die Macht Ihrer Aufmerksamkeit zuwenden. Ziehen Sie Ihre Aufmerksamkeit von ihm ab, dann verschwindet der denkende Verstand.

Fangen Sie mit den kleinen Dingen an. Zum Beispiel sagt jemand etwas zu Ihnen, das Ihnen nicht gefällt, oder schlimmer noch, er würdigt Sie keines Blickes. Sie gehen spazieren und sehen einen Freund. Sie grüßen ihn, doch er geht einfach weiter. Nun wissen Sie nicht, ob er Sie nur nicht bemerkt oder Sie absichtlich ignoriert hat. Sie sind unsicher, was da los ist. Ist er wegen irgendetwas wütend auf Sie? Sofort läuft Ihr Verstand auf Hochtouren. Ein guter Zeitpunkt also für einen Realitätsabgleich! Es gibt auf diesem Planeten Milliarden Menschen, und einer davon hat Sie nicht gegrüßt. Wollen Sie etwa sagen, dass Sie damit nicht umgehen können? Ist das vernünftig?

Nutzen Sie diese kleinen Dinge, die im täglichen Leben passieren, um sich zu befreien. Im obigen Beispiel entscheiden Sie sich einfach dafür, sich nicht auf die Psyche einzulassen. Bedeutet das, dass Sie Ihren Verstand davon abhalten, sich im Kreis zu drehen und zu versuchen, herauszufinden, was vor sich geht? Nein. Es bedeutet lediglich, dass Sie bereit, willens und in der Lage sind, Ihrem Verstand dabei zuzusehen, wie er sein kleines Melodrama erschafft. Achten Sie auf das ganze Getöse darüber, wie verletzt Sie sind und wie jemand so etwas tun kann. Beobachten Sie, wie der Verstand versucht, herauszufinden, was sich dagegen unternehmen lässt. Staunen Sie über die Tatsache, dass all das in Ihrem Inneren vor sich geht, nur weil jemand Sie nicht gegrüßt hat. Es ist wirklich unglaublich. Beobachten Sie einfach den Verstand beim Selbstgespräch, entspannen Sie sich, und lassen Sie los. Lassen Sie sich hinter dem inneren Lärm in Ihren Sitz zurücksinken.

Verfahren Sie mit all den kleinen Dingen so, die jeden Tag auftauchen. Es ist eine sehr private innere Arbeit, der Sie damit nachgehen. Sie werden schon bald erkennen, dass Ihr Verstand Sie ständig wegen Nichtigkeiten verrückt macht. Wenn Sie nicht so sein wollen, dann hören Sie auf, Energie in Ihre Psyche zu stecken. Das ist alles, was Sie tun müssen. Wenn Sie diesem Weg folgen, gibt es für Sie nur eines zu tun: loslassen und sich entspannen. Wenn Sie bemerken, dass wieder dieses Theater in Ihnen stattfindet, entspannen Sie einfach Ihre Schultern, entspannen Sie Ihr Herz, und ziehen Sie sich in den Sitz Ihres Bewusstseins zurück. Lassen Sie sich nicht darauf ein. Halten Sie Abstand, und versuchen Sie nicht, die Gedanken zu stoppen. Seien Sie sich einfach bewusst, dass Sie das innere Geschehen beobachten. Das ist der Weg hinaus. Sie lassen das Ganze einfach los.

Beginnen Sie diese Reise in die Freiheit, indem Sie sich regelmäßig daran erinnern, die Psyche zu beobachten. Das wird Sie davor bewahren, sich in ihr zu verlieren. Da die Sucht nach dem persönlichen Verstand sehr groß ist, müssen Sie eine Methode entwickeln, um sich selbst an Ihre Beobachterposition zu erinnern. Es gibt einige sehr einfache Achtsamkeitsübungen, die nur einen Moment dauern, Ihnen aber helfen, hinter Ihrem Verstand zentriert zu bleiben. Halten Sie jedes Mal, wenn Sie sich in Ihr Auto setzen, einen Moment inne. Nehmen Sie sich einen Moment Zeit, um sich daran zu erinnern, dass Sie sich auf einem Planeten befinden und mit diesem im Weltall kreisen. Dann erinnern Sie sich daran, sich nicht in Ihr eigenes Melodrama verwickeln zu lassen. Mit anderen Worten: Lassen Sie los, was gerade geschieht, und machen Sie sich bewusst, dass Sie das Gedankenspiel nicht mitspielen wollen. Machen Sie diese Übung noch einmal, bevor Sie am Ende der Fahrt aus dem Auto steigen. Und wenn Sie wirklich in Ihrer Mitte bleiben wollen, können Sie die Übung auch machen, bevor Sie telefonieren oder eine Tür öffnen. Sie müssen nichts verändern. Seien Sie einfach präsent, und nehmen Sie wahr, dass Sie etwas wahrnehmen. Es ist wie eine Bestandsaufnahme. Überprüfen Sie einfach, was los ist – Herz, Verstand, Schultern und so weiter. Richten Sie im Alltag Triggerpunkte ein, die Ihnen helfen, sich daran zu erinnern, wer Sie sind und was in Ihnen vorgeht.

Diese Praktiken schaffen Momente des zentrierten Bewusstseins. Letztendlich werden Sie ein dauerhaft zentriertes Bewusstsein haben. Das dauerhaft zentrierte Bewusstsein ist der Sitz des Selbst. In diesem Zustand sind Sie sich immer bewusst, dass Sie bewusst sind. Es gibt keine Zeit, in der Sie nicht vollkommen bewusst sind. Es gibt keine Anstrengung. Es gibt kein Tun. Sie sind einfach da und nehmen wahr, dass um Sie herum Gedanken und Gefühle entstehen, während sich die Welt vor Ihren Sinnen entfaltet.

Letztendlich wird jede Veränderung in Ihrem Energiefluss, ob es sich nun um eine Aufregung des Verstandes oder um Veränderungen im Herzen handelt, Sie daran erinnern, dass Sie dort hinten sind und es bemerken. Jetzt wird das, was Sie früher niedergehalten hat, zu dem, was Sie aufweckt. Aber zuerst müssen Sie ruhig genug werden, damit Sie nicht mehr so reaktiv sind. Diese Triggerpunkte werden Sie daran erinnern, zentriert zu bleiben. Schließlich wird es so ruhig werden, dass Sie einfach beobachten können, wie das Herz zu reagieren beginnt, und loslassen, bevor der Verstand loslegt. An einem bestimmten Punkt auf der Reise wird alles zum Herzen, nicht zum Verstand. Sie werden sehen, dass der Verstand dem Herzen folgt. Das Herz reagiert, lange bevor der Verstand zu sprechen beginnt. Wenn Sie bewusst sind, bewirken die Energieverschiebungen in Ihrem Herzen, dass Sie sich augenblicklich bewusst werden, dass Sie dort hinten sind und wahrnehmen. Weil Sie auf der Herzensebene loslassen, bekommt der Verstand gar keine Gelegenheit, sich einzuschalten.

Jetzt sind Sie auf dem Weg. Genau das, was Sie zurückgehalten hat, hilft Ihnen nun. Nutzen Sie alle Energien zu Ihrem Vorteil. Dieser Weg des Loslassens ermöglicht es Ihnen, Ihre Energien zu befreien, damit Sie sich selbst befreien können. Dass Sie sich mitten in Ihrem Alltag von den Fesseln Ihrer Psyche befreien, eröffnet Ihnen tatsächlich die Möglichkeit, die Freiheit Ihrer Seele zurückzugewinnen. Das ist es, was man Befreiung nennt.

KAPITEL 11

SCHMERZ – DER PREIS DER FREIHEIT

Es gehört zu den wesentlichen Voraussetzungen für wahres spirituelles Wachstum und tiefe persönliche Transformation, mit dem Schmerz Frieden zu schließen. Ohne Veränderung kann keine Expansion oder Evolution stattfinden, und Zeiten der Veränderung sind nicht immer angenehm. Veränderung bedeutet, infrage zu stellen, was uns vertraut ist, und den Mut aufzubringen, unsere traditionellen Bedürfnisse nach Sicherheit, Komfort und Kontrolle zu hinterfragen. Das wird oft als schmerzhaft empfunden.

Sich mit dem Schmerz vertraut zu machen, ist Bestandteil Ihres Wachstums. Auch wenn Sie innere Unruhe nicht wirklich mögen, müssen Sie in der Lage sein, ruhig in sich zu gehen und sich ihr zu stellen, damit Sie herausfinden, woher diese Empfindungen kommen. Wenn Sie Ihre Störungen bewusst anschauen, werden Sie entdecken, dass es tief in Ihrem Herzen eine Schicht des Schmerzes gibt. Dieser Schmerz ist so unangenehm, so herausfordernd und so zerstörerisch für das individuelle Selbst, dass Sie Ihr ganzes Leben damit verbringen, ihn zu vermeiden. Ihre gesamte Persönlichkeit basiert auf Denk-, Verhaltens- und Glaubensmustern, die Sie entwickelt haben, um diesem Schmerz auszuweichen.

Da das Vermeiden des Schmerzes Sie daran hindert, den Teil Ihres Wesens zu erforschen, der jenseits dieser Schicht liegt, kann echtes Wachstum erst dann stattfinden, wenn Sie schließlich die bewusste Entscheidung treffen, sich mit Ihrem Schmerz auseinanderzusetzen. Da der Schmerz mit ten in Ihrem Herzen sitzt, strahlt er von dort nach außen und beeinflusst ganz zentral alles, was Sie tun. Aber dieser Schmerz ist anders als der physische Schmerz, den Ihnen Ihr Körper als Signal schickt. Körperlicher Schmerz tritt nur auf, wenn physiologisch etwas nicht in Ordnung ist. Der innere Schmerz dagegen ist immer da, in der Tiefe, verborgen unter Schichten von Gedanken und Gefühlen. Am stärksten spüren wir ihn, wenn unser Herz in Aufruhr gerät, zum Beispiel, wenn die Welt nicht unseren Erwartungen entspricht. Es handelt sich um einen inneren psychischen Schmerz.

Ihre Psyche haben Sie um diesen Schmerz herum aufgebaut, bestrebt, ihn zu vermeiden und zu verdrängen, und deshalb ist die Angst vor dem psychischen Schmerz ihr zentrales Merkmal. Er ist der Grund, warum Sie überhaupt eine Psyche haben. Um das zu verstehen, sollten Sie Folgendes beachten: Wenn das Gefühl, abgelehnt zu werden, ein großes Problem für Sie ist, werden Sie Angst vor Erfahrungen haben, bei denen Sie sich von anderen abgelehnt fühlen. Damit wird diese Angst zum Bestandteil Ihrer Psyche. Auch wenn solche Erlebnisse, bei denen Sie Ablehnung erfahren, in Ihrem Leben eigentlich nur selten vorkommen, werden Sie sich ständig mit Ihrer Angst davor beschäftigen. Auf diese Weise erzeugen wir in uns einen Schmerz, der immer da ist. Wenn Sie Dinge tun, um Schmerz zu vermeiden, dann beherrscht der Schmerz Ihr Leben. All Ihre Gedanken und Gefühle werden durch Ihre Ängste beeinflusst.

Sie werden erkennen, dass jedes Verhaltensmuster, das der Schmerzvermeidung dient, geradewegs in den Schmerz führt. Wenn Sie Angst davor haben, zurückgewiesen zu werden, und Sie sich deshalb im Umgang mit anderen stets bemühen, deren Akzeptanz zu gewinnen, bewegen Sie sich auf dünnem Eis. Jemand braucht Sie nur schief anzuschauen oder etwas Falsches zu sagen, und Sie werden sofort den Schmerz spüren, den das Gefühl, abgelehnt zu werden, in Ihnen auslöst. Da Sie gegenüber anderen Menschen in erster Linie darauf bedacht sind, Ablehnung zu vermeiden, werden all Ihre zwischenmenschlichen Kontakte mit dem Gefühl belastet sein, dass Sie sich stets auf dem schmalen Grat möglicher Zurückweisung bewegen. Auf die eine oder andere Weise wird dieser innere Zustand Ihr Verhalten beeinflussen. Ihr Verhalten ist also mit der Schmerzvermeidung verknüpft, und diese Verbindung werden Sie in Ihrem Herzen fühlen.

Das Herz ist der Ursprung des Schmerzes. Deshalb haben Sie im Alltag so oft störende Empfindungen. Sie tragen diesen Kern des Schmerzes tief in Ihrem Herzen. All Ihre Persönlichkeitsmerkmale und Verhaltensmuster drehen sich darum, diesen Schmerz zu vermeiden. Sie vermeiden ihn, indem Sie ein bestimmtes Gewicht halten, bestimmte Kleidung tragen, auf eine bestimmte Weise sprechen und eine bestimmte Frisur wählen. Alles, was Sie tun, dient der Vermeidung dieses Schmerzes. Wenn Sie das bezweifeln, dann beobachten Sie einfach, was geschieht, wenn jemand Ihr Gewicht erwähnt oder Ihre Kleidung kritisiert: Sie empfinden Schmerz. Alles, was Sie zum Zweck der Schmerzvermeidung unternehmen, hat das Potenzial, in Ihrem Herzen genau den Schmerz auszulösen, den Sie vermeiden wollen.

Wenn Sie nicht bereit sind, sich mit dem Schmerz in seinem Kern auseinanderzusetzen, ist es für Sie enorm wichtig, dass Ihre Vermeidungsstrategien funktionieren. Wenn Sie sich hinter einem regen sozialen Leben verstecken, dann wird alles, was Ihr Selbstwertgefühl infrage stellt, zum Beispiel, dass man Sie nicht zu einer Feier einlädt, bewirken, dass Sie den Schmerz spüren. Nehmen wir an, Sie rufen einen Freund an, weil Sie mit ihm ins Kino gehen möchten, und er sagt, er habe keine Zeit. Manche Menschen fühlen sich dadurch verletzt. Wenn der Grund für Ihren Anruf die Vermeidung von Schmerz war, werden Sie nun Schmerz empfinden. Nehmen wir an, Sie gehen nach draußen und rufen Ihren Hund: »Hey, Spot, komm her!«, und er kommt nicht. Wenn Sie Spot gerufen haben, um ihn zu füttern, würden Sie ihm den Napf hinstellen und ihn fressen lassen, wann er will. Aber wenn Sie Spot rufen, damit er Sie aufheitert, weil Sie einen anstrengenden Tag hatten, und der Hund kommt nicht, dann würden Sie Schmerz empfinden. »Nicht einmal der Hund mag mich.« Warum tut es Ihnen im Herzen weh, wenn der Hund nicht kommt? Warum tut es weh, wenn ein Freund sagt, dass er etwas anderes vorhat und deshalb heute nicht mit Ihnen ins Kino gehen kann? Warum löst das Schmerz aus? Weil es tief in Ihnen einen Schmerz gibt, den Sie nicht verarbeitet haben. Ihr Versuch, diesen Schmerz zu vermeiden, hat Schicht um Schicht immer neue Empfindlichkeiten geschaffen, die alle mit dem tief liegenden Schmerz verbunden sind.

Nehmen wir uns einen Moment Zeit, um zu sehen, wie sich diese Schichten aufbauen. Um den Schmerz der Ablehnung zu vermeiden, arbeiten Sie hart daran, Freundschaften zu pflegen. Da Sie gesehen haben, dass es möglich ist, zurückgewiesen zu werden, sogar von Freunden, werden Sie immer härter daran arbeiten, dies zu vermeiden. Damit das gelingt, müssen Sie sicherstellen, dass alles, was Sie tun, für andere akzeptabel ist. Dazu gehört auch, wie Sie sich kleiden und wie Sie sich verhalten. Beachten Sie, dass Sie sich nicht mehr direkt auf die Ablehnung konzentrieren. Jetzt geht es um Ihre Kleidung, darum, wie Sie herumlaufen oder welches Auto Sie fahren. Sie haben sich noch eine Schicht weiter vom eigentlichen Schmerz entfernt. Wenn jemand auf Sie zukommt und sagt: »Krass, ich dachte, jemand wie du könnte sich ein schöneres Auto als das da leisten!«, sind Sie beunruhigt. Wie kann das Schmerz verursachen? Was ist so schlimm daran, wenn jemand etwas über Ihr Auto sagt? Also sollten Sie sich fragen, was da in Ihrem Herzen getriggert wurde. Was ist das für ein Gefühl? Warum reagieren Sie so? Normalerweise fragen die Menschen nicht nach dem Warum. Sie versuchen nur, den Schmerz zu vermeiden.

Sie müssen tiefer gehen und sich die Dynamik der entstandenen Gefühlsschichten ansehen, die sich in Ihrem Herzen gebildet haben. Der Kern unterhalb dieser Schichten ist der Schmerz. Um dem Schmerz zu entgehen, versucht man, sich in der Geselligkeit mit Freunden abzulenken und hinter deren Akzeptanz zu verstecken. Das ist die erste Schicht. Um abzusichern, dass diese Akzeptanz auch erhalten bleibt, versucht man dann, sich auf eine bestimmte Art und Weise zu präsentieren, um Freunde zu gewinnen und Menschen in seinem Sinne zu beeinflussen. Das ist eine weitere Schicht. Jede Schicht ist verbunden mit dem ursprünglichen Schmerz. Das ist der Grund, warum einfache, alltägliche Interaktionen sich so stark auf Ihre Gefühlslage auswirken können. Wenn der tiefe zentrale Schmerz nicht das Motiv für Ihre täglichen Bemühungen wäre, sich zu beweisen und von anderen anerkannt zu werden, würden Sie das, was die Leute sagen, viel weniger wichtig nehmen. Da Sie aber versuchen, Ihrem tiefen Schmerz auszuweichen, bringen Sie das Potenzial, dass der Schmerz getriggert wird, in alles ein, was in Ihrem Alltag stattfindet. Das macht Sie so empfindlich, dass Sie gar nicht mehr durchs Leben gehen können, ohne verletzt zu werden. Sie können nicht mehr mit Menschen interagieren oder anderen normalen Alltagsaktivitäten nachgehen, ohne dass sich die Erlebnisse auf Ihr Herz auswirken. Wenn Sie genau hinsehen, werden Sie feststellen, dass oft schon einfache zwischenmenschliche Interaktionen in Ihnen ein gewisses Maß an Schmerz, Unsicherheit oder allgemeiner Unruhe auslösen.

Um davon Abstand zu gewinnen, müssen Sie zunächst eine weitere Perspektive einnehmen. Gehen Sie in einer klaren Nacht nach draußen, und schauen Sie in den Himmel. Sie befinden sich auf einem Planeten, der mitten im

Nirgendwo um einen Stern kreist. Und obwohl Sie nur ein paar Tausend Sterne sehen können, gibt es allein in unserer Milchstraßengalaxie Hunderte Milliarden Sterne. Es wird sogar geschätzt, dass in einer Spiralgalaxie wie dieser über eine Billion Sterne existieren. Und doch sehen solche weit entfernten Galaxien, wenn wir sie überhaupt sehen können, für uns am Himmel wie ein einziger Stern aus. Also stehen Sie auf dieser kleinen Erdkugel und kreisen mit ihr um einen dieser unzähligen Sterne. Ist es, aus dieser Perspektive betrachtet, wirklich wichtig, was die Leute von Ihrer Kleidung oder Ihrem Auto halten? Müssen Sie sich wirklich schämen, weil Sie den Namen von jemandem vergessen haben, der Ihnen zufällig begegnet? Wie können Sie zulassen, dass solche unwichtigen Dinge bei Ihnen Schmerz auslösen? Wenn Sie sich befreien wollen, wenn Sie ein sinnvolles Leben führen wollen, dann sollten Sie Ihre Zeit nicht der Vermeidung psychischen Schmerzes widmen. Sie sollten Ihr Leben nicht damit zubringen, sich darum zu sorgen, ob man Sie mag oder ob Sie mit Ihrem Auto die Nachbarn beeindrucken. Was ist das für ein Leben? Es ist ein Leben voller Schmerz. Sie denken vielleicht gar nicht, dass Sie so oft Schmerz empfinden, aber in Wahrheit ist es so. Wenn Sie Ihr Leben damit verbringen, den Schmerz zu vermeiden, bedeutet das, dass er Ihnen ständig im Nacken sitzt. Jederzeit könnten Sie auf dem sozialen Parkett ausrutschen, etwas Falsches sagen. Jederzeit kann alles Mögliche passieren. Also widmen Sie Ihr Leben ganz und gar der Schmerzvermeidung.

Wenn Sie einmal in sich hineinschauen und anfangen, sich das einzugestehen, werden Sie feststellen, dass Sie wieder vor den gleichen zwei grundlegenden Entscheidungen stehen. Die eine Alternative ist, den Schmerz, so gut es geht, tief in Ihrem Inneren zu lassen und weiter mit der Außenwelt darum zu ringen, dass er möglichst wenig getriggert wird. Die andere Möglichkeit ist, dass Sie die bewusste Wahl treffen, nicht Ihr ganzes Leben mit der Vermeidung Ihres inneren Schmerzes zu vergeuden, sondern ihn lieber loswerden wollen. Nur wenige Menschen wagen es, den Prozess auf diese Weise nach innen zu wenden. Die meisten sind sich nicht einmal bewusst, dass sie innerlich mit Taschen voller Schmerz herumlaufen, den es zu bearbeiten gilt. Wollen Sie diesen Schmerz wirklich in sich tragen und ständig die Welt manipulieren müssen, um ihn nicht zu spüren? Wie würde Ihr Leben aussehen, wenn der Schmerz es nicht länger beherrscht? Sie wären frei. Sie könnten völlig frei durch diese Welt gehen, einfach Spaß haben und sich mit allem wohlfühlen, was geschieht. Sie könnten tatsächlich ein Leben voller interessanter Erfahrungen führen und diese Erfahrungen genießen. Im Grunde genommen könnten Sie einfach leben und erfahren, wie es ist, ein Leben lang auf einem Planeten zu existieren, der sich mitten im Nirgendwo dreht.

Um auf dieser Ebene der Freiheit zu leben, müssen Sie lernen, keine Angst vor inneren Schmerzen und Störungen zu haben. Solange Sie Angst vor Schmerz haben, werden Sie versuchen, sich vor ihm zu schützen. Die Angst wird Sie dazu bringen. Wenn Sie frei sein wollen, betrachten Sie den inneren Schmerz einfach als eine vorübergehende Verschiebung in Ihrem Energiefluss. Es gibt keinen Grund, diese Erfahrung zu fürchten. Sie dürfen keine Angst vor Ablehnung haben oder davor, wie Sie sich fühlen, wenn Sie krank werden, wenn jemand stirbt oder etwas anderes Unerfreuliches passiert. Sie können nicht Ihr ganzes Leben damit verbringen, Dinge zu vermeiden, sonst wird alles negativ. Am Ende werden Sie nur noch sehen, was schiefgehen kann. Haben Sie eine Ahnung, wie viele Dinge im Leben inneren Schmerz und Unruhe verursachen können? Wahrscheinlich mehr, als es Sterne am Himmel gibt. Wenn Sie wachsen und frei sein wollen, um das Leben zu erforschen, dürfen Sie es nicht damit vergeuden, die zahllosen

Dinge zu vermeiden, die Ihr Herz oder Ihren Verstand verletzen könnten.

Gehen Sie in sich, und beschließen Sie, dass Schmerz von nun an kein Problem mehr ist. Er ist nur eines von den unzähligen Phänomenen im Universum. Jemand kann etwas zu Ihnen sagen, das Ihr Herz zum Brennen bringt, aber das geht rasch vorbei. Es ist eine vorübergehende Erfahrung. Die meisten Menschen können sich kaum vorstellen, wie es ist, mit einer inneren Störung im Frieden zu sein. Aber wenn Sie nicht lernen, sich mit solchen Zuständen wohlzufühlen, werden Sie Ihr Leben darauf verwenden, möglichst alle inneren Störungen zu meiden. Sich unsicher zu fühlen, ist nur ein Gefühl. Mit einem Gefühl kann man umgehen. Wenn Sie sich schämen, ist das auch nur ein Gefühl. Es ist Teil der Schöpfung. Wenn Sie Eifersucht spüren und Ihr Herz deshalb brennt, betrachten Sie die Sache einfach objektiv, so wie Sie eine leichte Prellung betrachten würden, die Sie sich zugezogen haben. Es ist ein Phänomen des Universums, das durch Ihr System geht. Lachen Sie darüber, haben Sie Spaß daran, aber haben Sie keine Angst davor. Es kann Sie nicht berühren, wenn Sie es nicht berühren.

Betrachten wir das zunächst anhand einer grundlegenden menschlichen Tendenz. Wenn etwas Schmerzhaftes Ihren Körper berührt, neigen Sie dazu, instinktiv zurückzuweichen. Das tun Sie sogar bei einem unangenehmen Geruch oder Geschmack. Tatsache ist, dass die Psyche sich ebenso verhält. Wenn sie von etwas Beunruhigendem berührt wird, neigt sie dazu, davor zurückzuweichen und sich zu schützen. Sie tut dies bei Unsicherheit, Eifersucht und allen anderen Schwingungen, die wir erwähnt haben. Im Grunde genommen »verschließt« man sich, was einfach ein Versuch ist, einen Schutzschild um die eigene innere Energie zu legen. Die Auswirkung davon können Sie als ein Zusammenziehen in Ihrem Herzen spüren. Jemand sagt etwas, das Ihnen nicht gefällt, und Sie fühlen eine gewisse

Unruhe in Ihrem Herzen. Dann schaltet sich Ihr Verstand ein: »Ich muss mir das nicht gefallen lassen. Ich werde einfach weggehen und nie wieder mit dieser Person sprechen. Sie wird schon sehen, was sie davon hat!« Ihr Herz versucht, sich von dem, was es gerade erlebt, zurückzuziehen und sich zu schützen, damit es dieses Gefühl nicht noch einmal erleben muss. Das tun Sie, weil Sie den Schmerz, den Sie empfinden, nicht ertragen. Solange Sie mit dem Schmerz nicht umgehen können, reagieren Sie mit Abschottung, um sich zu schützen. Sobald Sie sich verschließen, wird Ihr Verstand eine ganze psychologische Struktur um diese in Ihnen abgekapselte Energie aufbauen. Er wird versuchen, rationale Begründungen dafür zu finden, warum Sie recht haben, warum die andere Person im Unrecht ist und was Sie dagegen unternehmen sollen.

Wenn Sie sich darauf einlassen, wird es zu einem Teil von Ihnen. Jahrelang wird der Schmerz in Ihnen festsitzen und tatsächlich zu einem der Bausteine Ihres gesamten Lebens werden. Er wird Ihre zukünftigen Reaktionen, Gedanken und Vorlieben prägen. Wenn Sie mit einer Situation umgehen, indem Sie sich gegen den Schmerz wehren, den sie verursacht, werden Sie Ihr Verhalten und Ihre Gedanken entsprechend anpassen müssen, um sich zu schützen. Sie müssen das tun, damit der in Ihnen diesbezüglich gespeicherte Schmerz sich nicht verschlimmert. Sie werden nach und nach eine ganze Schutzstruktur um ihn herum aufbauen. Wenn Sie aber die Klarheit besitzen, das zu erkennen, und die langfristigen Konsequenzen verstehen, wird in Ihnen der Wunsch erwachen, sich aus dieser Falle zu befreien. Sie werden jedoch erst frei sein, wenn Sie bereit sind, den ursprünglichen Schmerz loszulassen, anstatt ihn zu vermeiden. Sie müssen Ihre Tendenz überwinden, dem Schmerz auszuweichen.

Es ist eine weise Entscheidung, nicht der Sklave der Angst vor dem Schmerz bleiben zu wollen. Lassen Sie die

Welt so sein, wie sie ist, statt sich vor ihr zu fürchten. Nehmen Sie mit ganzem Herzen am Leben teil, aber benutzen Sie es nicht, um vor sich selbst davonzulaufen. Wenn das Leben durch irgendetwas eine Störung in Ihnen hervorruft, ziehen Sie sich nicht zurück, sondern lassen Sie diese Störung durch Sie hindurchgehen wie den Wind. Schließlich geschehen jeden Tag Dinge, die innere Unruhe auslösen. Jeden Moment können Sie Frustration, Ärger, Angst, Eifersucht, Unsicherheit oder Verlegenheit empfinden. Wenn Sie aufmerksam sind, werden Sie erkennen, wie Ihr Herz versucht, all das wegzuschieben. Wenn Sie frei sein wollen, müssen Sie lernen, diese menschlichen Gefühle nicht mehr zu bekämpfen.

Wenn Sie Schmerz empfinden, betrachten Sie ihn einfach als Energie. Fangen Sie an, diese inneren Erfahrungen als Energie zu sehen, die, vor dem Auge Ihres Bewusstseins, durch Ihr Herz fließt. Dann entspannen Sie sich. Tun Sie das Gegenteil von Zusammenziehen und Verschließen. Entspannen Sie sich, und lassen Sie los. Entspannen Sie Ihr Herz, bis Sie sich genau an der Stelle befinden, an der es wehtut. Bleiben Sie offen und empfänglich, damit Sie genau dort präsent sein können, wo die Spannung ist. Sie müssen bereit sein, genau an der Stelle der Anspannung und des Schmerzes präsent zu sein, und sich dann entspannen und noch tiefer gehen. Das ist sehr tiefes Wachstum und Transformation. Aber Sie werden das nicht tun wollen. Sie werden einen enormen Widerstand dagegen spüren, und das macht es so kraftvoll. Wenn Sie sich entspannen und den Widerstand spüren, wird Ihr Herz sich zurückziehen, sich verschließen, sich schützen und verteidigen wollen. Entspannen Sie sich weiter. Entspannen Sie Ihre Schultern, und entspannen Sie Ihr Herz. Lassen Sie los, und geben Sie dem Schmerz den Raum, den er braucht, um frei durch Sie hindurchzufließen. Es ist nur Energie. Sehen Sie den Schmerz einfach als Energie, und lassen Sie ihn gehen.

Wenn Sie sich gegen den Schmerz sperren und ihn daran hindern, zu Ihnen durchzudringen, bleibt er in Ihnen stecken. Deshalb ist unsere natürliche Tendenz, Widerstand zu leisten, so kontraproduktiv. Wenn Sie den Schmerz nicht wollen, warum verschließen Sie sich dann vor ihm und halten ihn fest? Glauben Sie wirklich, dass er verschwindet, wenn Sie sich gegen ihn wehren? Das ist nicht der Fall. Wenn Sie loslassen und die Energie frei durchfließen lassen, wird er verschwinden. Wenn Sie sich entspannen, sobald der Schmerz in Ihrem Herzen auftaucht, und es tatsächlich wagen, sich ihm zu stellen, wird er vergehen. Jedes Mal, wenn Sie sich entspannen und loslassen, verschwindet ein Stück des Schmerzes für immer. Doch jedes Mal, wenn Sie sich wehren und verschließen, bauen Sie mehr Schmerz in Ihnen auf. Es ist, als würden Sie einen Bach aufstauen. Sie sind gezwungen, die Psyche zu benutzen, um eine isolierende Schicht zwischen dem Bewusstsein, das den Schmerz erlebt, und dem Schmerz selbst zu schaffen. Das ist es, was der ganze Lärm in Ihrem Verstand ist: ein Versuch, dem in Ihnen gespeicherten Schmerz aus dem Weg zu gehen.

Wenn Sie frei sein wollen, müssen Sie zuerst akzeptieren, dass Sie Schmerz in Ihrem Herzen tragen. Und Sie selbst haben ihn dort gespeichert. Sie haben alles Erdenkliche getan, um ihn dort festzuhalten, tief in Ihrem Inneren, damit Sie ihn niemals spüren müssen. Es gibt in Ihnen auch große Freude, Schönheit, Liebe und Frieden. Aber diese befinden sich auf der anderen Seite des Schmerzes. Jenseits des Schmerzes wartet die Ekstase auf Sie, und die Freiheit. Dort drüben verbirgt sich Ihre wahre Größe. Sie müssen bereit sein, den Schmerz zu akzeptieren, um auf die andere Seite zu gelangen. Akzeptieren Sie einfach, dass er da ist und dass Sie ihn spüren. Akzeptieren Sie, dass er, wenn Sie sich entspannen, seinen Auftritt haben und durch Ihr Bewusstsein hindurchgehen wird. Aber dann verschwindet er. So ist es immer.

Manchmal werden Sie feststellen, dass sich Ihr Inneres heiß anfühlt, wenn der Schmerz nachlässt. Wenn Sie sich in die Energie des Schmerzes hinein entspannen, können Sie sogar eine enorme Hitze in Ihrem Herzen spüren. Das geschieht, wenn der Schmerz von Ihrem Herzen gereinigt wird. Lernen Sie, dieses Brennen zu genießen. Es wird *Feuer des Yoga* genannt. Es mag nicht angenehm sein, aber Sie werden lernen, es zu genießen, weil es Sie befreit. In Wahrheit ist der Schmerz der Preis für die Freiheit. Und in dem Moment, in dem Sie bereit sind, diesen Preis zu zahlen, verschwindet die Angst. In dem Moment, in dem Sie den Schmerz nicht mehr fürchten, werden Sie in der Lage sein, allen Situationen des Lebens angstfrei zu begegnen.

Manchmal machen wir tiefe Erfahrungen, die intensiven Schmerz in uns auslösen. Wenn er da drinnen ist, wird er hochkommen. Wenn Sie etwas Weisheit besitzen, werden Sie ihn in Ruhe lassen und nicht versuchen, Ihr Leben zu ändern, um ihn zu vermeiden. Sie werden sich einfach entspannen und dem Schmerz den Raum geben, den er braucht, um sich zu lösen und sich durch Sie hindurchzubrennen. Denn Sie wollen dieses Zeug nicht in Ihrem Herzen haben. Um große Liebe und Freiheit zu spüren, um die Gegenwart Gottes in Ihnen zu entdecken, muss all dieser gespeicherte Schmerz aus Ihnen verschwinden. Durch diese innere Arbeit wird Spiritualität zur gelebten Wirklichkeit. Spirituelles Wachstum entsteht in dem Moment, in dem Sie bewusst bereit sind, den Preis der Freiheit zu zahlen. Sie müssen jederzeit und unter allen Umständen bereit sein, angesichts des Schmerzes bewusst zu bleiben und mit Ihrem Herzen zu arbeiten, indem Sie sich entspannen und offen bleiben.

Denken Sie daran: Wenn Sie etwas in Ihnen festhalten und einsperren, werden Sie für den Rest Ihres Lebens psychologisch empfindlich gegenüber diesem Thema sein. Weil Sie es in sich gespeichert haben, werden Sie befürchten, es könnte wieder passieren. Wenn Sie sich jedoch entspannen, anstatt sich zu verschließen, wird es sich durch Sie hindurcharbeiten und dann gehen. Wenn Sie offen bleiben, wird die blockierte Energie in Ihnen auf natürliche Weise freigesetzt, und Sie werden nicht noch mehr davon aufnehmen.

Das ist es, worum es bei spiritueller Arbeit eigentlich geht. Wenn es für Sie okay ist, den Schmerz zu fühlen und ihn frei durch Sie hindurchfließen zu lassen, werden Sie frei sein. Diese Welt wird Sie nie wieder belästigen können, denn das Schlimmste, was die Welt tun kann, ist, den in Ihnen gespeicherten Schmerz zu aktivieren. Wenn Ihnen das nichts ausmacht, wenn Sie keine Angst mehr vor sich selbst haben, sind Sie frei. Dann sind Sie in der Lage, lebendiger und vitaler als je zuvor durch diese Welt zu gehen. Sie werden alles auf einer tieferen Ebene spüren. Und Sie werden beginnen, wirklich schöne Erfahrungen in Ihnen aufsteigen zu lassen. Schließlich werden Sie verstehen, dass hinter all der Angst und dem Schmerz ein Ozean der Liebe steht. Diese Kraft wird Sie unterstützen, indem sie Ihr Herz von tief innen nährt. Mit der Zeit werden Sie eine intensive persönliche Beziehung zu dieser schönen inneren Kraft aufbauen. Sie wird die Beziehung ersetzen, die Sie derzeit zu innerem Schmerz und Unruhe haben. Nun werden Frieden und Liebe Ihr Leben bestimmen. Wenn Sie die Schicht des Schmerzes hinter sich gelassen haben, werden Sie endlich frei von den Fesseln der Psyche sein.

TEIL IV

GRENZEN TRANSZENDIEREN

KAPITEL 12

INNERE MAUERN ABBAUEN

An einem bestimmten Punkt Ihres Wachstums wird es in Ihrem Inneren ruhiger. Das geschieht ganz natürlich, wenn Sie sich tiefer in sich selbst hineinversetzen. Sie erkennen dann, dass Sie zwar schon immer da drinnen waren, aber bisher von der ständigen Flut von Gedanken, Emotionen und Sinneseindrücken, die auf Ihr Bewusstsein einwirken, völlig überwältigt wurden. Wenn Sie dies erkennen, werden Sie sich bewusst, dass Sie tatsächlich in der Lage sein könnten, über all diese Störungen hinauszuwachsen. Je länger Sie im Sitz des Zeugen-Bewusstseins sitzen, desto mehr erkennen Sie, dass es, da Sie ja völlig unabhängig von dem sind, was Sie beobachten, einen Weg geben muss, sich von dem magischen Einfluss der Psyche auf Ihr Bewusstsein zu befreien. Es muss einen Ausweg geben.

Dieser innere Durchbruch zur völligen Freiheit wird traditionell mit dem überstrapazierten und allgemein missverstandenen Begriff »Erleuchtung« beschrieben. Das Problem besteht dabei darin, dass unsere Ansichten, was Erleuchtung ist, entweder auf unseren persönlichen Erfahrungen oder auf unserem begrenzten begrifflichen Verständnis beruhen. Da die meisten Menschen nie Erfahrungen in diesem Bereich gemacht haben, wird der Zustand der Erleuchtung entweder völlig belächelt oder als ultimativer mystischer Zustand betrachtet, der fast niemandem zugänglich ist. Man kann mit Sicherheit sagen, dass die meisten Menschen über die Erleuchtung nur wissen, dass sie selbst weit entfernt von ihr sind.

Wenn wir jedoch verstehen, dass Gedanken, Emotionen und Sinnesobjekte einfach an unserem Bewusstsein vorbeiziehen, stellt sich die Frage, ob unser Bewusstsein auf diese Erfahrung beschränkt sein muss. Was wäre, wenn das Bewusstsein seinen Fokus von Ihren persönlichen Gedanken und Gefühlen und Ihren begrenzten Sinneserfahrungen lösen würde? Würden Sie dann die Fesseln des persönlichen Selbst hinter sich lassen und frei dafür werden, zu erkunden, was jenseits davon liegt? Und wie genau wurde das Bewusstsein überhaupt an das persönliche Selbst gebunden? Bei dem Versuch, diese Fragen zu erörtern, stehen wir vor dem Problem, dass sie eine Diskussion darüber erfordern, was jenseits der Grenzen des Verstandes existiert. Offensichtlich lässt sich diese Diskussion innerhalb der mentalen Struktur, an die wir so sehr gewöhnt sind, nur sehr schwer führen. Aus diesem Grund werden wir die Erforschung des ungebundenen Bewusstseinszustandes mithilfe einer Allegorie beginnen. Ähnlich wie Platon 360 v.Chr. sein »Höhlengleichnis« in Form eines Dialogs erzählte, werden wir eine kurze Geschichte verwenden, um unsere Allegorie über ein ganz besonderes Haus zu erzählen.

Stellen Sie sich vor, Sie befinden sich inmitten einer schönen Landschaft, wo immer die Sonne scheint. Es ist ein wunderbarer Ort mit viel Licht und weiten, offenen Wiesen und Feldern – so schön, dass Sie beschließen, dort zu leben. Also kaufen Sie dort ein Stück Land und beginnen, inmitten der weiten Wiesen Ihr Traumhaus zu entwerfen und zu bauen. Sie errichten ein solides Fundament, denn Sie wollen, dass Ihr Haus sehr stabil ist und lange hält. Das Haus bauen Sie aus Betonblöcken, damit keine Probleme mit Fäulnis oder Undichtigkeiten entstehen. Um das Haus ökologisch sinnvoll zu gestalten, beschließen Sie, nur wenige Fenster einzubauen und das Dach mit großem Überstand auszustatten. Nachdem Sie die Fenster eingesetzt haben, stellen Sie fest, dass in das fertiggestellte Haus immer noch viel Wärme hereinkommt. Also installieren Sie hochwertige Rollläden, die nicht nur Sonnenlicht und Wärme draußen halten, sondern auch aus Sicherheitsgründen verschlossen werden können. Es ist ein sehr großes Haus, in dem man genügend Vorräte lagern kann, um sich vollständig selbst versorgen zu können. Außerdem gibt es in Ihrem Haus eine Einliegerwohnung. Dort zieht eine ruhige Bekannte ein, die das Haus für Sie in Ordnung hält und Sie ansonsten nur wenig behelligt, sodass Sie Abgeschiedenheit und Ruhe genießen können. Und genau diese Zurückgezogenheit wünschen Sie, denn Ihre romantische Suche beinhaltet die Verpflichtung, ohne Telefon, Radio, Fernsehen und Internet zu leben.

Endlich ist Ihr Haus fertig, und Sie freuen sich sehr darauf, dort draußen zu leben. Sie lieben die Weite der Wiesen und Felder und all das Licht und die Schönheit der Natur. Aber vor allem sind Sie in Ihr Haus verliebt.

Sie haben Ihr Herz und Ihre Seele in jeden Aspekt des Designs einfließen lassen, und das sieht man – es ist wirklich »Ihr Haus«. Mit der Zeit fühlen Sie sich zunehmend unwohl mit all den seltsamen Anblicken und Geräuschen draußen und verbringen immer mehr Zeit drinnen. Zu diesem Zeitpunkt stellen Sie fest, dass Ihr Haus mit seinen verschlossenen Fensterläden und Türen tatsächlich wie eine Festung wirkt. Und das ist für Sie genau das Richtige. Als Stadtmensch empfinden Sie es eigentlich als ziemlich beängstigend, so weitab vom Schuss in völliger Isolation zu leben. Aber Sie sind fest entschlossen, es dort draußen allein zu schaffen.

So gewöhnen Sie sich allmählich an ein sicheres Leben innerhalb der Grenzen des Hauses. Sie gehen vergnügt Ihrer Arbeit nach und tun, was Sie schon immer tun wollten: lesen und schreiben. Es ist sogar recht gemütlich da drinnen, denn das Haus ist voll klimatisiert, und Sie waren klug genug, ein modernes Vollspektrum-Beleuchtungssystem zu installieren. Ironischerweise empfinden Sie Ihr Haus als so komfortabel, angenehm und sicher, dass Sie kaum noch an die Außenwelt denken. Schließlich ist das Innere vertraut, vorhersehbar und unterliegt Ihrem Einfluss. Die Außenwelt ist unbekannt, unvorhersehbar und liegt völlig außerhalb Ihrer Kontrolle. Ihr Gefühl der Unantastbarkeit wird durch die Tatsache unterstützt, dass die Rollläden und Jalousien, wenn sie geschlossen sind, wie Wandgemälde wirken, und so kommt es Ihnen gar nicht mehr in den Sinn, sie zu öffnen und das Haus zu verlassen. Die Rollläden sind von so guter Qualität, dass es bei ausgeschaltetem Licht drinnen absolut stockdunkel ist – bei Tag und bei Nacht. Aber Sie sind ja inzwischen daran gewöhnt, das Licht nie auszuschalten. Doch als die ersten Birnen durchbrennen, fällt Ihnen auf, dass Sie in einem Dilemma stecken: Niemand hat Ihnen Ersatzbirnen dagelassen, die mit dem neuen Lichtsystem kompatibel sind. Nun fallen nach und nach sämtliche Lampen aus, was für Sie bedeutet, sich, als schließlich auch noch das letzte Licht erlischt, in absoluter Dunkelheit in Ihrem Haus zurechtfinden zu müssen.

Von da an sind die wenigen Kerzen, die Sie für Notfälle aufbewahrt haben, Ihr einziges Licht. Davon gibt es aber nur sehr wenige. Als Mensch, der das Licht liebt, ist diese Situation sehr schwierig für Sie. Aber sie ist nicht schwierig genug, um Sie dazu zu bewegen, jene Ängste zu überwinden, die Sie überhaupt zu dem Entschluss getrieben haben, die Sicherheit Ihres Hauses nicht mehr zu verlassen. Schließlich fordert der Stress, in dieser Dunkelheit zu leben, seinen Tribut und zehrt an Ihrer Gesundheit, körperlich wie auch geistig. Mit der Zeit schwindet Ihre Erinnerung an die schönen sonnenbeschienenen Wiesen aus Ihrem Gedächtnis und kehrt nicht wieder zurück.

Das einzige Licht, das Sie noch kennen, ist der kleine Lichtschein, den Sie in der Finsternis mit Ihren kostbaren Kerzen erzeugen. Es wird ziemlich einsam da drinnen in

Ihrem Haus. Sie sind von allem abgeschnitten, und der einzige Trost, den Sie dabei empfinden, ist das Gefühl des Schutzes, den Ihr Haus bietet. Wovor Sie sich eigentlich so sehr fürchten, wissen Sie gar nicht mehr. Sie wissen nur noch, dass Sie immer Angst hatten und sich unwohl fühlten. Es bleibt Ihnen nichts anderes übrig, als sich zusammenzureißen. Weil das Licht fehlt, haben Sie sogar aufgehört, zu lesen und zu schreiben. Es ist dunkel, und auch innerlich versinken Sie in Dunkelheit.

Ihre Haushälterin teilt Ihr überwältigendes Bedürfnis, in der Sicherheit des Hauses zu bleiben. Eines Tages werden Sie von ihr in den Vorratskeller gerufen. Sie sind erstaunt über das, was Sie dort erblicken. Die Haushälterin hat einen ganzen Vorrat an Taschenlampen für den Notfall entdeckt, die durch einfaches Schütteln zum Leuchten gebracht werden können. Ihre Haushälterin hat bereits einige davon aufgestellt, und der Keller ist hell erleuchtet. Das erweist sich als echter Wendepunkt in Ihrem Leben.

Nun machen Sie beide sich daran, in Ihrem Haus für Licht, Schönheit und Glück zu sorgen. Sie dekorieren jedes Zimmer und geben sich beide Mühe, das Licht bis zum Schlafengehen hell leuchten zu lassen. Nun lesen und schreiben Sie wieder, und es zeigt sich, dass Ihre Mitbewohnerin Ihre Texte gerne liest. Nicht nur die künstliche Beleuchtung erhellt das Haus. Zwischen Ihnen beiden ist die Glut der Liebe entfacht. Sie beginnen, Ihre ganze Zeit miteinander zu verbringen, und dann feiern Sie sogar eine Hochzeitszeremonie. Es ist ein wundervoller Moment, als Sie einander versprechen, füreinander zu sorgen und Liebe und Licht in das Haus zu bringen. Verglichen mit der Dunkelheit, in der Sie vorher lebten, fühlen Sie sich nun wie im Himmel.

Eines Tages stoßen Sie in Ihrer Bibliothek auf ein Buch. Es interessiert Sie, weil darin von dem natürlichen strahlenden Licht erzählt wird, das »draußen« existiert. Und Sie lesen, dass man in diesem Licht baden kann. Es heißt in dem Buch, dass dort draußen mehr Licht ist, als Sie sich vorstellen können, und zwar, ohne dass jemand etwas tun muss, um es zu erzeugen. Das finden Sie verwirrend. Denn das einzige Licht, das Sie kennen, ist das künstliche Licht der Kerzen und Taschenlampen. Wie kann so viel Licht erzeugt werden, und das auch noch den ganzen Tag? Sie können nicht wirklich begreifen, was Sie in diesem Buch lesen, denn Sie haben keine Vorstellung vom Leben außerhalb Ihrer kleinen Welt. In Ihrem Haus herrscht Dunkelheit, die nur durch das von Ihnen selbst erzeugte künstliche Licht vertrieben werden kann. Sie und Ihre Gefährtin haben so lange da drinnen gelebt, dass all Ihre Hoffnungen, Träume, Philosophien und Überzeugungen auf dem Leben in diesem dunklen Haus beruhten. Ihr ganzes Leben hat sich bisher darum gedreht, Ihre Welt aufrechtzuerhalten, die Sie sich innerhalb der Grenzen des Hauses aufgebaut haben.

Sie lesen weiter in diesem scheinbar mystischen Buch. Nun wird darin geschildert, wie es ist, in dem natürlichen Licht umherzugehen. Offenbar handelt es sich um ein von selbst leuchtendes Licht, das ständig und gleichmäßig auf alles fällt. Zwar fehlt Ihnen der Bezugsrahmen, um dieses Phänomen zu verstehen, aber die Schilderung berührt etwas ganz tief in Ihnen. Danach ist in dem Buch davon die Rede, tatsächlich nach draußen zu gehen, also hinaus in das, was jenseits der von Ihnen selbst errichteten Mauern liegt. Solange Sie sich an die Welt klammern, die Sie sich erschaffen haben, um die Dunkelheit zu vermeiden, werden Sie die Fülle des natürlichen Lichts außerhalb der Grenzen Ihres Hauses nie kennenlernen. Wie könnten Sie es jemals wagen, nach draußen zu gehen, wenn Sie beide doch so sehr glauben, von dem abhängig zu sein, was Sie sich drinnen aufgebaut haben?

Die Analogie des Lebens in diesem Haus passt perfekt zu unserem Dilemma. Unser Bewusstsein, unsere Seinsbewusstheit, lebt tief in uns in einem künstlich abgeschotteten Bereich, der absolut ist. Dieser Bereich hat vier Wände, einen Boden und ein Dach. Er ist so massiv, dass kein einziger Strahl natürlichen Lichts hineinfällt. Alles Licht dort müssen wir selbst erzeugen. Wenn wir keine guten Situationen für uns schaffen, herrscht Dunkelheit. Deshalb sind wir jeden Tag damit beschäftigt, unseren inneren Raum zu dekorieren. Wir versuchen, Dinge mit hineinzubringen – in der Hoffnung, so wenigstens ein wenig Licht in dem Haus zu erzeugen, das wir uns dadurch, dass wir uns abschotteten und vor der Welt verschlossen, selbst geschaffen haben.

Das ist das Bild: Sie befinden sich in einem Haus, das vom natürlichen Licht völlig abgeschottet ist, und das Haus selbst steht inmitten eines offenen Feldes in strahlendem Licht. Aber woraus ist Ihr Haus gebaut? Woraus bestehen seine Wände? Wie können sie all das Licht abschirmen, und warum sind Sie darin gefangen? Das Haus besteht aus Ihren Gedanken und Gefühlen. Die Wände werden von Ihrer Psyche errichtet. Und als Baumaterial haben Sie all Ihre vergangenen Erfahrungen verwendet, all Ihre Gedanken und Gefühle, all Ihre Konzepte, Ansichten, Meinungen, Überzeugungen, Hoffnungen und Träume, die Sie um sich herum angesammelt haben. Das sind die Wände, hinter denen Sie sich selbst eingesperrt haben. Sie haben Ihr spezielles Bündel von Gedanken und Emotionen zusammengetragen und sich daraus ein Weltbild gezimmert, in dem Sie leben. Diese gedankliche Struktur schirmt Sie vollständig von allem natürlichen Licht ab, das sich außerhalb Ihrer inneren Mauern befindet. Ihre Gedankenmauern sind so dick und geschlossen, dass sich innerhalb dieser Struktur nichts als Dunkelheit befindet. Sie sind so sehr damit beschäftigt, Ihren Gedanken und Gefühlen Aufmerksamkeit zu schenken, dass Sie die von Ihnen selbst geschaffenen Grenzen niemals überschreiten.

Wenn Sie sehen wollen, wie einschränkend Ihre Wände sind, gehen Sie einfach auf sie zu. Nehmen wir an, Sie leiden unter einer emotionalen Höhenangst. Als Sie jung waren, sind Sie von einer Leiter gestürzt, und dieses Erlebnis ist seitdem in Ihnen gespeichert. Das ist eine Ihrer Mauern. Wenn Sie daran zweifeln, dass es eine Mauer ist, dann gehen Sie doch einfach hindurch. Nehmen wir an, es geschieht etwas, das diese alten Angstgefühle aktiviert, und Sie beschließen, direkt darauf zuzugehen. Je näher Sie der Mauer kommen, desto mehr werden Sie den Drang verspüren, sich zurückzuziehen. Das, was Sie aus Ihrer Vergangenheit gespeichert haben, bildet eine Grenze, die Sie intuitiv meiden. Das ist ganz natürlich, denn das ist es, was wir mit Mauern tun: Wir vermeiden es, gegen sie zu laufen. Aber weil Sie das vermeiden, sind Sie in Ihren eigenen Grenzen gefangen. Die Grenzen Ihres Bewusstseins werden zu Ihrem Gefängnis. Weil Sie nicht bereit sind, sich ihnen zu nähern, können Sie nicht erkennen, was sich jenseits von ihnen befindet.

Sich den Sperrzonen Ihrer Gedanken und Gefühle zu nähern, fühlt sich für Sie an, als gingen Sie geradewegs auf einen Abgrund zu. Diesem Bereich wollen Sie sich nicht nähern. Aber Sie können es, und wenn Sie Ihr Haus verlassen wollen, werden Sie dorthin gehen. Und dann werden Sie erkennen, dass die Dunkelheit nicht real ist. Real sind die Wände, die das unendliche Licht blockieren. Wenn Sie nach dem Licht streben, ist das ein entscheidender Unterschied. Wenn Sie eine Mauer sehen, die Sie vor unendlicher Dunkelheit schützt, werden Sie nicht dorthin gehen wollen. Wenn Sie aber eine Mauer sehen, die das Licht blockiert, werden Sie dorthin gehen wollen, um die Mauer zu entfernen. Es wird oft gesagt, dass man durch die dunkelste Nacht gehen muss, um zum unendlichen Licht zu gelangen. Das liegt daran, dass das, was wir Dunkelheit nennen, in Wirklichkeit eine Blockade ist, die das Licht aussperrt. Also müssen Sie durch diese Mauern hindurchgehen.

Es ist nicht wirklich schwierig, die Mauern zu überwinden. Immer wieder, jeden Tag, prallt der natürliche Fluss des Lebens auf unsere Mauern und versucht, sie einzureißen. Aber immer wieder verteidigen wir sie. Werden Sie sich bewusst, dass Sie, wenn Sie sich selbst verteidigen, in Wirklichkeit Ihre Mauern verteidigen. Es gibt dort nichts anderes zu verteidigen. Da sind nur Ihre Seinsbewusstheit und das begrenzte Haus, das Sie sich gebaut haben, um darin zu leben. Dieses von Ihnen selbst gebaute Haus ist es, was Sie verteidigen, um sich zu schützen. Sie verstecken sich darin. Wenn etwas passiert, das die Mauern Ihrer Psyche infrage stellt, werden Sie sehr defensiv. Sie haben sich ein Selbstkonzept aufgebaut, sind darin eingezogen und verteidigen nun dieses innere Zuhause mit aller Kraft. Aber aus welchem Material haben Sie die Wände gebaut? Aus nichts anderem als Ihren Gedanken. Wenn Sie sagen: »Ich bin eine Frau und fünfundvierzig Jahre alt. Ich bin mit Joe verheiratet und habe meinen Highschool-Abschluss an der Soundso-Schule gemacht«, dann sind das Gedanken. Die tatsächlichen Situationen existieren gegenwärtig bei Ihnen lediglich in Form von Gedanken, an denen Sie festhalten: »Aber ich war Cheerleader, und ich war Sprecherin meiner Abschlussklasse.« Das ist dreißig Jahre her. Diese Situationen existieren im Außen nicht mehr. Aber in Ihnen existieren sie weiter und bilden die Mauern, hinter denen Sie leben.

Was ist, wenn jemand Ihr Selbstkonzept infrage stellt und ein kleines Loch hineinreißt? Was ist, wenn es jemandem gelingt, einen dieser Grundgedanken zu erschüttern, die das Fundament des Hauses Ihrer Psyche bilden? Stellen Sie sich vor, Sie sind gerade zwanzig Jahre alt geworden, und jemand sagt zu Ihnen: »Moment mal. Das sind nicht deine Eltern. Du wurdest adoptiert. Haben sie dir das nie gesagt?« Das würden Sie hartnäckig leugnen, bis man Ihnen die Dokumente zeigt. Diese Information würde Ihr ganzes inneres Wesen erschüttern. Ein einziger falscher Gedanke, und schon beginnen die Mauern Ihres Hauses zu bröckeln. Ungeheure Ängste und Unruhe können in Ihnen hervorbrechen, nur weil etwas nicht so ist, wie Sie es sich vorgestellt haben. Es erschüttert Sie bis ins Innerste Ihres Wesens, weil es das ganze Gedankenhaus, in dem Sie wohnen, infrage stellt. Um dies zu beheben, sucht Ihr Verstand nach Rationalisierungen: »Ich wusste, dass sie wirklich nett waren. Sie waren genau so, wie meine richtigen Eltern es gewesen wären. Stell dir vor, sie adoptieren jemanden wie mich und ziehen mich auf wie ihr eigenes Kind! Sie waren wirklich noch viel außergewöhnlicher, als ich dachte.« Damit haben Sie diese Lücke in der Mauer sehr gut geflickt. So machen wir das mit unseren Mauern. Wir halten an ihnen fest. Nichts darf sie ins Wanken bringen.

Beachten Sie, dass Sie die rissige Wand mit Gedanken geflickt haben. Sie haben etwas aus Gedanken Gemachtes mit Gedanken geflickt. Das ist es, was wir tun. Genau wie die Menschen, die sich ängstlich in dem dunklen Haus inmitten sonnenbeschienener Wiesen einschlossen und dann darum kämpften, etwas Licht zu schaffen, arbeiten wir hart daran, innerhalb der Grenzen unserer inneren Mauern eine Welt aufzubauen, die besser ist als die innere Dunkelheit. Wir schmücken unsere Wände mit den Erinnerungen an unsere vergangenen Erfahrungen und mit unseren Träumen für die Zukunft. Mit anderen Worten: Wir schmücken sie mit Gedanken. Aber so, wie die Menschen in dem Haus das Potenzial hatten, aus ihrer eigenen, selbst geschaffenen künstlichen Welt in die Schönheit des natürlichen Lichts hinauszutreten, können auch Sie aus Ihrem Gedankenhaus hinaus in die Unbegrenztheit gehen. Ihr Bewusstsein kann sich ausdehnen, um den weiten Raum zu erfassen statt den begrenzten Raum, in dem Sie verweilen. Wenn Sie dann auf das kleine Haus zurückblicken, das Sie gebaut haben, werden Sie sich fragen, warum Sie jemals da drin waren.

Das ist Ihre Reise nach draußen. Die wahre Freiheit ist ganz nah. Sie liegt unmittelbar draußen auf der anderen Seite Ihrer Mauern. Die Erleuchtung ist eine ganz besondere Sache. Aber in Wahrheit sollte man sich nicht auf sie konzentrieren. Konzentrieren Sie sich stattdessen auf die Mauern, die Sie selbst errichtet haben und die das Licht blockieren. Welchen Sinn hat es, Mauern zu bauen, die das Licht blockieren, und dann nach Erleuchtung zu streben? Sie können aussteigen, indem Sie einfach zulassen, dass das tägliche Leben die Mauern, die Sie um sich herum errichten, niederreißt. Hören Sie damit auf, Ihre Festung instand zu halten und zu verteidigen.

Stellen Sie sich vor, Ihr Gedankenhaus stünde inmitten eines Ozeans aus dem Licht von Billionen Sternen. Stellen Sie sich vor, wie Ihr Bewusstsein in der Dunkelheit dieses Hauses gefangen ist und täglich darum kämpft, von dem künstlichen Licht Ihrer begrenzten Erfahrungen zu leben. Stellen Sie sich nun vor, wie die Mauern einstürzen und sich das Bewusstsein mühelos in die Brillanz dessen ausdehnt, was ist und immer war. Geben Sie dieser Erfahrung einen Namen – Erleuchtung.

KAPITEL 13

DIE GROSSE WEITE JENSEITS DER MAUERN

Diese Kapitelüberschrift fasst die wahre Bedeutung von Spiritualität sehr schön zusammen. Im Grunde geht es darum, dass Sie über das, was Sie bislang sind, hinausgehen – weit hinaus. Es bedeutet, dass Sie nicht in Ihrem jetzigen Zustand verharren. Wenn Sie bereit sind, Ihre selbst erschaffenen Mauern hinter sich zu lassen, gibt es keine Begrenzungen mehr. Grenzen entstehen für Sie nur dort, wo Sie nicht länger bereit sind, über sich selbst hinauszuwachsen. Wenn Sie aber nie aufhören, über Ihre gedanklichen Selbstbeschränkungen hinauszugehen, dann gibt es in Ihrem Leben keine Begrenzungen, dann transzendieren Sie die Vorstellung eines eingeschränkten Selbst.

Die Welt jenseits Ihrer selbst gewählten Mauern ist in alle Richtungen unendlich. Wenn Sie einen Laserstrahl in eine beliebige Richtung lenken, erstreckt er sich bis ins Unendliche. Er hört nur dann auf, unendlich zu sein, wenn Sie eine künstliche Grenze erschaffen, die er nicht durchdringen kann. Grenzen erwecken den Anschein, es gäbe im unendlichen Raum Endlichkeit. Die Dinge erscheinen Ihnen endlich, weil Ihre Wahrnehmung an mentale Grenzen stößt. In Wahrheit ist alles unendlich. Nur Sie selbst legen in dem Unendlichen Grenzen und Entfernungen fest. Was bedeutet es, wenn etwas einen Kilometer weit entfernt ist? Es handelt sich bei dieser Entfernung um nichts anderes als ein Stück Unendlichkeit. Es gibt keine Grenzen. Es gibt nur das unendliche Universum.

Um frei zu werden, müssen Sie immer wieder die Grenzen überschreiten, die Sie selbst den Dingen setzen. Das erfordert Veränderungen im Kern Ihres Wesens. Im Moment benutzen Sie Ihren analytischen Verstand, um die Welt in einzelne Gedankenobjekte aufzuteilen. Dann benutzen Sie den Verstand, um diese einzelnen Gedanken in eine bestimmte Beziehung zueinander zu setzen. Sie tun dies in dem Versuch, einen Anschein von Kontrolle zu erlangen, was sich am deutlichsten in Ihren ständigen Versuchen zeigt, das Unbekannte zu etwas Bekanntem zu machen. Sie sagen sich: »Morgen wird es nicht regnen, das ist mein freier Tag. Und da Jennifer es liebt, draußen zu sein, wird sie sicher mit mir wandern gehen wollen. Und wenn ich einen zusätzlichen freien Tag brauche, hat Tom sicher nichts dagegen, für mich einzuspringen. Schließlich habe ich ihn schon einmal vertreten.« Sie haben alles genau durchdacht. Sie wissen, wie alles sein soll, sogar die Zukunft. Ihre Ansichten, Meinungen, Vorlieben, Konzepte, Ziele und Überzeugungen sind allesamt Mittel und Wege, Endlichkeiten in das unendliche Universum einzufügen, damit Sie ein Gefühl der Kontrolle haben. Da der analytische Verstand mit dem Unendlichen nicht umgehen kann, haben Sie eine alternative Realität aus endlichen Gedanken geschaffen, mit denen Ihr Verstand zurechtkommt. Sie haben das Ganze in Teile zerlegt und eine Handvoll dieser Teile ausgewählt, um sie in Ihrem Verstand auf eine bestimmte Weise zusammenzusetzen. Dadurch ist dieses mentale Modell für Sie zur Realität geworden. Sie müssen nun Tag und Nacht darum kämpfen, dass die Welt in Ihr Modell passt, und Sie bezeichnen alles, was nicht hineinpasst, als falsch, schlecht oder ungerecht.

Wenn etwas passiert, das Ihre Sicht der Dinge infrage stellt, kämpfen Sie. Sie verteidigen sich. Sie rationalisieren. Dann können schon Kleinigkeiten, die nicht in Ihr Konzept der Realität passen, Sie frustrieren und wütend machen. Wenn Sie über Ihr Modell hinauswachsen wollen, müssen

Sie das Risiko eingehen, nicht an es zu glauben. Wenn Ihr mentales Modell Sie stört, dann deshalb, weil es die Realität nicht berücksichtigt. Sie haben die Wahl, sich entweder der Realität zu widersetzen oder über die Grenzen Ihres Modells hinauszugehen.

Um wirklich über Ihr Modell hinauszugehen, müssen Sie zunächst verstehen, warum Sie es gebaut haben. Der einfachste Weg, dies zu verstehen, ist zu untersuchen, was passiert, wenn das Modell nicht funktioniert. Haben Sie jemals Ihre ganze Welt auf einem Lebensmodell aufgebaut, das auf dem Verhalten einer anderen Person oder der Dauerhaftigkeit einer Beziehung beruhte? Wenn ja, wurde Ihnen jemals das Fundament unter den Füßen weggezogen? Jemand verlässt Sie. Jemand stirbt. Etwas geht schief. Etwas erschüttert Ihr Modell bis ins Mark. Wenn das passiert, gerät Ihre gesamte Vorstellung von dem, was Sie zu sein glauben, ins Wanken, einschließlich Ihrer Beziehung zu allen und allem um Sie herum. Panisch versuchen Sie, Ihre selbst gebaute Welt intakt zu halten. Krampfhaft betteln Sie, kämpfen und mühen sich ab, um den Einsturz zu verhindern.

Wenn man einmal eine solche Erfahrung gemacht hat, und das haben die meisten Menschen, wird einem klar, dass das Modell, das man aufgebaut hat, bestenfalls brüchig ist. Die ganze Sache kann in sich zusammenfallen. Das ganze Modell und alles, worauf es aufgebaut ist, einschließlich Ihrer gesamten Sicht auf sich selbst und alles andere, kann anfangen zu bröckeln. Was Sie erleben, wenn dies geschieht, ist eine der wichtigsten Lernerfahrungen Ihres Lebens. Sie werden mit dem konfrontiert, was Sie überhaupt dazu veranlasst hat, das Modell zu bauen. Das Ausmaß des Unbehagens und der Orientierungslosigkeit, die Sie erleben, ist erschreckend. Man kämpft darum, wenigstens den Anschein einer normalen Wahrnehmung zurückzuerlangen. In Wirklichkeit versuchen Sie, das mentale Modell mit seinen Mauern wieder um sich herum hochzuziehen, damit Sie sich in Ihrer vertrauten mentalen Umgebung einrichten können.

Aber um zu erkennen, was wir da drinnen tun, ist es gar nicht notwendig, dass unsere ganze Welt zusammenbricht. Wir versuchen ständig, das Ganze zusammenzuhalten. Wenn Sie wirklich wissen wollen, warum Sie etwas tun, dann hören Sie damit auf und schauen, was passiert. Nehmen wir an, Sie sind Raucher. Wenn Sie beschließen, mit dem Rauchen aufzuhören, werden Sie schnell mit den Bedürfnissen konfrontiert, die Sie zum Rauchen veranlassen. Diese Bedürfnisse sind der Grund, warum Sie rauchen. Sie sind die äußerste Schicht der Ursache. Wenn Sie diese Bedürfnisse aushalten können, werden Sie erkennen, was sie verursacht hat. Wenn Sie sich mit dem, was Sie sehen, anfreunden können, werden Sie mit der nächsten Schicht der Ursache konfrontiert und so weiter, Schicht um Schicht. Genauso gibt es einen Grund, warum Sie zu viel essen. Es gibt einen Grund, warum Sie sich auf eine bestimmte Weise kleiden. Für alles, was Sie tun, gibt es einen Grund. Wenn Sie herausfinden wollen, warum Sie sich so viele Gedanken über Ihre Kleidung oder Ihre Frisur machen, dann lassen Sie es einfach mal einen Tag lang sein. Gehen Sie morgens mit strubbeligen Haaren aus dem Haus, und schauen Sie, wie sich das auf Ihre Energien auswirkt. Schauen Sie, was mit Ihnen passiert, wenn Sie einmal nicht die Dinge tun, die Ihnen Spaß machen. Dadurch wird Ihnen klar werden, warum Sie sie tun.

Ständig versuchen Sie, in Ihrer Komfortzone zu bleiben. Sie bemühen sich, Menschen, Orte und Dinge so unter Kontrolle zu halten, dass möglichst alles, was geschieht, Ihr Modell der Wirklichkeit unterstützt. Wenn ein Mensch oder eine Situation in eine andere Richtung läuft, fühlen Sie sich unwohl. Dann wird Ihr Verstand aktiv und sagt Ihnen, was Sie anstellen müssen, damit alles möglichst wieder so läuft, wie es Ihren Vorstellungen entspricht. Sobald jemand sich nicht so verhält, wie Sie es erwarten, meldet sich Ihr Verstand und sagt: »Was soll ich dagegen tun? Ich kann nicht einfach ignorieren, was er getan hat. Ich könnte ihn direkt zur Rede stellen oder jemand anderen bitten, mit ihm zu sprechen.« Ihr Verstand sagt Ihnen, dass Sie die Sache in Ordnung bringen sollen. Und eigentlich ist ganz egal, was Sie am Ende tun. Es geht nur darum, wieder in Ihre Komfortzone zurückzukehren. Doch diese Zone ist endlich. Alle Versuche, in ihr zu bleiben, halten Sie in der Begrenztheit fest. Darüber hinauszugehen bedeutet immer, das Bemühen aufzugeben, die Dinge innerhalb der von Ihnen definierten Grenzen zu halten.

Es gibt also zwei Möglichkeiten, wie Sie leben können: Sie können Ihr Leben dem Verbleib in Ihrer Komfortzone widmen, oder Sie können an Ihrer Freiheit arbeiten. Mit anderen Worten: Sie können Ihr ganzes Leben dem Prozess widmen, sicherzustellen, dass alles in Ihr begrenztes Modell passt, oder Sie können Ihr Leben der Befreiung von den Grenzen Ihres Modells widmen.

Um das besser zu verstehen, machen wir einen Ausflug in den Zoo. Stellen Sie sich vor, Sie amüsieren sich prächtig, bis Sie einen Tiger in einem kleinen Käfig sehen. Das bringt Sie dazu, sich vorzustellen, wie es wäre, den Rest Ihres Lebens in einer solchen Enge zu verbringen. Allein der Gedanke macht Ihnen große Angst. Aber in Wahrheit ist die Enge Ihrer Komfortzone so ein Käfig. Dieser innere Käfig begrenzt die Weite Ihres Bewusstseins. Da Sie nicht in der Lage sind, Ihre Komfortzone zu verlassen, sind Sie im Grunde genommen in einem Käfig eingesperrt.

Wenn Sie das tiefer erforschen, werden Sie erkennen, dass Sie freiwillig in diesem Käfig bleiben, weil Sie Angst haben. Ihre Komfortzone ist Ihnen vertraut. Jenseits davon erwartet Sie das Unbekannte. Um dies zu verstehen, stellen Sie sich den paranoidesten Menschen vor, den Sie je getroffen haben. Er ist so voller Angst! Ständig fürchtet er, dass ihm jemand etwas antun will. Wenn Sie ihm den Tigerkäfig anbieten, würde er Ihr Angebot vermutlich annehmen. Er würde darin nicht einen Käfig sehen, in dem er gefangen ist. Für ihn wäre es ein Schutz vor dem, was ihm schaden könnte. Was für Sie wie ein Gefängnis aussieht, empfindet er als Schutzraum. Was wäre, wenn ein Sicherheitsdienst in Ihr Haus käme und alle Türen verriegeln und alle Fenster vergittern würde? Wenn Sie zufällig zu diesem Zeitpunkt im Haus wären, würden Sie dann in Panik geraten und hinauswollen, oder würden Sie den Sicherheitsleuten dafür danken, dass sie Ihnen helfen, sich sicher zu fühlen?

Die meisten Menschen reagieren auf die zweite Art, wenn es um die Grenzen ihrer Psyche geht. Sie wollen dort drinnen bleiben und sich sicher fühlen. Sie sagen nicht: »Holt mich hier raus! Ich bin in dieser winzigen Welt eingesperrt, in der alles auf eine bestimmte Weise sein muss. Ich muss mir Gedanken darüber machen, was alle anderen tun, wie ich aussehe und was ich jemals gesagt habe. Ich will hier raus!« Anstatt auszusteigen, versuchen sie, ihren Käfig stabil zu halten. Wenn etwas unangenehm ist, tun sie, was sie können, um sich zu schützen und sich wieder sicher zu fühlen. Wenn Sie sich je so verhalten haben, bedeutet das, dass Sie Ihren Käfig lieben.

Als der Käfig Ihrer Psyche ins Wanken geriet, haben Sie ihn so repariert, dass Sie sich darin wieder wohlfühlen konnten.

Wenn Sie wirklich geistig erwachen, werden Sie merken, dass Sie eingesperrt sind. Sie erwachen und stellen fest, dass Sie sich in Ihrem Käfig kaum bewegen können. Ständig stoßen Sie an die Grenzen Ihrer Komfortzone. Sie werden sich bewusst, dass Sie Angst haben, anderen zu sagen, was Sie wirklich denken. Sie merken, dass Sie viel zu gehemmt sind, um offen zu sprechen. Sie erkennen, dass die Welt für Sie nur in Ordnung ist, wenn Sie alles im Griff haben.

Warum? Eigentlich gibt es dafür wirklich keinen Grund. Diese Grenzen haben Sie selbst gezogen. Und wenn Sie sie überschreiten, bekommen Sie Angst, fühlen sich verletzt und bedroht. Das ist Ihr Käfig. Der Tiger spürt die Grenzen seines Käfigs, wenn er gegen die Gitterstäbe springt. Und Sie wissen, dass Sie am Gitter Ihres Käfigs stehen, wenn Ihre Psyche anfängt, sich zu wehren. Die Gitterstäbe sind die äußere Begrenzung Ihrer Komfortzone. Sobald Sie an den Rand Ihres Käfigs kommen, lässt er Sie das unmissverständlich wissen.

Betrachten wir diese Grenze anhand eines Beispiels. Wer früher dafür sorgen wollte, dass sein Hund nicht davonläuft, musste einen Zaun um den Garten ziehen. Heutzutage braucht man keinen Zaun mehr, weil alles elektronisch ist. Man vergräbt einfach Drähte in der Erde und legt dem Hund ein kleines Halsband an. Der Hund denkt: »Hey, ich bin frei! Früher musste ich hinter einem Zaun leben. Der ist nun weg – super!« Natürlich rennt er dorthin, wo er nicht hin sollte, und – zack! – springt er zurück und bellt. Was ist passiert? Es gibt eine unsichtbare Grenze, und als der Hund sich ihr näherte, bekam er einen leichten elektrischen Schlag. Das tat weh. Es war so unangenehm, dass der Hund nun Angst verspürt, wenn er sich der Grenze nähert. Sie sehen also, ein Käfig muss gar nicht wie ein Käfig aussehen. Er kann ein Käfig sein, der durch Ihre Angst vor Unbehagen entsteht. Wenn Sie sich Ihren Grenzen nähern, beginnen Sie, sich unwohl und unsicher zu fühlen. Das sind die Gitterstäbe Ihres Käfigs. Solange Sie sich darin aufhalten, können Sie unmöglich wissen, was sich auf der anderen Seite befindet. Die Grenzen dieses Käfigs sind es, die Ihre Welt endlich und zeitlich begrenzt erscheinen lassen. Das Unendliche und Ewige liegt außerhalb der Grenzen Ihres Käfigs.

Darüber hinauszugehen bedeutet, über die Grenzen des Käfigs hinauszugehen. Es sollte keinen Käfig geben. Die

Seele ist unendlich. Sie ist frei, sich überall auszudehnen. Sie ist frei, das ganze Leben zu erfahren. Aber das kann nur geschehen, wenn Sie bereit sind, sich der Realität ohne mentale Grenzen zu stellen. Wenn Sie noch Barrieren haben, und Sie wissen, welche das sind, weil Sie jeden Tag auf sie stoßen, müssen Sie bereit sein, sie zu überwinden. Andernfalls bleiben Sie in Ihrem Käfig. Und denken Sie daran: Ihren Käfig mit schönen Erlebnissen, schönen Erinnerungen und großen Träumen zu schmücken, ist nicht dasselbe, wie ihn zu verlassen. Ein Käfig mit einem anderen Namen ist immer noch ein Käfig. Sie müssen bereit sein, Ihren Käfig zu verlassen.

Tagein, tagaus stoßen Sie immer wieder an die Grenzen Ihres Käfigs. Wenn Sie an diese Grenzen stoßen, ziehen Sie sich entweder zurück oder versuchen, eine Veränderung zu erzwingen, um sich weiterhin wohlfühlen zu können. Sie nutzen die Brillanz Ihres Verstandes, um in Ihrem Käfig zu bleiben. Tag und Nacht schmieden Sie Pläne, wie Sie innerhalb Ihrer Komfortzone bleiben können. Manchmal können Sie nachts gar nicht einschlafen, weil Sie viel zu sehr damit beschäftigt sind, darüber nachzugrübeln, was Sie tun müssen, um in Ihrem Käfig zu bleiben: »Wie schaffe ich es, dass sie mich niemals verlässt? Wie verhindere ich, dass sie sich jemals für einen anderen Mann interessiert?« Damit versuchen Sie herauszufinden, wie Sie sicher verhindern können, dass Sie schmerzhaft gegen die Gitterstäbe Ihres Käfigs stoßen.

Kehren wir zu dem Hund zurück. Da dieser Hund daran gewöhnt war, frei herumzulaufen, ist es ein trauriger Tag für ihn, nun keinen Versuch mehr zu wagen, aus dem Garten zu kommen. Der einzige Grund, warum er es nicht mehr versucht, ist die Angst, den Rändern seines kleines Reiches zu nahe zu kommen. Was aber ist, wenn wir es mit einem besonders mutigen Hund zu tun haben, der unbedingt frei sein will? Stellen Sie sich vor, der Hund hat noch nicht aufgegeben. Er sitzt genau an der Stelle, an der das Halsband zu vibrieren beginnt, und weicht nicht zurück. Minute für Minute wagt er sich ein Stückchen weiter vor, um sich an das Kraftfeld zu gewöhnen. Wenn er so weitermacht, wird er es irgendwann hinaus schaffen. Da es nur eine künstliche Begrenzung ist, kann er durchkommen, wenn er lernt, die Unannehmlichkeiten auszuhalten. Nichts spricht dagegen. Das Halsband kann ihn nicht wirklich verletzen, es ist nur unangenehm. Wenn er bereit ist, über seine Komfortzone hinauszugehen, kann er nach Belieben kommen und gehen.

Mit Ihrem Käfig verhält es sich ebenso. Wenn Sie sich seinen Rändern nähern, verspüren Sie Unsicherheit, Eifersucht, Angst oder Hemmungen. Also ziehen Sie sich wieder in den Käfig zurück, und wenn Sie wie die meisten Menschen sind, hören Sie einfach auf, es zu versuchen. Spiritualität beginnt, wenn Sie beschließen, dass Sie niemals aufhören werden, es zu versuchen. Spiritualität ist die Verpflichtung, über sich hinauszuwachsen, koste es, was es wolle. Es ist eine unendliche Reise, die darauf beruht, dass Sie für den Rest Ihres Lebens in jeder Minute eines jeden Tages über sich selbst hinauswachsen. Wenn Sie wirklich immer wieder bewusst Ihre bisherigen Grenzen überschreiten, werden Sie nie mehr in Ihre Komfortzone zurückkehren. Ein spirituelles Wesen hat das Gefühl, immer die eigenen Grenzen zu transzendieren oder ständig durchgeschoben zu werden.

Irgendwann werden Sie erkennen, dass es Ihnen nicht wirklich schaden kann, Ihre psychologischen Grenzen zu überschreiten. Früher haben Sie sich zurückgezogen, wenn es unangenehm wurde. Jetzt entspannen Sie sich und gehen über diesen Punkt hinaus, immer wieder. Das ist alles, was es braucht, um frei zu werden. Gehen Sie über den Punkt hinaus, an dem Sie noch vor einer Minute waren, indem Sie sich auf das konzentrieren, was hier und jetzt geschieht.

Würden Sie gerne darüber hinausgehen? Würden Sie gerne keine Grenzen spüren? Stellen Sie sich eine Komfortzone vor, die so ausgedehnt ist, dass sie problemlos den ganzen Tag ausfüllen kann, egal, was passiert. Der Tag entfaltet sich, und der Verstand sagt nichts. Sie begegnen dem Tag einfach mit einem friedlichen, zutiefst inspirierten Herzen. Wenn etwas gegen Ihre Ecken und Kanten stößt, beschwert sich Ihr Verstand nicht. Es geht einfach alles hindurch. So leben große Wesen. Wenn Sie, wie ein großer Athlet, gezielt trainieren, sich sofort zu entspannen, wenn etwas mit Ihren Ecken und Kanten in Konflikt gerät, dann sind Sie für immer frei. Sie erkennen, dass es Ihnen immer gut gehen wird. Nichts kann Sie jemals stören, außer Ihren eigenen Ecken und Kanten, und jetzt wissen Sie, wie Sie mit ihnen richtig umgehen. Am Ende werden Sie Ihre Ecken und Kanten lieben, weil sie Ihnen den Weg in die Freiheit zeigen. Alles, was Sie tun müssen, ist, sich immer wieder zu entspannen und sich in sie hineinzulehnen. Eines Tages, wenn Sie es am wenigsten erwarten, werden Sie Ihren Durchbruch in die Unendlichkeit erleben. Das bedeutet, Ihre persönlichen Grenzen hinter sich zu lassen.

KAPITEL 14

DAS SCHEINBAR FESTE LOSLASSEN

Das Innere unserer Psyche ist ein sehr komplexer Ort. Sie ist voll widersprüchlicher Kräfte, die sich aufgrund von inneren und äußeren Reizen ständig verändern. Daraus ergeben sich in relativ kurzen Zeiträumen große Schwankungen der Bedürfnisse, Ängste und Wünsche. Aus diesem Grund besitzen nur sehr wenige Menschen genug Klarheit, um zu verstehen, was in der Psyche vor sich geht. Es passiert einfach zu viel auf einmal, um die Ursache-Wirkungs-Beziehungen zwischen all unseren verschiedenen Gedanken, Emotionen und Energieniveaus zu verstehen. Infolgedessen haben wir Mühe, alles unter Kontrolle zu halten. Aber alles ändert sich ständig – Stimmungen, Wünsche, Vorlieben, Abneigungen, Begeisterung, Lethargie. Es ist eine Vollzeitaufgabe, die nötige Disziplin aufzubringen, um wenigstens einen Anschein von Kontrolle und Ordnung zu wahren.

Wenn Sie sich verirrt haben und sich mit all diesen psychologischen und energetischen Veränderungen herumschlagen, leiden Sie. Auch wenn Ihnen dieses Leiden vielleicht gar nicht so bewusst ist, so leiden Sie dennoch, verglichen mit dem, was sein könnte. In Wahrheit ist die Verantwortung, all das unter Kontrolle und intakt halten zu müssen, selbst eine Form des Leidens. Am deutlichsten merken Sie das, wenn Sie den Eindruck haben, dass um Sie herum alles auseinanderfällt. Ihre Psyche gerät in Aufruhr, und Sie müssen um den Schutz Ihrer inneren Welt kämpfen. Aber was genau versuchen Sie da eigentlich aufrechtzuerhalten? Das Einzige, was es da drinnen gibt, sind

Ihre Gedanken, Emotionen und Energiebewegungen, und nichts davon ist fest und unveränderlich. All das ist wie Wolken, die einfach nur durch den weiten Raum in Ihnen ziehen und wieder verschwinden. Aber Sie halten an diesen geistigen Objekten fest, als ob Festhalten Stabilität ersetzen könnte. Die Buddhisten haben dafür einen Begriff: »Anhaften«. Und das ist letztlich, worum es in der Psyche geht.

Um Anhaftung zu verstehen, müssen wir zuerst verstehen, *wer* anhaftet. Wenn Sie tiefer in sich selbst eintauchen, werden Sie erkennen, dass es einen Aspekt Ihres Seins gibt, der immer da ist und sich nie verändert. Das ist Ihr Gewahrsein, Ihr Bewusstsein. Es ist dieses Bewusstsein, das Ihre Gedanken wahrnimmt, das die Ebbe und Flut Ihrer Emotionen erlebt und Ihre körperlichen Sinneseindrücke empfängt. Das ist die Wurzel des Selbst, seine Basis. Sie sind nicht Ihre Gedanken, sondern Sie sind sich Ihrer Gedanken bewusst. Sie sind nicht Ihre Emotionen, sondern Sie fühlen Ihre Emotionen. Sie sind nicht Ihr Körper, sondern Sie betrachten ihn im Spiegel und erleben diese Welt durch seine Augen und Ohren. Sie sind das bewusste Wesen, das sich bewusst ist, dass es sich all dieser inneren und äußeren Dinge bewusst ist.

Wenn Sie das Bewusstsein erforschen, das Ihr reines Gewahrsein ist, werden Sie sehen, dass es in Wirklichkeit an keinem bestimmten Punkt im Raum existiert. Vielmehr ist es ein Bewusstseinsfeld, das sich auf einen Punkt fokussiert, indem es sich auf eine bestimmte Gruppe von Objekten konzentriert. Sie können sich bewusst sein, nur einen Finger zu spüren, oder Sie können sich bewusst sein, Ihren ganzen Körper auf einmal zu spüren. Sie können völlig in einem einzigen Gedanken versunken sein, oder Sie können sich gleichzeitig Ihrer Gedanken, Ihrer Gefühle, Ihres Körpers und Ihrer Umgebung bewusst sein. Das Bewusstsein ist ein dynamisches Bewusstseinsfeld, das die Fähigkeit hat, sich entweder eng zu fokussieren oder weit auszudehnen.

Wenn sich das Bewusstsein eng genug fokussiert, verliert es seinen umfassenderen Sinn für sich selbst. Es erlebt sich nicht mehr als ein Feld reinen Bewusstseins. Es beginnt, sich mehr auf die Objekte zu beziehen, auf die es sich konzentriert. Wie wir gesehen haben, geschieht das, wenn man so sehr in einen Film vertieft ist, dass man den größeren Zusammenhang des Sitzens in einem kalten, dunklen Kino völlig verliert. In diesem Fall konzentrieren Sie sich nicht mehr auf Ihren Körper und seine Umgebung, sondern ganz auf die Welt des Films. Sie verlieren sich buchstäblich in diesem Erlebnis. Das lässt sich auf Ihre gesamte Lebenserfahrung übertragen. Ihr Selbstgefühl wird davon bestimmt, worauf Sie Ihr Bewusstsein konzentrieren.

Aber was veranlasst Sie, Ihr Bewusstsein zu fokussieren? Auf der grundlegendsten Ebene reagieren Sie einfach auf alles, was Ihre Aufmerksamkeit erregt, weil es sich von anderem abhebt. Stellen Sie sich vor, dass Ihr Bewusstsein einfach nur den weiten, leeren inneren Raum beobachtet. Stellen Sie sich nun vor, dass diesen Raum ein sanfter Strom zufälliger Gedankenobjekte durchfließt: eine Katze, ein Pferd, ein Wort, eine Farbe oder eine abstrakte Idee. All diese Objekte schweben durch Ihr Bewusstsein. Wenn nun ein Objekt aus dem Rest herausragt, erregt es Ihre Aufmerksamkeit, und Sie konzentrieren sich darauf. Rasch stellen Sie fest, dass sich das Objekt umso langsamer bewegt, je mehr Aufmerksamkeit Sie ihm widmen. Bis es schließlich, wenn Sie sich stark genug darauf konzentrieren, stehen bleibt. Die Kraft Ihres Bewusstseins hält das Objekt schließlich einfach dadurch stabil, dass Sie sich auf es konzentrieren. So wie ein Fisch durch Wasser schwimmen kann, aber nicht durch Eis, das ja nichts weiter als konzentriertes Wasser ist, so werden mentale und emotionale Energiemuster fixiert, wenn sie auf konzentriertes Bewusstsein treffen. Der bloße Akt, dass Sie Ihre Bewusstheit verstärkt einem bestimmten Objekt zuwenden, erzeugt

Anhaften. Und das Ergebnis des Anhaftens ist, dass selektive Gedanken und Emotionen lange genug an einem Ort bleiben, um zu Bausteinen der Psyche zu werden.

Anhaften ist eine der ursprünglichsten Handlungen. Da einige Objekte im Bewusstsein verbleiben, während andere vorbeiziehen, fokussiert sich unser Bewusstsein stärker auf sie. Wir benutzen sie als Fixpunkte, um inmitten ständiger innerer Veränderungen ein Gefühl von Orientierung, Beziehung und Sicherheit zu schaffen. Und dieses Bedürfnis nach Orientierung erstreckt sich auch auf die Außenwelt. Obwohl Sie sich an innere Objekte klammern, benutzen Sie diese Objekte, um inmitten der Vielzahl physischer Objekte, die durch Ihre Sinne eindringen, die Übersicht zu behalten und Beziehungen herzustellen. Dann erschaffen Sie Gedanken, die alle Objekte miteinander verbinden, und Sie klammern sich an die gesamte Struktur. Am Ende beziehen Sie sich sogar so stark auf diese innere Struktur, dass Sie Ihr gesamtes Selbstgefühl um sie herum aufbauen. Weil Sie sich daran klammern, bleibt sie fest und beständig. Und wegen dieser Beständigkeit der Struktur wiederum beziehen Sie sich vor allem auf sie. So wird die Psyche geboren. Inmitten der Weite des leeren Geistes erschaffen Sie eine Insel scheinbarer Festigkeit, indem Sie sich an vorübergehende Gedankenobjekte klammern. Wenn Sie einmal einen Gedanken haben, der bleibt, können Sie Ihren Kopf darauf ausruhen. Indem Sie sich an immer mehr Gedanken klammern, erschaffen Sie eine innere Struktur, auf die sich das Bewusstsein konzentrieren kann. Je mehr das Bewusstsein seinen Fokus auf diese mentale Struktur verengt, desto größer ist die Tendenz, sie zur Definition des eigenen Selbstkonzepts zu verwenden. Anhaften schafft die Ziegel und den Mörtel, mit denen wir ein konzeptuelles Selbst aufbauen. Inmitten eines riesigen inneren Raums haben Sie mit nichts anderem als dem Nebel Ihrer Gedanken eine scheinbar solide Struktur geschaffen, auf der Sie sich ausruhen können.

Aber wer ist dieses Bewusstsein, das sich verirrt hat und versucht, ein Selbstkonzept zu entwickeln, um gefunden zu werden? In dieser Frage kommt die Essenz der Spiritualität zum Ausdruck. In den Gedankengebäuden, die Sie gebaut haben, um sich zu definieren, werden Sie sich selbst niemals finden. Sie selbst sind es, der diese Strukturen aufbaut. Aber mag Ihre Sammlung von Gedanken und Emotionen auch noch so erstaunlich und beeindruckend sein – ein wirklich schönes, unglaubliches, interessantes und dynamisches Gedankengebäude –, so ist doch offensichtlich, dass Sie nicht dieses Gebäude sind. Sie sind dessen Schöpfer. Sie sind die Person, die verloren, verängstigt und verwirrt war, weil sie den Fokus Ihrer Aufmerksamkeit weit von der Selbst-Bewusstheit entfernt hatte. In dieser Panik, in diesem verlorenen Zustand, haben Sie gelernt, sich an die Gedanken und Emotionen zu klammern, die an Ihnen vorbeizogen. Diese haben Sie benutzt, um eine Persönlichkeit, eine Persona, ein Selbstkonzept aufzubauen, das es Ihnen ermöglicht, sich selbst zu definieren. Das Bewusstsein ruhte sich auf den Objekten aus, die es wahrnahm, und nannte sie sein Zuhause. Weil Sie dieses Modell von sich selbst haben, ist es einfacher, zu wissen, wie Sie handeln, wie Sie Entscheidungen treffen und wie Sie mit der Außenwelt in Beziehung treten können. Wenn Sie es wagen, hinzuschauen, werden Sie sehen, dass Sie Ihr ganzes Leben nach dem Modell leben, das Sie um sich herum aufgebaut haben.

Lassen Sie uns konkreter werden. Sie versuchen, eine Reihe von Gedanken und Konzepten in Ihrem Kopf zu behalten, wie zum Beispiel »Ich bin eine Frau«. Ja, auch das ist ein Gedanke oder ein Konzept, das Sie in Ihrem Verstand festhalten. Das Sie, das daran festhält, ist weder männlich noch weiblich, denn Sie sind das Bewusstsein, das den Gedanken hört und den Körper einer Frau im Spiegel sieht. Aber Sie klammern sich an diese Konzepte. Sie denken: »Ich bin eine Frau, ich bin in einem bestimmten Alter, und ich glaube an eine bestimmte Philosophie und nicht an eine andere.« Sie definieren sich buchstäblich über das, was Sie glauben: »Ich glaube an Gott, oder ich glaube nicht an Gott. Ich glaube an Frieden und Gewaltlosigkeit, oder ich glaube an das Überleben des Stärkeren. Ich glaube an den Kapitalismus, oder ich glaube an den Neo-Sozialismus.« Sie haben sich in Ihrem Kopf eine Reihe von Gedanken zurechtgelegt und halten daran fest. Daraus konstruieren Sie eine hochkomplexe Beziehungsstruktur und präsentieren dieses Paket dann als Ihr Selbstkonzept. Aber dies ist nicht, was Sie sind. Es sind nur die Gedanken, die Sie um sich selbst geschlungen haben, um zu versuchen, sich zu definieren. Sie tun das, weil Sie sich da drinnen verirrt und verloren fühlen.

Im Grunde versuchen Sie, im Inneren ein Gefühl von Stabilität und Beständigkeit zu erzeugen. Das gibt Ihnen ein falsches, aber willkommenes Gefühl der Sicherheit. Und Sie wollen, dass die Menschen um Sie herum das Gleiche tun. Sie wollen, dass die Menschen so stabil und beständig sind, dass Sie ihr Verhalten vorhersagen können. Und Sie finden es beunruhigend, wenn Ihnen das nicht gelingt. Das liegt daran, dass Sie Vorhersagen über das Verhalten anderer Menschen zu einem Teil Ihres inneren Modells gemacht haben. Dieser Schutzschild aus Überzeugungen und Konzepten in Bezug auf die Außenwelt wirkt wie eine Isolierschicht zwischen Ihnen und den Menschen, mit denen Sie zu tun haben. Wenn Sie vorgefasste Meinungen über das Verhalten anderer Menschen hegen, fühlen Sie sich sicherer und haben mehr Kontrolle. Stellen Sie sich die Angst vor, die Sie empfinden würden, wenn Sie Ihre Mauer komplett wegräumen würden. Wem haben Sie jemals ohne den Schutz Ihres mentalen Puffers direkten Zugang zu Ihrem wahren Inneren gewährt? Niemandem, nicht einmal sich selbst.

Die Menschen verstecken sich hinter Fassaden. Sie geben sogar zu, dass eine Fassade ein wenig echter ist als die andere. Man geht zur Arbeit und verliert sich in seiner beruflichen Fassade, aber dann sagt man sich: »Ich gehe nach Hause, um Zeit mit meiner Familie und meinen Freunden zu verbringen, wo ich einfach ich selbst sein kann.« So tritt Ihre Arbeitsfassade in den Hintergrund, und Ihre entspannte private Fassade kommt zum Vorschein. Aber was ist mit Ihnen, dem Bewusstsein, das die Fassade aufrechterhält? An sich lassen Sie niemanden heran. Das wäre einfach zu beängstigend. Dieses Selbst ist viel zu weit hinten, um sich mit ihm zu beschäftigen.

Wir alle haften also an, halten fest, und dann basteln wir uns Selbstkonzepte zurecht. Einige von uns sind darin besser als andere. In den meisten Gesellschaften werden die, die sich gut aufs Festhalten und Aufbauen verstehen, belohnt. Wenn man dieses Modell absolut richtig beherrscht und sich jedes Mal konsequent verhält, hat man tatsächlich jemanden »erschaffen«. Und wenn die Person, die Sie erschaffen, das ist, was andere wollen und brauchen, können Sie sehr beliebt und erfolgreich sein. Sie sind diese Person. Das wurde Ihnen schon in jungen Jahren eingeimpft, und Sie sind nie davon abgewichen. Sie können in diesem Spiel, jemanden zu erschaffen, sehr gut werden. Und wenn die Person, die Sie erschaffen haben, nicht die Popularität und den Erfolg erhält, die Sie erwartet haben, können Sie Ihre Gedanken entsprechend anpassen. Es ist nicht so, dass daran etwas falsch ist. Offensichtlich macht es jeder. Aber wer sind Sie, der dies tut, und warum tun Sie es?

Es ist wichtig zu erkennen, dass es nicht nur von Ihnen abhängt, an welchen Gedanken Sie festhalten und welche Person Sie erschaffen. Die Gesellschaft hat dazu eine Menge zu sagen. Für fast alles gibt es akzeptable und inakzeptable soziale Verhaltensweisen – wie man sitzt, wie man geht, wie man spricht, wie man sich kleidet und wie man über Dinge denkt. Wie prägt unsere Gesellschaft uns diese mentalen und emotionalen Strukturen ein? Wenn man es gut macht, wird man mit Umarmungen belohnt und mit Lob überschüttet. Wenn man es nicht gut macht, wird man bestraft, entweder körperlich, geistig oder emotional.

Denken Sie einmal darüber nach, wie nett Sie zu Menschen sind, die sich entsprechend Ihren Erwartungen verhalten. Denken Sie nun daran, wie Sie sich verschließen und von ihnen zurückziehen, wenn sie es nicht tun. Ganz zu schweigen davon, dass Sie ihnen gegenüber wütend oder sogar gewalttätig werden. Was tun Sie da? Sie versuchen, das Verhalten von jemandem zu ändern, indem Sie Eindrücke in seinem Kopf hinterlassen. Sie versuchen, die Sammlung von Überzeugungen, Gedanken und Gefühlen so zu verändern, dass die Person beim nächsten Mal so handelt, wie Sie es erwarten. In Wahrheit machen wir das alle jeden Tag mit uns selbst.

Warum lassen wir das mit uns geschehen? Warum kümmert es uns so sehr, ob andere Menschen die Fassade akzeptieren, die wir nach außen tragen? Es geht darum, zu verstehen, warum wir uns an unser Selbstkonzept klammern. Wenn Sie aufhören, sich festzuhalten, werden Sie erkennen, warum die Tendenz zum Klammern da war. Wenn Sie Ihre Fassade loslassen und nicht versuchen, sie gegen eine neue einzutauschen, werden sich Ihre Gedanken und Gefühle lösen und durch Sie hindurchgehen. Das wird eine sehr beängstigende Erfahrung sein. Sie werden tief in Ihrem Inneren Panik verspüren und nicht mehr in der Lage sein, sich zu orientieren. Das ist es, was Menschen fühlen, wenn etwas sehr Wichtiges im Außen nicht zu ihrem inneren Modell passt. Die Fassade hört auf zu funktionieren und beginnt zu bröckeln. Wenn sie Sie nicht mehr schützen kann, erleben Sie große Angst und Panik. Wenn Sie jedoch bereit sind, sich diesem Gefühl zu stellen, werden Sie feststellen, dass es einen Weg gibt, es zu überwinden. Wenn Sie sich weiter in das Bewusstsein zurückziehen, das diese Erfahrung macht, wird die Panik aufhören. Ein großer Frieden wird Sie erfüllen, wie Sie ihn noch nie zuvor erlebt haben.

Das ist der Aspekt, den nur sehr wenige Menschen kennen: Die Angst, der innere Unfrieden, das alles kann enden. Der Gedankenlärm, die Verwirrung, der sich dauernd verändernde Wirbel dieser inneren Energien – das alles kann enden. Bisher dachten Sie, Sie müssten sich schützen, also haben Sie sich an die Dinge geklammert, die auf Sie zukamen, und sie benutzt, um sich zu verstecken. An alles, was Ihnen in die Finger kam, haben Sie sich geklammert, um Halt zu finden. Aber Sie können Ihre Krücken loslassen und dieses Spiel nicht länger spielen. Sie müssen es nur wagen, sich der Angst zu stellen, von der Sie sich bisher antreiben ließen. Dann können Sie durch diesen Teil von Ihnen frei und ungehindert hindurchgehen, und dann wird es vorbei sein. Es wird aufhören – kein Kampf mehr, nur noch Frieden.

Auf dieser Reise gelangen Sie mitten hinein in das, vor dem Sie bisher zurückscheuten, dem Sie mit aller Kraft ausweichen wollten. In diesem innerlich total aufgewühlten Zustand ist Ihr einziger Ruhepol das Bewusstsein selbst. Sie werden erleben, dass gewaltige Veränderungen stattfinden. Sie werden erkennen, dass es keine Stabilität und Beständigkeit gibt, und Sie werden lernen, sich damit abzufinden. Bewusst werden Sie zusehen, wie jeder Augenblick eines jeden Tages sich entfaltet, ohne dass Sie die Dinge unter Kontrolle haben oder sich danach sehnen. Sie haben keine Konzepte, keine Hoffnungen, keine Träume, keine Glaubenssätze und keine Sicherheit. Sie versuchen nicht mehr, das, was in Ihrer Welt geschieht, in Gedankenkonstrukte zu zwingen, um sich sicher zu fühlen – und das Leben geht trotzdem weiter. Sie fühlen sich vollkommen wohl damit, einfach nur wahrzunehmen. Ein Moment kommt, dann der nächste Moment und dann der nächste. Aber genau so war es eigentlich schon immer. Ein Moment nach dem anderen ist vor Ihrem Bewusstsein vorbeigezogen. Der Unterschied ist, dass Sie jetzt begreifen, wie das geschieht. Sie erkennen, dass Ihre Emotionen und Ihr Verstand auf diese Momente reagieren, und Sie unternehmen nichts dagegen. Sie versuchen nicht, dieses Fließen zu kontrollieren. Sie lassen einfach zu, dass sich das Leben entfaltet, sowohl im Außen wie in Ihnen.

Wenn Sie sich auf diese Reise begeben, werden Sie einen Zustand erreichen, in dem Sie genau erkennen, wie die sich entfaltenden Momente in Ihnen ein Gefühl der Angst auslösen. Von diesem Ort der Klarheit aus werden Sie in der Lage sein, deutlich Ihre starke Tendenz wahrzunehmen, sich selbst zu schützen. Diese Tendenz besteht, weil Sie tatsächlich keine Kontrolle über die Welt haben, und das fühlt sich unangenehm an. Aber wenn Sie einen wirklichen Durchbruch erreichen wollen, müssen Sie bereit sein, die Angst einfach nur zu beobachten, ohne sich vor ihr zu schützen. Sie müssen sich für die Erkenntnis öffnen, dass dieses Bedürfnis, sich zu schützen, der Ursprung der gesamten Persönlichkeit ist. Ihr Bewusstsein hat eine mentale und emotionale Struktur aufgebaut, um dem Gefühl der Angst zu entkommen. Hier nun stehen Sie vor der Wurzel, der Entstehungsursache der Psyche.

Wenn Sie tief genug gehen, können Sie beobachten, wie die Psyche immer wieder aufgebaut wird. Dann werden Sie entdecken, dass Sie sich mitten im Nirgendwo befinden, im leeren unendlichen Raum, in dem all diese inneren Objekte auf Sie zuströmen. Gedanken, Gefühle und die Eindrücke weltlicher Erfahrungen strömen alle durch Ihr Bewusstsein. Und Sie werden Ihre Neigung erkennen, sich vor diesem Strom zu schützen, indem Sie versuchen, ihn unter Ihre Kontrolle zu bringen. Es gibt, wie Sie feststellen werden, in Ihnen eine überwältigend starke Tendenz, sich aus dem Sitz Ihrer Bewusstheit vornüberzubeugen und sich an selektiven Eindrücken von Menschen, Orten und Dingen festzuklammern, während diese an Ihnen vorbeiströmen. Wenn Sie sich auf diese mentalen Bilder konzentrieren, werden Sie feststellen, dass sie zu Teilen einer komplexen Struktur werden, wo es zuvor keine Struktur gab. Sie werden Ereignisse sehen, die stattfanden, als Sie zehn Jahre alt waren, und an denen Sie immer noch festhalten. Sie werden sehen, dass Sie buchstäblich alle Ihre Erinnerungen nehmen, sie ordnen und zusammenfügen, und dann sagen Sie: »Das bin ich.« Aber Sie sind nicht die Ereignisse – Sie sind das Wesen, das die Ereignisse wahrnimmt. Wie können Sie sich dann als das definieren, was Sie in der Vergangenheit erlebt haben? Schließlich waren Sie sich Ihrer Existenz bereits bewusst, bevor diese Dinge geschahen. Denn Sie sind das Wesen, das da drinnen all das tut, sieht und erfährt. Sie müssen sich nicht an Ihre Erfahrungen klammern, um sich ein Selbst aufzubauen. Das, was Sie sich auf diese Weise aufbauen, ist ein falsches Selbst. Es ist nur ein Selbstbild, das Sie konstruiert haben, um sich dahinter zu verstecken.

Wie lange verstecken Sie sich schon und kämpfen darum, alles zusammenzuhalten? Jedes Mal, wenn in diesem Schutzkäfig, den Sie um sich selbst errichtet haben, etwas schiefgeht, gehen Sie in eine Abwehrhaltung, und Ihr Verstand sucht rationale Argumente, um Ihren Käfig noch besser abzusichern. Ihr Verstand wird stets so lange kämpfen, bis Sie das unerfreuliche Erlebnis in Ihr Realitätsmodell eingebaut oder es irgendwie aus der Welt geschafft haben. Die Leute haben das Gefühl, ihre Existenz stünde auf dem Spiel, und sie werden so lange kämpfen und miteinander streiten, bis sie glauben, sie hätten die Kontrolle zurückerlangt. All dies lässt sich darauf zurückführen, dass wir versuchen, dort Stabilität zu schaffen, wo es keine gibt. Und dann müssen wir dauernd kämpfen, um unsere selbst geschaffene Illusion aufrechtzuerhalten. Das Problem ist, dass es aus diesem Dilemma keinen Ausweg gibt. Auf diese Weise können Sie keinen Frieden finden, denn Sie kämpfen einen aussichtslosen Kampf. Wie es heißt, soll man kein Haus auf Sand bauen. Nun, einen sandigeren, instabileren Grund als diesen gibt es nicht. Denn in Wahrheit haben Sie Ihr Haus in leerem Raum gebaut. Wenn Sie sich weiter an das klammern, was Sie gebaut haben, wird Ihnen nichts anderes übrig bleiben, als sich andauernd zu verteidigen. Sie werden ständig damit beschäftigt sein, allen Menschen und Dingen Ihre Ordnung aufzuzwingen im verzweifelten Bemühen, Ihr Konstrukt immer wieder mit der Realität in Einklang zu bringen.

Sich für ein spirituelles Leben zu entscheiden, bedeutet, sich nicht an diesem Kampf zu beteiligen. Es bedeutet, dass die Ereignisse, die im Moment geschehen, dem Moment gehören. Sie gehören nicht zu Ihnen. Sie haben nichts mit Ihnen zu tun. Sie müssen damit aufhören, sich in Bezug auf sie zu definieren, und sie einfach kommen und gehen lassen. Akzeptieren Sie nicht, dass die Ereignisse Eindrücke in Ihnen hinterlassen. Wenn Sie später wieder an sie denken, lassen Sie sie einfach los. Wenn ein Ereignis eintritt, das nicht in Ihr Konstrukt passt, und Sie bemerken, wie Ihr Verstand nach Erklärungen sucht, um es passend zu machen, beobachten Sie einfach ruhig, was Sie da tun. Ein Ereignis im Universum passt nicht in Ihr Modell und verursacht eine Störung in Ihnen. Wenn Sie das einfach nur wahrnehmen, werden Sie feststellen, dass Ihr Modell dadurch tatsächlich aufgebrochen wird. Sie werden an den Punkt gelangen, an dem Sie dies gut finden, weil Sie Ihr Modell gar nicht mehr aufrechterhalten wollen. Sie sind nicht mehr bereit, Energie in den Aufbau und die Instandhaltung Ihrer Fassade zu stecken. Stattdessen lassen Sie zu, dass die Dinge, die Ihr Modell stören, als Dynamit dienen, um es aufzusprengen und Sie zu befreien. Das ist spirituelles Leben.

Wenn Sie wirklich spirituell werden, werden Sie völlig anders sein als alle anderen. Das, was alle anderen wollen,

wollen Sie nicht. Das, was alle anderen ablehnen, akzeptieren Sie ganz und gar. Sie wollen, dass Ihr Wirklichkeitsmodell zerbricht, und deshalb ehren und wertschätzen Sie die Erfahrung, dass etwas geschieht, was in Ihnen eine Störung hervorruft. Warum sollte irgendetwas, das irgendjemand sagt oder tut, Sie beunruhigen? Sie leben einfach auf einem Planeten, der mitten im absoluten Nirgendwo rotiert. Sie sind hier für ein paar Jahre zu Besuch, und dann gehen Sie wieder. Wozu lassen Sie sich also vom Leben stressen? Das ist wirklich nicht nötig. Sie fühlen sich durch bestimmte Erfahrungen nur deshalb gestört, weil sie Ihr Wirklichkeitsmodell gefährden. Sie fühlen sich nur in jenem falschen Teil Ihres Selbst getroffen, den Sie konstruiert haben, um Ihre persönliche Definition von Wirklichkeit abzusichern. Aber wenn Ihr Modell die Realität korrekt interpretiert, warum stimmen dann Ihre tatsächlichen Erfahrungen nicht mit ihm überein? Betrachten Sie nichts, was Ihr Verstand sich auszudenken in der Lage ist, jemals als die tatsächliche Realität.

Sie müssen lernen, mit psychologischen Störungen umzugehen. Wenn Ihr Verstand hyperaktiv wird, schauen Sie ihm einfach dabei zu. Wenn sich Ihr Herz erhitzt, lassen Sie es tun, was es tun muss. Versuchen Sie, den Teil in Ihnen zu finden, der in der Lage ist, einfach zu beobachten, dass Ihr Verstand hyperaktiv ist und dass sich Ihr Herz erhitzt. Dieser Teil ist Ihr Ausweg. Ihren Verstand Wirklichkeitsmodelle bauen zu lassen, ist kein Ausweg. Der einzige Weg zur inneren Freiheit führt über jene Instanz, die das alles bewusst wahrnimmt: das Selbst. Das Selbst bemerkt einfach, dass der Verstand und die Emotionen sich auflösen und dass nichts mehr da ist, was darum kämpft, Gedankengebäude aufrechtzuerhalten.

Natürlich wird das schmerzhaft sein. Der Grund dafür, diese ganze mentale Struktur aufzubauen, bestand ja darin, Schmerzen zu vermeiden. Wenn Sie das Gebilde zerfallen lassen, werden Sie den Schmerz spüren, dem Sie bislang ausgewichen sind. Sie müssen bereit sein, sich diesem Schmerz zu stellen. Wenn Sie sich aus Angst in eine Festung eingeschlossen haben, müssen Sie sich zunächst dieser Angst stellen. Nur das ermöglicht Ihnen den Weg in ein erfüllteres Leben. Diese Festung ist kein wirklicher Schutz, sie ist ein Gefängnis. Um frei zu sein, um das Leben wirklich erfahren zu können, müssen Sie sich aus ihr herauswagen. Sie müssen loslassen und durch den Reinigungsprozess gehen, der Sie von Ihrer Psyche befreit. Das tun Sie, indem Sie der Psyche einfach bei ihren Aktivitäten zusehen. Der Weg nach draußen führt über Bewusstheit. Hören Sie auf, den gestörten Verstand als negative Erfahrung zu definieren. Schauen Sie, ob Sie sich dahinter nicht einfach entspannen können. Wenn Sie bemerken, dass Ihr Verstand Störungen wahrnimmt, fragen Sie nicht: »Was kann ich dagegen tun?« Fragen Sie stattdessen: »Wer ist das Ich, das dies bemerkt?«

Mit der Zeit werden Sie erkennen, dass das Zentrum selbst, von dem aus Sie Störungen beobachten, niemals gestört werden kann. Wenn es Ihnen dennoch so vorkommt, dann achten Sie einfach darauf, wer es ist, der diese Störung bemerkt. Dann wird das Gestörtsein aufhören. Dann werden Sie in der Lage sein, sich in die Tiefen Ihres Seins zurückzuziehen, während Sie beobachten, wie Ihr Verstand und Ihr Herz zum letzten Mal in Ihnen Aufruhr und Verwirrung erzeugen. Wenn Sie diesen Punkt erreichen, werden Sie verstehen, was es bedeutet, transzendent zu sein. Das Gewahrsein transzendiert das, dessen es sich bewusst ist. Es ist davon so getrennt wie das Licht von dem, auf das es scheint. Sie sind Bewusstsein, und Sie können sich von alldem befreien, indem Sie sich hinter dem Geschehen entspannen.

Wenn Sie dauerhaften Frieden, dauerhafte Freude und dauerhaftes Glück wollen, müssen Sie auf die andere Seite des inneren Aufruhrs gelangen. Dort eröffnet sich Ihnen ein Leben, in dem Wellen der Liebe in Ihnen aufsteigen, wann immer Sie wollen. Das ist die Natur Ihres Seins. Sie müssen einfach nur auf die andere Seite der Psyche gehen. Das tun Sie, indem Sie die Tendenz aufgeben, sich an Objekte zu klammern. Das tun Sie, indem Sie Ihren Verstand nicht dazu benutzen, eine falsche Stabilität aufzubauen. Sie beschließen ein für alle Mal, sich auf die Reise zu begeben, indem Sie ständig loslassen und an nichts mehr festhalten.

An diesem Punkt beschleunigt sich die Reise rasant. Sie werden durch den Teil von Ihnen hindurchgleiten, der sich immer zu Tode geängstigt hat, und Sie werden erkennen, wie sehr dieser Teil immer darum gekämpft hat, Ihr Modell der Wirklichkeit intakt zu halten. Wenn Sie diesen Teil nicht länger füttern, wenn Sie einfach loslassen, nicht mehr zulassen, dass dieser Teil irgendetwas festhält, werden Sie schließlich in jenen Bereich zurückfallen, der hinter der trügerischen Stabilität liegt. Das ist nicht etwas, was Sie tun. Es geschieht einfach.

Und Ihr einziger Weg hinaus ist das Zeugen-Bewusstsein. Lassen Sie immer weiter los, indem Sie sich einfach bewusst machen, dass Sie bewusst sind. Wenn Sie eine Phase der Dunkelheit oder Depression durchlaufen, stellen Sie sich die Frage: »Wer ist sich der Dunkelheit bewusst?« So gehen Sie durch die verschiedenen Phasen Ihres inneren Wachstums. Immer wieder lassen Sie einfach los und bleiben sich bewusst, dass Sie auch nach dem Loslassen immer noch da sind. Wenn Sie sich von Ihrer dunklen Psyche und Ihrer hellen Psyche gelöst haben und an nichts mehr festhalten, werden Sie einen Punkt erreichen, an dem sich hinter Ihnen alles öffnet. Sie sind es gewohnt, sich der Dinge bewusst zu sein, die vor Ihnen liegen. Nun werden Sie sich eines Universums bewusst, das sich hinter Ihrem Sitz des Bewusstseins befindet.

Bisher sah es für Sie nicht so aus, als befände sich etwas hinter Ihnen. Weil Sie so sehr darauf fokussiert waren, an

Ihrem Modell aus den Gedanken und Gefühlen zu bauen, die vor Ihnen vorbeizogen, nahmen Sie die riesige Weite des Raums hinten im Inneren nicht wahr. Aber da hinten existiert ein ganzes Universum. Nur schauten Sie bisher nicht in diese Richtung. Wenn Sie bereit sind, loszulassen, werden Sie nach hinten zurückfallen, und dann wird sich ein Ozean aus Energie für Sie auftun. Sie werden von Licht erfüllt sein – von einem Licht, das keine Dunkelheit kennt, von einem Frieden, der größer ist, als es der Verstand je begreifen kann. Dann werden Sie während jeden Augenblicks Ihres Alltags vom Strom dieser inneren Kraft erfüllt sein, die Sie trägt, nährt und von tief innen her leitet. Sie werden immer noch Gedanken, Emotionen und ein Selbstkonzept haben, die in Ihrem inneren Raum herumschweben, aber das wird nur ein kleiner Teil Ihres Erlebens sein. Sie werden sich mit nichts identifizieren, das sich außerhalb Ihres wahren Seins befindet.

Wenn Sie diesen Zustand erreicht haben, müssen Sie sich wegen nichts mehr Sorgen machen. Die Kräfte der Schöpfung werden die Schöpfung erschaffen, sowohl innerhalb als auch außerhalb von Ihnen. In Frieden, Liebe und Mitgefühl werden Sie über allem schweben und doch alles ehren. Wenn Sie im Frieden mit der universellen Weite Ihres wahren Seins leben, werden Sie keine falsche Stabilität mehr brauchen.

TEIL V

LEBENDIG SEIN

KAPITEL 15

DER WEG DES BEDINGUNGSLOSEN GLÜCKS

Der höchste spirituelle Weg ist das Leben selbst. Wenn man weiß, wie man das tägliche Leben lebt, wird alles zu einer befreienden Erfahrung. Aber zuerst muss man das Leben richtig zu nehmen wissen, sonst kann es sehr verwirrend sein. Zunächst ist wichtig, sich darüber klar zu werden, dass Sie in diesem Leben tatsächlich nur eine einzige Wahl haben, und zwar nicht in Bezug auf Ihre Karriere, die Frage, wen Sie heiraten, oder ob Sie Gott suchen wollen. Die Menschen neigen dazu, sich mit so vielen Wahlmöglichkeiten zu belasten. Aber Sie können das alles ruhig über Bord werfen, denn letztendlich geht es nur um eine einzige grundlegende Entscheidung: Wollen Sie glücklich sein, oder wollen Sie nicht glücklich sein? Es ist wirklich so einfach. Sobald Sie diese Entscheidung getroffen haben, liegt Ihr Lebensweg völlig klar vor Ihnen.

Die meisten Menschen trauen sich nicht, diese Entscheidung zu treffen, weil sie denken, sie hätten darüber keine Kontrolle. Jemand könnte sagen: »Natürlich möchte ich glücklich sein, aber meine Frau hat mich verlassen.« Mit anderen Worten: Er möchte glücklich sein, aber nicht, wenn seine Frau ihn verlässt. Aber das war nicht die Frage. Die Frage lautete ganz einfach: »Wollen Sie glücklich sein oder nicht?« Wenn Sie es so einfach betrachten, werden Sie sehen, dass Sie tatsächlich die Kontrolle haben. Es ist nur so, dass Ihnen eine Reihe tief verwurzelter Vorlieben im Weg stehen.

Nehmen wir an, Sie haben sich in der Wildnis verlaufen und gelangen, nachdem Sie tagelang herumgeirrt sind, schließlich zu einem Haus. Mit letzter Kraft schaffen Sie es bis zur Türschwelle und klopfen an. Jemand öffnet, schaut Sie an und sagt: »Oh, du meine Güte! Was ist Ihnen denn zugestoßen? Wollen Sie etwas zu essen? Was möchten Sie?« Die Wahrheit ist, dass es Ihnen wirklich egal ist, was man Ihnen anbietet. Darüber wollen Sie nicht einmal nachdenken. Nur ein Wort kommt Ihnen über die Lippen: »Essen.« Und weil Sie es wirklich ernst meinen, wenn Sie sagen, dass Sie Nahrung brauchen, hat es nichts mehr mit Ihren geistigen Vorlieben zu tun. Das Gleiche gilt für die Frage nach dem Glück. Die Frage lautet einfach: »Wollen Sie glücklich sein?« Wenn die Antwort wirklich »Ja« lautet, dann sagen Sie das, ohne zu relativieren. Denn was die Frage wirklich bedeutet, ist: »Wollen Sie von diesem Zeitpunkt an für den Rest Ihres Lebens glücklich sein, egal, was geschieht?«

Wenn Sie nun Ja sagen, kann es passieren, dass Ihre Frau Sie verlässt, Ihr Mann stirbt, die Börse abstürzt oder Sie mit dem Auto nachts auf einer einsamen Straße eine Panne haben. Diese Dinge könnten zwischen jetzt und dem Ende Ihres Lebens passieren. Aber wenn Sie den höchsten spirituellen Weg gehen wollen, dann müssen Sie es wirklich ernst meinen, wenn Sie auf diese einfache Frage mit Ja antworten. Dabei gibt es kein Wenn und Aber. Es geht nicht darum, ob Sie Ihr Glück selbst in der Hand haben. Natürlich haben Sie es unter Kontrolle. Es ist nur so, dass Sie es nicht wirklich meinen, wenn Sie sagen, dass Sie bereit sind, glücklich zu bleiben. Sie wollen es relativieren. Sie wollen sagen, dass Sie bereit sind, glücklich zu sein, solange dies nicht geschieht oder jenes geschieht. Deshalb scheint es so, als läge es außerhalb Ihrer Kontrolle. Jede Bedingung, die Sie schaffen, wird Ihr Glück einschränken. Sie werden einfach nicht in der Lage sein, die Dinge zu kontrollieren und sie so zu bewahren, wie Sie das gerne wollen.

Sie müssen eine bedingungslose Antwort geben. Wenn Sie sich entscheiden, von jetzt an für den Rest Ihres Lebens glücklich zu sein, werden Sie nicht nur glücklich sein, sondern auch Erleuchtung erlangen. Bedingungsloses Glück ist die höchste Technik, die es gibt. Dafür müssen Sie kein Sanskrit lernen oder irgendwelche heiligen Schriften lesen. Auch müssen Sie der Welt nicht entsagen. Sie müssen es nur wirklich ernst meinen, wenn Sie sagen, dass Sie sich entschieden haben, glücklich zu sein. Und zwar ganz gleich, was geschieht. Das ist wirklich ein spiritueller Weg, und es ist der direkteste und sicherste Weg zum Erwachen, den es überhaupt gibt.

Wenn Sie sich entschieden haben, bedingungslos glücklich zu sein, wird unvermeidlich etwas geschehen, das Sie herausfordert. Diese Prüfung Ihrer Verpflichtung ist genau das, was das spirituelle Wachstum anregt. In der Tat ist es der bedingungslose Aspekt Ihrer Verpflichtung, der diesen Weg zum höchsten macht. Es ist so einfach. Sie müssen sich nur entscheiden, ob Sie Ihr Gelübde brechen wollen oder nicht. Wenn alles gut läuft, ist es leicht, glücklich zu sein. Aber in dem Moment, in dem etwas Schwieriges passiert, ist es nicht mehr so einfach. Man sagt sich dann oft: »Aber ich wusste nicht, dass das passieren würde. Ich hätte nicht gedacht, dass ich meinen Flug verpassen würde. Ich hätte nicht gedacht, dass Sally in demselben Kleid wie ich auf der Party auftauchen würde. Ich hätte nicht gedacht, dass jemand eine Stunde, nachdem ich mein nagelneues Auto bekommen hatte, eine Beule hineinfährt.« Sind Sie wirklich bereit, Ihr Glücksversprechen zu brechen, nur weil diese Ereignisse stattgefunden haben?

Es könnten Milliarden Dinge geschehen, an die Sie noch gar nicht gedacht haben. Die Frage ist nicht, ob sie geschehen. Die eigentliche Frage ist, ob Sie glücklich sein wollen, was auch immer geschieht. Der Zweck Ihres Lebens ist es, Ihre Erfahrungen zu genießen und daraus zu lernen.

Sie wurden nicht auf die Erde gebracht, um zu leiden. Sie helfen niemandem, wenn Sie unglücklich sind. Unabhängig von Ihren philosophischen Überzeugungen bleibt die Tatsache bestehen, dass Sie geboren wurden und dass Sie sterben werden. In der Zeit dazwischen haben Sie die Wahl, ob Sie diese Erfahrung genießen wollen oder nicht. Die Ereignisse entscheiden nicht darüber, ob Sie glücklich sein werden oder nicht. Sie sind einfach nur Ereignisse. Ob Sie glücklich sein werden oder nicht, entscheiden ganz allein Sie selbst. Man kann glücklich sein, einfach nur, weil man lebt. Man kann glücklich sein, wenn einem all diese Dinge widerfahren, und dann glücklich sein, wenn man stirbt. Wenn Sie auf diese Weise leben können, wird Ihr Herz so offen und Ihr Geist so frei sein, dass Sie in den Himmel aufsteigen.

Dieser Weg führt Sie zur absoluten Transzendenz, denn jeder Teil Ihres Wesens, der Ihr Engagement für das Glück an Bedingungen knüpft, muss verschwinden. Wenn Sie glücklich sein wollen, müssen Sie den Teil von Ihnen hinter sich lassen, der gerne Melodramen aufführt. Das ist der Teil, der glaubt, es gäbe gute Gründe, unglücklich zu sein. Sie müssen das Persönliche überwinden, und wenn Sie das tun, werden Sie ganz natürlich zu den höheren Aspekten Ihres Wesens erwachen.

Letztendlich ist es das einzig Vernünftige, die Erfahrungen des Lebens zu genießen. Sie sitzen auf einem Planeten, der mitten im Nirgendwo um einen Stern kreist. Werfen Sie einen Blick auf die Realität. Sie schweben im leeren Raum in einem unendlichen Universum. Wenn Sie schon hier sein müssen, dann seien Sie wenigstens glücklich, und genießen Sie diese Erfahrung. Sterben werden Sie sowieso. Die Dinge werden so oder so passieren. Warum sollten Sie nicht glücklich sein? Es bringt nichts, sich an den Ereignissen des Lebens zu stoßen. Es ändert die Welt nicht, man leidet nur. Es wird immer etwas geben, das für Sie zum Störfaktor werden kann, wenn Sie es zulassen.

Die Entscheidung, das Leben zu genießen, wird Sie auf Ihrer spirituellen Reise begleiten und ist in Wahrheit selbst ein spiritueller Lehrer. Wenn Sie sich dem bedingungslosen Glück verschreiben, lernen Sie alles, was es über sich selbst, über andere und über die Natur des Lebens zu lernen gibt. Sie werden alles über Ihren Verstand, Ihr Herz und Ihren Willen lernen. Aber Sie müssen es wirklich ernst meinen, wenn Sie sagen, dass Sie für den Rest Ihres Lebens glücklich sein werden. Jedes Mal, wenn ein Teil von Ihnen beginnt, unglücklich zu werden, lassen Sie ihn los. Arbeiten Sie mit ihm. Verwenden Sie Affirmationen, oder tun Sie, was immer Sie tun müssen, um offen zu bleiben. Wenn Sie mit Engagement bei dieser Sache sind, kann Sie nichts aufhalten. Was auch geschieht, Sie können sich dafür entscheiden, die Erfahrung zu genießen. Wenn man Sie hungern lässt und in Einzelhaft steckt, haben Sie einfach Spaß daran, so zu sein wie Gandhi. Egal, was passiert, genießen Sie einfach das Leben, das auf Sie zukommt.

So schwierig das auch klingt, was haben Sie davon, es nicht zu tun? Wenn Sie völlig unschuldig sind und man Sie trotzdem einsperrt, können Sie genauso gut Spaß an diesem Abenteuer haben. Was nützt es, keinen Spaß zu haben? Das ändert doch nichts. Am Ende gewinnen Sie, wenn Sie glücklich bleiben. Machen Sie das zu Ihrem Spiel, und bleiben Sie einfach glücklich, egal, was geschieht.

Unter allen Umständen glücklich zu bleiben, ist wirklich sehr einfach. Beginnen Sie damit, Ihre inneren Energien zu verstehen. Wenn Sie in sich hineinschauen, werden Sie feststellen, dass sich Ihr Herz offen anfühlt, wenn Sie glücklich sind und die Energie in Ihnen aufsteigt. Wenn Sie unglücklich sind, fühlt sich Ihr Herz verschlossen an, und es steigt keine Energie in Ihnen auf. Wenn Sie also glücklich bleiben wollen, dürfen Sie Ihr Herz nicht verschließen. Was auch geschieht, selbst wenn Ihre Frau Sie verlässt oder Ihr Mann stirbt, verschließen Sie sich nicht.

Es gibt keine Regel, die besagt, dass Sie sich abschotten müssen. Sagen Sie sich einfach, dass Sie sich, egal, was passiert, niemals verschließen werden. Sie haben wirklich die Wahl. Wenn Sie den Drang verspüren, innerlich zuzumachen, sollten Sie sich fragen, ob Sie wirklich bereit sind, Ihr Glück aufzugeben. Sie sollten prüfen, was in Ihnen vorgeht und warum Sie glauben, es hätte für Sie irgendeinen Nutzen, sich seelisch zu verschließen. Da geht einmal etwas schief, und Sie wollen deshalb Ihr Glück aufgeben! Sie hatten einen tollen Tag, bis Ihnen auf dem Weg zur Arbeit jemand die Vorfahrt nahm. Darüber haben Sie sich sehr geärgert, und diese Stimmung behielten Sie den ganzen Tag lang bei. Aber warum? Wagen Sie es, sich diese Frage zu stellen. Was hat es Ihnen gebracht, sich den Tag verderben zu lassen? Nichts, es gab keinerlei Nutzen. Wenn Ihnen jemand die Vorfahrt nimmt oder Sie beim Reden unterbricht, lassen Sie dieses Erlebnis sofort los, und bleiben Sie offen. Wenn Sie das wirklich wollen, können Sie es.

Wenn Sie diesen Weg des bedingungslosen Glücks beschreiten, werden Sie die verschiedenen Stufen des Yoga durchlaufen. Dabei müssen Sie jederzeit bewusst, zentriert und engagiert bleiben. Sie müssen sich auf die Verpflichtung konzentrieren, die Sie eingegangen sind: Bleiben Sie offen und empfänglich für das Leben. Niemand hat gesagt, dass Sie das nicht können. Offen zu bleiben ist das, was die großen Heiligen und Meister lehrten. Sie lehrten, dass Gott Freude ist, Ekstase, Liebe. Wenn Sie offen genug bleiben, werden Wellen inspirierender Energie Ihr Herz erfüllen. Spirituelle Praktiken sind kein Selbstzweck. Sie tragen Früchte, wenn Sie sich weit genug für die eigene Tiefe öffnen. Wenn Sie lernen, diese innere Offenheit stets beizubehalten, werden Sie wunderbare Erfahrungen machen. Sie müssen einfach lernen, sich nicht zu verschließen.

Das Wichtigste ist, dass Sie lernen, Ihren Verstand so zu disziplinieren, dass er Sie nicht dazu verleitet zu denken, es könnte sich diesmal lohnen, innerlich zuzumachen. Wenn Sie stolpern und hinfallen, stehen Sie wieder auf. Sobald Sie ins Stolpern geraten, weil Sie wieder in das Muster zurückgefallen sind, sich zu verschließen und zu verteidigen, reißen Sie sich einfach zusammen, und bekräftigen Sie innerlich, dass Sie sich nicht verschließen wollen, was auch immer geschieht. Beteuern Sie, dass Sie einfach nur in Frieden leben und das Leben wertschätzen wollen. Sie wollen nicht, dass Ihr Glück vom Verhalten anderer Menschen abhängt. Es ist schon schlimm genug, dass Ihr Glück von Ihrem eigenen Verhalten abhängt. Wenn Sie anfangen, es vom Verhalten anderer abhängig zu machen, geraten Sie in ernste Schwierigkeiten.

Es werden Ihnen Dinge zustoßen, und Sie werden die Neigung verspüren, sich zu verschließen. Aber Sie haben die Wahl, entweder mit dem Leben zu fließen oder es zu lassen. Ihr Verstand wird Ihnen sagen, dass es nicht vernünftig ist, offen zu bleiben, wenn unangenehme Dinge passieren. Aber Ihre Lebenszeit ist begrenzt, und es ist einfach unvernünftig, das Leben nicht zu genießen.

Wenn Sie Schwierigkeiten haben, sich daran zu erinnern, dann meditieren Sie. Meditation stärkt Ihr Bewusstseinszentrum, sodass Sie immer bewusst genug sind, nicht zuzulassen, dass sich Ihr Herz verschließt. Sie bleiben offen, indem Sie einfach loslassen und die Neigung aufgeben, sich verschließen zu wollen. Entspannen Sie einfach Ihr Herz, wenn es anfängt, sich zu verkrampfen. Sie müssen gar nicht die ganze Zeit nach außen strahlen. Bleiben Sie einfach innerlich gut gelaunt. Haben Sie, anstatt sich zu beklagen, einfach Freude an den verschiedenen Situationen, die sich entwickeln.

Bedingungsloses Glück ist ein sehr anspruchsvoller Weg und eine sehr hohe Technik, weil mit ihr alles aufgelöst werden kann. Man kann Yogatechniken lernen, zum Beispiel Meditation und bestimmte Körperhaltungen, aber was fangen Sie mit dem Rest Ihres Lebens an? Die Technik des bedingungslosen Glücks ist ideal, denn was Sie mit dem Rest Ihres Lebens anfangen, steht bereits fest – Sie lösen sich von sich selbst, damit Sie glücklich bleiben können. Was Ihre Spiritualität angeht, werden Sie sehr schnell wachsen. Jemand, der diesen Weg tatsächlich in jedem Moment eines jeden Tages beschreitet, wird die Reinigung seines Herzens spüren. Das liegt daran, dass er sich nicht mehr in die Dinge einmischt, die in seinem Erfahrungsraum auftauchen. Er wird auch die Läuterung seines Geistes bemerken, weil er sich nicht mehr in das Melodrama des Geistes verwickeln lässt. Ihre Shakti (Geist) wird erwachen, auch wenn Sie nichts über Shakti wissen. Sie werden ein Glück erfahren, das jenseits menschlichen Begreifens liegt. Dieser Weg bringt Erlösung ins tägliche Leben und ins spirituelle Leben. Das größte Geschenk, das man Gott machen kann, ist, sich an seiner Schöpfung zu erfreuen.

Glauben Sie, dass Gott gerne mit glücklichen oder mit unglücklichen Menschen zusammen ist? Das ist nicht schwer zu erkennen. Stellen Sie sich einfach vor, Sie wären Gott. Sie haben den Himmel und die Erde erschaffen, damit Sie spielen und sich selbst erfahren können, und jetzt kommen Sie hernieder, um nach Ihren Menschen zu sehen. Also fragt Gott den ersten Menschen, den er sieht:

»Wie geht es dir?«
Der Mensch antwortet: »Was meinst du damit, wie es mir geht?«
»Gefällt es dir hier?«
»Nein, es gefällt mir hier ganz und gar nicht.«
»Warum nicht? Was stört dich denn?«
»Dieser Baum ist an fünf Stellen geknickt. Ich möchte, dass er schön gerade wächst. Diese Person ist fremdgegangen, und diese Person hat eine Telefonrechnung von hundert Dollar. Diese Person hat ein schöneres

Auto als ich, und diese Person zieht sich komisch an. Es ist einfach schrecklich. Außerdem ist meine Nase zu groß, meine Ohren sind zu klein, und meine Zehen sind sonderbar. Ich bin nicht glücklich damit. Ich mag nichts davon.«

Also sagt Gott: »Und was ist mit den Tieren?«

»Die Tiere? Die Ameisen und Moskitos beißen und stechen, das ist schrecklich. Ich kann nachts nicht rausgehen, weil es da draußen all diese Tiere gibt. Sie jaulen und kacken überallhin, und das gefällt mir einfach nicht.«

Glauben Sie, dass sich Gott so etwas gerne anhört? Er sagt: »Glaubst du etwa, dass ich eine Beschwerdestelle bin?« Dann geht er zu jemand anderem und fragt erneut:

»Wie geht es dir?«

Dieser Mensch sagt: »Ich bin begeistert.«

Gott sagt: »Wow! Und, wie gefällt es dir?«

»Alles ist wunderschön. Was ich auch betrachte, löst in mir Wellen der Freude aus. Wenn ich mir diesen gebogenen Baum ansehe, bin ich einfach überwältigt. Die Ameise kommt und beißt mich, und es ist einfach so erstaunlich, dass eine winzige Ameise mutig genug sein kann, einen Riesen wie mich zu beißen!«

Und jetzt raten Sie mal, mit wem Gott gerne Zeit verbringen will. Einer der alten Namen für Gott in der yogischen Tradition ist *Satchitananda* – ewige, bewusste Glückseligkeit. Gott ist Ekstase. Gott schwingt so hoch, wie es nur geht. Wenn Sie Gott nahe sein wollen, lernen Sie, freudig zu sein. Wenn Sie spontan glücklich und zentriert bleiben, egal, was geschieht, werden Sie Gott finden. Das ist das Erstaunliche daran. Ja, Sie werden Glück finden, aber das ist nichts im Vergleich zu dem, was Sie wirklich finden werden.

Wenn Sie einmal durch die Feuerprobe gegangen sind und vollkommen überzeugt sind, dass Sie loslassen werden, egal, was passiert, dann werden die Schleier des menschlichen Verstandes und des Herzens fallen. Dann werden Sie von Angesicht zu Angesicht dem gegenüberstehen, was jenseits von Ihnen ist, weil Ihr Dasein nun nicht mehr notwendig ist. Wenn Sie oft genug mit dem Zeitlichen und Endlichen gespielt haben, werden Sie sich dem Ewigen und Unendlichen öffnen. Dann lässt sich Ihr Zustand mit dem Wort »Glück« nicht mehr beschreiben. Worte wie Ekstase, Glückseligkeit, Befreiung, Nirwana und Freiheit kommen hinzu. Die Freude wird überwältigend sein, und der Kelch fließt über.

Dies ist ein schöner Weg. Seien Sie glücklich.

KAPITEL 16

DER SPIRITUELLE WEG DER WIDERSTANDSLOSIGKEIT

Der Sinn der spirituellen Arbeit liegt darin, dass Sie lernen, Ihr Leben ohne Stress, Probleme, Angst und Melodramatik zu leben. Das Leben für die spirituelle Entwicklung zu nutzen, ist der wirklich höchste Weg. Es gibt keinerlei Grund für Spannungen oder Probleme. Stress entsteht nur, wenn Sie sich den Ereignissen des Lebens widersetzen. Wenn Sie das Leben weder wegstoßen noch sich daran klammern, erzeugen Sie keinen Widerstand. Sie sind dann einfach präsent. In diesem Zustand sind Sie lediglich Zeuge und erleben die Ereignisse, die stattfinden. Wenn Sie sich für diesen Weg entscheiden, werden Sie feststellen, dass Sie in einem Zustand des Friedens leben können.

Was für ein erstaunlicher Prozess ist doch das Leben, dieses Fließen von Atomen durch Zeit und Raum! Es ist einfach eine ewige Abfolge von Ereignissen, die Gestalt annehmen und sich im nächsten Moment auflösen. Wenn Sie sich dieser erstaunlichen Kraft des Lebens widersetzen, baut sich in Ihnen Anspannung auf und dringt in Ihren Körper, Ihren Geist und Ihr spirituelles Herz ein.

Es ist nicht schwer, im Alltag unsere Neigung zu Stress und Widerstand zu erkennen. Wenn wir die Ursache dafür verstehen wollen, müssen wir zuerst untersuchen, warum wir uns so dagegen sträuben, das Leben einfach dahinfließen zu lassen. Was in uns besitzt überhaupt die Fähigkeit, sich der Realität des Lebens zu widersetzen? Wenn Sie genau in sich hineinschauen, werden Sie erkennen, dass Sie selbst – dieses Ihnen innewohnende Wesen – diese Kraft besitzen. Man nennt sie Willenskraft.

Der Wille ist eine reale Kraft, die von Ihrem Wesen ausgeht. Sie sorgt dafür, dass sich Ihre Arme und Beine bewegen. Sie bewegen sich nicht zufällig von selbst. Sie bewegen sich, weil Sie das mit Ihrer Willenskraft bewirken. Mit derselben Willenskraft halten Sie bestimmte Gedanken fest, wenn Sie sich auf diese konzentrieren wollen. Die Macht des Selbst, wenn sie gebündelt und in den physischen, mentalen oder emotionalen Bereich gelenkt wird, erzeugt eine Kraft. Diese Kraft nennen wir den »Willen«. Das ist es, womit Sie versuchen, Dinge geschehen oder nicht geschehen zu lassen. Sie sind da drinnen nicht hilflos. Sie verfügen über die Macht, Dinge zu beeinflussen.

Es ist erstaunlich, was wir alles mit unserem Willen bewerkstelligen. Wir stemmen uns tatsächlich gegen den Fluss des Lebens. Wenn etwas geschieht, das uns missfällt, wehren wir uns. Aber was nützt es, sich zu wehren, wenn das, wogegen wir uns wehren, sich bereits ereignet hat? Wenn Ihre besten Freunde wegziehen, ist es nachvollziehbar, dass Ihnen das nicht gefällt. Aber wenn Sie nun jahrelang inneren Widerstand gegen die Tatsache leisten, dass sie weggezogen sind, ändert das nichts an der Realität der Situation.

Es lässt sich nicht einmal behaupten, dass wir uns tatsächlich gegen die aktuelle Situation wehren. Wenn zum Beispiel jemand etwas sagt, das uns nicht gefällt, wird unser Widerstand dagegen ihn natürlich nicht davon abhalten, es zu sagen. Was wir wirklich ablehnen und wogegen wir Widerstand leisten, ist das innere Erleben, das ein Ereignis bei uns auslöst. Wir wollen davon nicht innerlich berührt werden. Wir wissen, dass es mentale und emotionale Eindrücke hinterlassen wird, die nicht zu dem passen, was bereits in uns ist. Also wehren wir uns mit unserer Willenskraft gegen den Einfluss des Ereignisses, um zu verhindern, dass es in unser Herz und unseren Verstand eindringt. Mit anderen Worten, das Erleben eines Ereignisses endet nicht mit unserer sinnlichen Beobachtung des Ereignisses. Das Ereignis durchdringt auf einer energetischen Ebene unsere Psyche.

Diesen Prozess erleben wir jeden Tag. Die anfängliche Sinneswahrnehmung berührt unseren mentalen und emotionalen Energiefluss und versetzt die Energie auf eine bestimmte Art und Weise in Bewegung. Diese Bewegungen laufen durch unsere Psyche, so wie ein ins Wasser geworfener Stein Wellen erzeugt, die sich kreisförmig ausbreiten. Erstaunlicherweise besitzen Sie tatsächlich die Fähigkeit, sich diesen Energiebewegungen zu widersetzen. Mit Ihrer Willenskraft können Sie den Energietransfer stoppen, aber damit erzeugen Sie Anspannung. Es kann sehr aufreibend sein, gegen das innere Erleben schon eines einzigen Ereignisses oder sogar eines einzigen Gedankens oder Gefühls anzukämpfen. Und das wissen Sie nur zu gut.

Irgendwann werden Sie erkennen, dass dieser Widerstand eine enorme Energieverschwendung ist. Im Allgemeinen benutzen Sie Ihre Willenskraft, um sich gegen eines von zwei Dingen zu wehren: gegen das, was bereits geschehen ist, oder gegen das, was noch nicht geschehen ist. Sie sitzen in Ihrem Inneren und wehren sich gegen Eindrücke aus der Vergangenheit oder gegen Gedanken an die Zukunft. Denken Sie daran, wie viel Energie Sie sinnlos damit verbrauchen, sich gegen etwas zu wehren, das bereits geschehen ist. Da das Ereignis bereits vergangen ist, kämpfen Sie eigentlich mit sich selbst, nicht mit dem Ereignis. Überlegen Sie außerdem, wie viel Energie Sie verschwenden, wenn Sie sich gegen das wehren, was passieren könnte. Weil die meisten Dinge, von denen Sie glauben, dass sie geschehen könnten, nie eintreten, vergeuden Sie auch damit nur Ihre Energie.

Wie Sie mit Ihrem Energiefluss umgehen, hat einen

großen Einfluss auf Ihr Leben. Wenn Sie Ihre Willenskraft gegen die Energie eines Ereignisses einsetzen, das bereits stattgefunden hat, ist das so, als würden Sie versuchen, die Wellen zu stoppen, die ein Blatt verursacht, das in einen stillen See fällt. Alles, was Sie tun, verursacht nur noch mehr Störung, nicht weniger. Wenn Sie Widerstand leisten, kann die Energie nirgendwohin. Sie bleibt in Ihrer Psyche stecken und beeinträchtigt Sie ernsthaft. Sie blockiert den Energiefluss Ihres Herzens und bewirkt, dass Sie sich verschlossen, gehemmt und weniger lebendig fühlen. Das passiert, wenn Ihnen etwas auf dem Herzen brennt oder wenn Sie Dinge als schwer erträglich empfinden.

Es ist das menschliche Dilemma. Die Ereignisse sind geschehen, und wir halten ihre Energie in uns fest, indem wir uns gegen sie wehren. Gleichzeitig werden wir mit den neu stattfindenden Ereignissen konfrontiert, und wir sind weder bereit, sie zu akzeptieren, noch in der Lage, sie zu verdauen – einfach, weil uns immer noch die Energien aus der Vergangenheit zu schaffen machen. Im Laufe der Zeit können sich diese Energien immer mehr aufstauen und einen Menschen derartig blockieren, dass er entweder ständig aggressiv aus der Haut fährt oder sich völlig verschließt. Das meinen wir, wenn wir sagen, jemand steht unter extremem Stress oder leidet an einem Burn-out.

Aber es gibt gar keinen Grund, gestresst zu sein. Es gibt keinen Grund, ständig in die Luft zu gehen oder sich völlig in sich selbst zurückzuziehen. Wenn Sie gar nicht erst zulassen, dass diese Energie sich in Ihnen aufstaut, sondern in jedem Moment eines jeden Tages dafür sorgen, dass sie frei durch Sie hindurchströmen kann, dann können Sie jederzeit so frisch sein, als befänden Sie sich in einem stressfreien Urlaub. Nicht die Ereignisse des Lebens sind es, die Probleme oder Stress verursachen. Es ist Ihr Widerstand gegen diese Ereignisse. Weil das Problem also dadurch verursacht wird, dass Sie sich mit Ihrer Willenskraft gegen die Realitäten des Lebens wehren, die durch Sie hindurchfließen, liegt die Lösung auf der Hand: Hören Sie auf, sich zu wehren. Wenn Sie sich schon gegen etwas wehren, dann sollte es wenigstens eine rationale Grundlage für Ihren Widerstand geben. Andernfalls vergeuden Sie auf irrationale Weise wertvolle Energie.

Machen Sie sich daran, genau zu untersuchen, was da eigentlich in Ihnen vorgeht, wenn Sie Widerstand gegen Erfahrungen leisten. Um sich zu widersetzen, müssen Sie ja zunächst einmal zu dem Schluss kommen, dass etwas nicht so ist, wie Sie es gerne hätten. Es gibt viele Ereignisse, die an Ihnen vorüberziehen. Warum haben Sie die Entscheidung getroffen, sich gerade diesem Ereignis zu widersetzen? Irgendetwas in Ihnen muss Kriterien dafür entwickelt haben, welche Ereignisse Sie einfach neutral durchwinken und bei welchen Sie Willenskraft aufbringen, um sie entweder von sich wegzuschieben oder an ihnen festzuhalten. Es gibt Milliarden Dinge auf der Welt, an denen Sie sich überhaupt nicht stören. Sie fahren jeden Tag zur Arbeit und nehmen die Gebäude und Bäume entlang des Weges kaum wahr. Die weißen Markierungen auf der Straße stören Sie überhaupt nicht. Sie sehen sie, aber sie gleiten einfach an Ihnen vorbei. Denken Sie aber nicht, das wäre bei allen Menschen so. Jemand, der beruflich Straßenmarkierungen aufträgt, könnte es als stressig empfinden, wenn er auf einer Fahrbahn ungleichmäßige weiße Linien entdeckt. Das könnte ihn derart nerven, dass er sich weigert, diese Straße weiter zu befahren. Es ist klar, dass nicht alle von uns bei den gleichen Dingen inneren Widerstand aufbauen. Das liegt daran, dass wir nicht alle die gleichen vorgefassten Ansichten darüber haben, wie die Dinge sein sollten oder wie viel sie uns bedeuten.

Wenn Sie Stress begreifen wollen, müssen Sie sich zunächst klarmachen, dass Sie Ihre eigenen vorgefassten Meinungen darüber, wie die Dinge sein sollten, mit sich herumtragen. Auf Grundlage dieser Vorstellungen entscheiden Sie, wann Sie sich etwas widersetzen, das bereits geschehen ist. Woher kommen nun Ihre vorgefassten Meinungen? Nehmen wir an, der Anblick blühender Azaleen stresst Sie. Sicherlich empfinden die meisten Menschen Azaleen überhaupt nicht als störend. Warum ist das bei Ihnen so? Alles, was wir wissen müssen, ist, dass Sie einmal eine Freundin hatten, die Azaleen züchtete, und dass diese Freundin mit Ihnen Schluss machte, als die Azaleen blühten. Jedes Mal, wenn Sie jetzt blühende Azaleen sehen, zieht sich Ihr Herz zusammen. Sie meiden alle Orte, wo Azaleen wachsen. Der Anblick wühlt Sie einfach zu sehr auf.

Diese persönlichen Ereignisse, die sich in unserem Leben ereignen, hinterlassen Eindrücke in unserem Verstand und in unserem Herzen. Diese Eindrücke werden zur Grundlage dafür, warum wir etwas innerlich entweder abwehren oder uns daran klammern. Mehr ist daran nicht zu verstehen. Die Ereignisse können in Ihrer Kindheit oder zu verschiedenen anderen Zeitpunkten Ihres Lebens stattgefunden haben. Unabhängig davon, wann sie geschehen sind, haben sie Eindrücke in Ihnen hinterlassen. Aufgrund dieser Eindrücke aus der Vergangenheit wehren Sie sich nun gegen Ereignisse, die aktuell stattfinden. Das führt zu innerer Anspannung, Aufruhr, Kampf und Leiden. Anstatt dies zu erkennen und nicht länger zuzulassen, dass diese Ereignissen Ihr Leben beherrschen, halten Sie an dem Glauben fest, sie hätten eine wirkliche Bedeutung für Ihr Leben. Und so wehren Sie sich entweder mit ganzem Herzen und ganzer Seele gegen sie oder halten krampfhaft an ihnen fest. Aber in Wahrheit hat dieser ganze Prozess keine wirklich tiefere Bedeutung. Er zerstört nur Ihr Leben.

Die Alternative ist, das Leben zu nutzen, um diese Eindrücke und den Stress, den sie verursachen, loszulassen. Dafür brauchen Sie Bewusstheit. Beobachten Sie aufmerksam, was das für eine mentale Stimme ist, die Ihnen sagt, dass Sie sich gegen etwas wehren sollen, und die Ihnen Befehle erteilt wie zum Beispiel: »Mir gefällt nicht, was er gesagt hat. Ändere es.« Sie erteilt Ihnen Ratschläge und sagt Ihnen, dass Sie den Kampf gegen die Welt aufnehmen sollen, indem Sie sich gegen etwas wehren. Warum hören Sie auf diese Stimme? Machen Sie es stattdessen zu Ihrem spirituellen Weg, alles, was geschieht, einfach durch Sie hindurchströmen zu lassen, anstatt es in den nächsten Moment mitzunehmen. Das bedeutet nicht, dass Sie sich nicht mit dem auseinandersetzen, was passiert. Sie können sich gerne damit auseinandersetzen, aber lassen Sie die Energie erst einmal durch Sie hindurchfließen. Wenn Sie das nicht tun, werden Sie sich nicht mit dem aktuellen Ereignis auseinandersetzen, sondern mit Ihren eigenen blockierten Energien aus der Vergangenheit. Sie werden nicht zu innerer Klarheit finden, sondern an innerem Widerstand und Anspannung festhalten.

Um das zu vermeiden, üben Sie sich darin, von nun an jeder Situation mit Akzeptanz zu begegnen. Akzeptanz bedeutet, dass die Ereignisse ohne Widerstand durch Sie hindurchfließen können. Wenn ein Ereignis eintritt und Ihre Psyche durchdringt, werden Sie mit der tatsächlichen Situation konfrontiert, wie sie wirklich ist. Da Sie es mit dem tatsächlichen Ereignis zu tun haben und nicht mit gespeicherten Energien, die durch das Ereignis getriggert wurden, aktivieren Sie in Ihrem Inneren nichts aus der Vergangenheit. Sie werden feststellen, dass Sie dann mit Alltagssituationen viel besser umgehen können. Es ist sogar möglich, dass Sie für den Rest Ihres Lebens nie wieder ein Problem haben werden. Das liegt daran, dass Ereignisse an sich keine Probleme sind. Sie sind einfach nur Ereignisse. Erst Ihr Widerstand gegen sie verursacht die Probleme. Aber noch einmal: Denken Sie nicht, Sie würden sich nicht länger mit Dingen auseinandersetzen, nur weil Sie die Realität akzeptieren. Auch weiterhin werden Sie sich sehr wohl mit ihnen beschäftigen. Aber Sie beschäftigen sich mit ihnen als Ereignisse, die auf dem Planeten Erde stattfinden, und sehen sie nicht als persönliche Probleme.

Sie werden überrascht sein, dass es in den meisten Situationen nichts gibt, womit Sie sich auseinandersetzen müssen, außer Ihren eigenen Ängsten und Wünschen. Ängste und Wünsche lassen alles so kompliziert erscheinen. Wenn Sie keine Ängste oder Wünsche bezüglich eines Ereignisses haben, gibt es wirklich nichts, womit Sie sich beschäftigen müssen. Sie lassen einfach zu, dass sich das Leben entfaltet, und interagieren auf natürliche und rationale Weise damit. Ereignisse finden statt, und Sie sind währenddessen völlig im gegenwärtigen Augenblick präsent und genießen einfach die Erfahrung des Lebens. Es gibt keine Probleme. Es gibt keine Anspannung, keinen Stress und kein Burn-out. Wenn Sie die Ereignisse dieser Welt einfach an sich vorbeiziehen lassen können, haben Sie einen tiefen spirituellen Zustand erreicht. Sie können dann bewusst in der Gegenwart sein, was auch immer geschieht, ohne dass sich blockierte Energien aufstauen. Wenn Sie diesen Zustand erreicht haben, sehen Sie klar. Im Gegensatz dazu sieht der Umgang der meisten anderen Menschen mit der Welt so aus, dass sie mit ihren eigenen Reaktionen und persönlichen Vorlieben kämpfen. Wenn ein Mensch mit seinen eigenen Ängsten, Befürchtungen und Wünschen beschäftigt ist, wie viel Energie bleibt dann noch übrig, um sich mit dem auseinanderzusetzen, was tatsächlich geschieht?

Halten Sie inne, und denken Sie darüber nach, was Sie zu leisten imstande sind. Bis jetzt wurden Ihre Fähigkeiten durch ständige innere Kämpfe eingeschränkt. Stellen Sie sich vor, was geschehen würde, wenn Ihr Bewusstsein frei wäre, sich nur auf die tatsächlich stattfindenden Ereignisse zu konzentrieren. Es gäbe dann keinen inneren Lärm mehr. Wenn Sie so leben, können Sie alles tun. Ihre Fähigkeiten wären im Vergleich zu allem, was Sie diesbezüglich bisher erlebt haben, exponentiell gesteigert. Wenn Sie diese Ebene des Bewusstseins und der Klarheit in alles, was Sie tun, einbringen, würde sich Ihr Leben verändern.

Ihr spiritueller Weg besteht also in der Aufgabe, das Leben zu nutzen, um Ihren inneren Widerstand abzubauen. Beziehungen sind eine gute Möglichkeit, an sich selbst zu arbeiten. Stellen Sie sich vor, Sie würden Beziehungen dazu nutzen, andere Menschen kennenzulernen, anstatt sie in den Dienst von dem zu stellen, was in Ihnen blockiert ist. Wenn Sie andere Menschen nicht länger benutzen, um Ihre Vorurteile zu bestätigen und Ihre Abneigungen und Vorlieben zu befriedigen, werden Sie feststellen, dass Beziehungen eigentlich gar nicht so schwierig sind. Wenn Sie nicht mehr so damit beschäftigt sind, Menschen auf der Grundlage Ihrer inneren Blockaden zu beurteilen und ihnen Widerstand zu leisten, werden Sie feststellen, dass es viel einfacher ist, mit ihnen auszukommen – und umgekehrt. Nicht mehr an Ihren alten Mustern festzuhalten, ist der einfachste Weg, mehr Nähe und Verbundenheit zu Ihren Mitmenschen zu erleben.

Das gilt auch für Ihre Arbeit. Ihr Arbeitsalltag kann Freude machen. Das ist sogar ganz einfach. Ihre Arbeit ist einfach nur das, mit dem Sie sich tagsüber beschäftigen, während Sie auf einem Planeten im leeren Raum um einen Stern kreisen. Wenn Sie zufrieden sein und Ihre Arbeit genießen wollen, müssen Sie den Widerstand aufgeben und die Ereignisse einfach frei durch Ihr Inneres fließen lassen. Und Ihre eigentliche Arbeit ist das, was übrig bleibt, wenn alles andere vorbei ist.

Sobald die persönlichen Energien ungehindert durch Sie hindurchfließen können, verändert sich Ihre Welt. Sie werden Menschen und Ereignisse anders wahrnehmen. Sie werden entdecken, dass Sie über Talente und Fähigkeiten verfügen, für die Sie vorher blind waren. Ihre ganze Sicht auf das Leben wird sich ändern. Alles, was in dieser Welt existiert, wird für Sie wie verwandelt aussehen. Das geschieht, weil das Loslassen in einer Situation Ihre Sicht auf andere Situationen beeinflusst, sodass Sie insgesamt viel klarer sehen. Nehmen wir zum Beispiel an, Sie haben Angst vor Hunden. Dann entdecken Sie, dass andere Menschen keine Angst haben und es trotzdem schaffen, durchs Leben zu kommen. Da Sie Ihr Leben lang Angst hatten, haben Sie gelitten, während andere sich wohlfühlten. Dieses Leiden war sinnlos. Also beschließen Sie, mit Ihrer Angst zu arbeiten und sich zu entspannen, wenn Sie einen Hund sehen. Der Weg, mit dem Widerstand zu arbeiten, besteht darin, sich zu entspannen. Dieser Akt der Entspannung verändert nicht nur Ihre Beziehung zu Hunden, sondern zu allem. Ihre Seele lernt, störende Energien frei hindurchfließen zu lassen. Das nächste Mal, wenn jemand etwas sagt oder tut, was Ihnen nicht gefällt, gehen Sie damit automatisch genauso um wie mit Ihrer Angst vor Hunden. Dieser Prozess, sich zu entspannen, wenn Sie inneren Widerstand spüren, ist in allen Lebensbereichen von Vorteil. Denn es geht dabei darum, Ihr Herz offen zu halten, wenn es versucht, sich zu schließen.

Tiefes inneres Loslassen ist ein spiritueller Weg an und für sich. Es ist der Weg der Widerstandslosigkeit, der Weg der Akzeptanz, der Weg der Hingabe. Es geht darum, sich den Energien nicht zu widersetzen, wenn sie durch Sie hindurchströmen. Wenn Ihnen das schwerfällt, machen Sie sich deshalb keine Vorwürfe. Arbeiten Sie einfach immer weiter daran. Offen, heil und ganz zu werden, ist eine lebenslange Aufgabe.

Der Schlüssel liegt dabei darin, sich zu entspannen, loszulassen und sich nur mit dem zu befassen, was klar vor einem liegt. Um den Rest brauchen Sie sich nicht zu kümmern. Wenn Sie sich entspannen und loslassen, werden Sie ein enormes geistiges Wachstum erleben. Sie werden spüren, wie in Ihnen eine enorme Energie erwacht. Sie werden viel mehr Liebe spüren als je zuvor. Sie werden mehr Frieden und Zufriedenheit empfinden, und schließlich wird Sie nichts mehr stören.

Sie können wirklich einen Zustand erreichen, in dem Sie für den Rest Ihres Lebens keinen Stress, keine Anspannung und keine Probleme mehr haben. Sie müssen nur erkennen, was für ein Geschenk das Leben Ihnen macht. Dieses Geschenk ist der Fluss der Ereignisse, die zwischen Ihrer Geburt und Ihrem Tod stattfinden. Diese Ereignisse sind aufregend, herausfordernd und bringen ein enormes Wachstum mit sich. Damit Sie mit diesem Fluss des Lebens umgehen können, müssen Ihr Herz und Ihr Geist offen und weit genug sein, um die Realität zu erfassen. Der einzige Grund, warum das nicht der Fall ist, besteht darin, dass Sie Widerstand leisten. Lernen Sie, sich nicht mehr gegen die Realität zu wehren, dann werden die Erfahrungen, die Sie früher als problematisch und stressig empfanden, zu Sprungbrettern Ihrer spirituellen Reise.

KAPITEL 17

DEN TOD KONTEMPLIEREN

Es ist wirklich ein großes kosmisches Paradoxon, dass sich der Tod als einer der besten Lehrer dafür erweist, wie man lebt. Kein Mensch und keine Situation können Sie so viel lehren wie der Tod. Natürlich kann Ihnen jemand sagen, dass Sie nicht Ihr Körper sind, aber der Tod zeigt es Ihnen. Während Menschen Ihnen sagen können, wie bedeutungslos die Dinge sind, an die Sie sich klammern, nimmt der Tod sie Ihnen von einer Sekunde zur anderen weg. Während die Menschen Ihnen sagen können, dass Männer und Frauen aller Ethnien gleich sind und dass es keinen Unterschied zwischen Arm und Reich gibt, macht der Tod uns alle augenblicklich gleich.

Die Frage ist, ob Sie bis zu Ihrer Todesstunde damit warten wollen, den Tod zu Ihrem Lehrer zu machen. Unsere Sterblichkeit kann uns in jedem Moment unseres Lebens etwas lehren. Ein weiser Mensch ist sich bewusst, dass er jederzeit seinen letzten Atemzug tun kann. Wir können jederzeit und an jedem Ort unser Leben aushauchen. Daraus müssen Sie lernen. Ein weises Wesen nimmt die Realität, die Unvermeidlichkeit und die Unvorhersehbarkeit des Todes vollständig an.

Immer, wenn Sie mit etwas Probleme haben, denken Sie an den Tod. Nehmen wir an, dass Sie eifersüchtig sind und es nicht ertragen können, wenn jemand bei Ihrem Freund oder Ihrer Freundin ist. Denken Sie darüber nach, was geschehen wird, wenn Sie nicht mehr unter den Lebenden weilen. Ist es wirklich eine schöne Vorstellung, dass der

Mensch, den Sie lieben, nach Ihrem Tod allein lebt und sich niemand um ihn kümmert? Wenn Sie Ihre persönlichen Probleme beiseitelassen, werden Sie feststellen, was Sie sich für die Person, die Sie lieben, wirklich wünschen, nämlich, dass sie glücklich ist und ein erfülltes und schönes Leben hat. Wenn Sie das für sie wollen, warum machen Sie ihr dann jetzt das Leben schwer, nur weil sie mal mit jemand anderem redet?

Es sollte nicht erst der Tod sein, der Sie dazu herausfordert, auf Ihrem höchsten Niveau zu leben. Muss Ihnen erst alles genommen werden, bevor Sie bereit sind, zu lernen, tief in sich zu gehen, um Ihr höchstes Potenzial zu erreichen? Ein weiser Mensch sagt: »Wenn ich jederzeit damit rechnen muss, meinen letzten Atemzug zu tun, dann will ich, solange ich hier bin, auf höchstem Niveau leben. Ich werde aufhören, den Menschen, die ich liebe, das Leben schwer zu machen. Ich werde ab sofort aus dem tiefsten Teil meines Wesens heraus leben.«

Eine solche Bewusstheit ist notwendig, wenn Sie tiefe und bedeutungsvolle Beziehungen erleben möchten. Schauen Sie sich an, wie gefühllos wir gegenüber geliebten Menschen werden. Wir halten es für selbstverständlich, dass sie da sind und dass sie auch weiterhin für uns da sein werden. Was ist, wenn eine geliebte Person plötzlich stirbt? Was ist, wenn Sie sterben? Was wäre, wenn Sie wüssten, dass Sie einander heute Abend zum letzten Mal sehen werden? Stellen Sie sich vor, ein Engel kommt herab und sagt zu Ihnen: »Bring deine Angelegenheiten in Ordnung. Du wirst heute Nacht nicht aus deinem Schlaf erwachen. Du kommst zu mir.« Dann wüssten Sie, dass Sie jedem Menschen, den Sie an diesem Tag sehen, zum letzten Mal begegnen. Wie würden Sie sich fühlen? Wie würden Sie dann mit den Menschen in Ihrer Umgebung umgehen? Wären die kleinen Ärgernisse und Beschwerden, die Sie ihnen gegenüber mit sich herumtragen, dann noch wichtig? Wie viel Liebe könnten Sie denen geben, die Sie lieben, wenn Sie wüssten, dass Sie zum letzten Mal mit ihnen zusammen sind? Denken Sie darüber nach, wie es wäre, wenn Sie in jedem Moment gegenüber allen Menschen so leben würden. Ihr Leben wäre dann völlig anders. Denken Sie darüber nach. Der Tod ist kein morbider Gedanke. Der Tod ist in unserem Leben der größte Lehrmeister.

Nehmen Sie sich einen Moment Zeit, die Dinge zu betrachten, die Sie zu brauchen glauben. Schauen Sie sich an, wie viel Zeit und Energie Sie in bestimmte Aktivitäten stecken. Stellen Sie sich vor, Sie wüssten, dass Sie innerhalb einer Woche oder eines Monats sterben werden. Was würde sich dadurch verändern? Würden Sie dann andere Prioritäten setzen? Wie würde sich Ihr Denken ändern? Überlegen Sie einmal ganz ehrlich, was Sie mit Ihrer letzten Lebenswoche anfangen würden. Ist es nicht wunderbar, das zu kontemplieren? Denken Sie dann über diese Frage nach: »Wenn das wirklich das ist, was du in deiner letzten Woche tun würdest, was fängst du dann mit deiner übrigen Zeit an? Vergeudest du sie? Behandelst du sie, als wäre sie nicht wertvoll? Was machst du aus deinem Leben?« Das ist es, was der Tod Sie fragt.

Angenommen, Sie leben Ihr Leben, ohne an den Tod zu denken, und der Todesengel kommt zu Ihnen und sagt: »Auf, es ist Zeit zu gehen.« Sie erwidern: »Aber nein. Du sollst mir eine Warnung geben, damit ich entscheiden kann, was ich mit meiner letzten Woche anfangen will. Ich sollte noch eine Woche bekommen.« Wissen Sie, was der Tod dann zu Ihnen sagen wird? Er wird sagen: »Du meine Güte! Allein im letzten Jahr habe ich dir zweiundfünfzig Wochen geschenkt. Und schau dir all die anderen Wochen an, die ich dir geschenkt habe. Warum solltest du noch eine brauchen? Was hast du denn mit all diesen Wochen angefangen?« Wenn Sie das gefragt werden, was werden Sie dann sagen? Wie werden Sie antworten? »Ich war unaufmerksam … ich dachte, es wäre unwichtig.« Das ist eine ziemlich erstaunliche Aussage über Ihr Leben.

Der Tod ist ein großer Lehrmeister. Aber wer lebt schon in diesem Bewusstsein? Es spielt keine Rolle, wie alt Sie sind. Sie können jederzeit Ihren letzten Atemzug tun. Das passiert ständig – bei Kleinkindern, Teenagern, Menschen in der Lebensmitte –, nicht nur bei alten Menschen. Ein Atemzug, und sie sind weg. Niemand weiß, wann seine Zeit gekommen ist.

Warum sollten Sie also nicht den Mut haben, regelmäßig darüber nachzudenken, wie Sie Ihre letzte Woche verbringen möchten? Wirklich erwachte Menschen haben kein Problem damit, Ihnen auf diese Frage zu antworten. Denn in ihnen würde sich während der letzten Woche nichts ändern. Da wäre nichts, worüber sie sich besondere Gedanken machen würden. Wenn der Tod in einer Stunde zu ihnen käme, in einer Woche oder in einem Jahr, würden sie ganz genau so leben, wie sie jetzt leben. Es gibt keine einzige Sache, die sie in ihrem Herzen tragen, die sie lieber tun würden. Mit anderen Worten, sie leben ihr Leben in vollen Zügen, gehen keine Kompromisse ein und spielen keine Spielchen mit sich selbst.

Man muss bereit sein, sich vorzustellen, wie es ist, wenn der Tod einem ins Gesicht blickt. Dann muss man in sich selbst zur Ruhe kommen, sodass es keinen Unterschied mehr macht, ob es so ist oder nicht. Von einem großen Yogi heißt es, dass er sich, wie er sagte, in jedem Moment seines Lebens so fühlte, als würde ein Schwert an einem Spinnennetz über seinem Kopf hängen. Er lebte sein Leben in dem Bewusstsein, dass er dem Tod ganz nah war. Auch Sie sind dem Tod ganz nah. Jedes Mal, wenn Sie ins Auto steigen, jedes Mal, wenn Sie über die Straße gehen, und jedes Mal, wenn Sie etwas essen, könnte es das Letzte sein, was Sie tun. Ist Ihnen klar, dass das, was Sie gerade tun, etwas ist, was jemand getan hat, als er starb? »Er starb beim Essen …

Er starb bei einem Autounfall, zwei Kilometer von seinem Haus entfernt ... Sie starb bei einem Flugzeugabsturz auf einer Reise nach New York ... Er ging ins Bett und wachte nicht mehr auf ...« Irgendwann ist es jemandem so ergangen. Egal, was Sie tun, Sie können sicher sein, dass schon jemand genau dabei gestorben ist.

Und Sie sollten keine Angst davor haben, über den Tod zu sprechen. Seien Sie nicht verkrampft. Nutzen Sie Ihr Wissen um Ihre Sterblichkeit als Hilfe, jeden Augenblick Ihres Lebens voll auszukosten, weil jeder Augenblick wichtig ist. Das ist es, was passiert, wenn jemand weiß, dass er nur noch eine Woche zu leben hat. Sie können sicher sein, dass er Ihnen sagen würde, dass die wichtigste Woche, die er je erlebte, diese letzte Woche war. Denn in dieser letzten Woche hat alles eine Million Mal mehr Bedeutung. Was wäre, wenn Sie in jeder Woche auf diese Weise leben würden?

An diesem Punkt sollten Sie sich fragen, warum Sie nicht immer auf diese Weise leben. Sie werden sterben. Das wissen Sie. Sie wissen nur nicht, wann. Alles wird Ihnen genommen werden. Sie werden Ihren Besitz, Ihre Lieben und all Ihre Hoffnungen und Träume zurücklassen. Man wird Sie unmittelbar von dort wegholen, wo Sie sind. Sie werden nicht mehr in der Lage sein, die Rollen auszufüllen, die Sie so eifrig gespielt haben. Der Tod verändert alles im Handumdrehen. Das ist die Realität der Situation. Wenn all diese Dinge sich von einem Augenblick zum nächsten derartig verändern können, dann sind sie vielleicht doch nicht so real. Vielleicht sollten Sie sich besser darüber klar werden, wer Sie wirklich sind. Vielleicht sollten Sie tiefer blicken.

Das Schöne daran, tiefe Wahrheiten anzunehmen, ist, dass Sie Ihr Leben nicht ändern müssen, sondern nur die Art und Weise, wie Sie durch Ihr Leben gehen. Es geht nicht darum, was Sie tun, sondern mit wie viel Bewusstheit Sie es tun. Nehmen wir ein ganz einfaches Beispiel. Sie sind schon Tausende Male spazieren gegangen, aber wie oft haben Sie das, was Sie dabei um sich herum wahrnehmen, wirklich wertgeschätzt? Stellen Sie sich einen Menschen vor, der in einem Krankenhausbett liegt und dem gerade gesagt wurde, dass er nur noch eine Woche zu leben hat. Er sieht den Arzt an und fragt: »Darf ich nach draußen gehen? Darf ich noch einmal in den Himmel schauen?« Wenn es draußen regnet, würde er den Regen noch ein einziges Mal spüren wollen. Für ihn wäre es das Wertvollste. Aber Sie wollen den Regen nicht spüren. Sie laufen weg und sperren sich gegen Erfahrungen.

Was ist in uns, das uns nicht erlaubt, uns wirklich auf das Leben einzulassen? Was in uns hat so viel Angst, dass es uns davon abhält, einfach das Leben zu genießen? Dieser Teil von uns ist ständig damit beschäftigt, dafür zu sorgen, dass die nächste Sache richtig läuft, und damit hindert er uns daran, einfach im Hier und Jetzt zu leben. Die ganze Zeit über beobachtet der Tod unsere Schritte. Ist es nicht besser, dass Sie wirklich leben, bevor der Tod kommt? Wenn er kommt, dann wahrscheinlich ohne Vorwarnung. Nur wenige Menschen kennen den Zeitpunkt ihres Todes. Fast alle atmen nur kurz ein und wissen nicht, dass es ihr letzter Atemzug war.

Fangen Sie also an, jeden Tag wirklich zu nutzen. Lösen Sie sich von dem ängstlichen Teil von Ihnen, der Sie daran hindert, das Leben voll und ganz zu leben. Sie wissen, dass Sie sterben werden. Seien Sie also bereit zu sagen, was gesagt werden muss, und zu tun, was getan werden muss. Leben Sie ganz im gegenwärtigen Moment, ohne Angst davor zu haben, was im nächsten Moment geschehen wird. So leben Menschen, die dem Tod ins Auge sehen. Auch Sie können so leben, denn Sie sind in jedem Moment mit dem Tod konfrontiert.

Lernen Sie, so zu leben, als wären Sie jederzeit mit dem

Tod konfrontiert, dann werden Sie mutiger und offener. Wenn Sie sich stets voll und ganz auf das Leben einlassen, werden Sie keine letzten Wünsche haben, denn Sie werden in jedem Augenblick Erfüllung erlebt haben. Nur dann leben Sie wirklich und lösen sich von jenem Wesensteil, der Angst vor dem Leben hat. Es gibt keinen Grund, Angst vor dem Leben zu haben. Und die Angst wird verschwinden, wenn Sie erst einmal verstanden haben, dass das Einzige, was Sie vom Leben bekommen können, das Wachstum ist, das entsteht, wenn Sie sich ganz und gar auf das Leben einlassen. Das Leben selbst ist Ihre Karriere, und Ihre Interaktion mit dem Leben ist Ihre wichtigste Beziehung. Alles andere, was Sie tun, ist nur der Versuch, dem Leben einen Sinn zu geben, indem Sie sich auf eine winzige Teilmenge des Lebens konzentrieren. Was dem Leben tatsächlich einen Sinn gibt, ist die Bereitschaft, es zu leben. Es geht nicht um ein bestimmtes Ereignis, sondern um die Bereitschaft, alle Ereignisse des Lebens wertzuschätzen.

Was wäre, wenn Sie wüssten, dass die nächste Person, die Sie sehen, die letzte ist, die Sie jemals sehen? Dann wären Sie voll präsent und würden jedes Detail dieser Begegnung in sich aufsaugen. Es würde keine Rolle spielen, was dieser Mensch sagt. Sie würden es einfach genießen, die Worte zu hören, weil es das letzte Gespräch ist, das Sie je führen werden. Was wäre, wenn Sie diese Form der Bewusstheit in jedes Gespräch einbringen? Genau das passiert, wenn man Ihnen sagt, dass der Tod vor der Tür steht: Sie ändern sich, das Leben ändert sich nicht. Der wahrhaft Suchende verpflichtet sich, jeden Moment so zu leben, und lässt sich durch nichts davon abhalten. Was sollte Sie abhalten oder aufhalten? Sterben werden Sie so oder so.

Wenn Sie sich selbst herausfordern, so zu leben, als wäre es Ihre letzte Woche, wird Ihr Verstand mit allen möglichen unterdrückten Wünschen ankommen. Er kann nun über all die Dinge sprechen, die Sie schon immer tun wollten, und jetzt denken Sie vielleicht eher, dass es besser wäre, nicht länger damit zu warten. Aber Sie werden bald erkennen, dass das nicht die Lösung ist. Sie müssen verstehen, dass Ihr Versuch, dem Leben besondere Erfahrungen abzugewinnen, dazu führt, dass Sie die eigentliche Erfahrung des Lebens selbst verpassen. Das Leben ist nicht etwas, das man bekommt. Es ist etwas, das man erfährt. Das Leben existiert mit oder ohne Sie. Es findet seit Milliarden Jahren statt. Ihnen wird lediglich die Ehre zuteil, einen winzigen Ausschnitt davon zu erleben. Wenn Sie damit beschäftigt sind, etwas zu bekommen oder zu besitzen, verpassen Sie den Teil des Lebens, den Sie tatsächlich erleben, hier und jetzt. Jede Erfahrung im Leben ist anders, und jede Erfahrung ist es wert, ausgekostet zu werden. Das Leben ist nichts, was man verschwenden sollte. Es ist wirklich kostbar. Deshalb ist der Tod ein so großartiger Lehrmeister. Der Tod macht das Leben wertvoll. Sehen Sie, wie wertvoll das Leben wird, wenn Sie sich vorstellen, dass Sie nur noch eine Woche zu leben haben. Wie wertvoll wäre das Leben, wenn es den Tod nicht gäbe? Man würde jede Sekunde vergeuden, weil man denkt, dass man ja für alles ewig Zeit hat. Die Knappheit ist es, die Dinge wertvoll macht. Die Knappheit macht einen einfachen Stein zum seltenen Edelstein.

Tatsächlich gibt also der Tod dem Leben einen Sinn. Der Tod ist Ihr Freund. Der Tod ist Ihr Befreier. Haben Sie um Gottes willen keine Angst vor ihm. Versuchen Sie herauszufinden, was er Ihnen sagen will. Die beste Art des Lernens ist, jeden Augenblick Ihres Lebens zu nehmen und zu erkennen, dass es darauf ankommt, ihn vollständig zu leben. Wenn Sie jeden Augenblick vollständig leben, werden Sie ein erfüllteres Leben haben und werden den Tod nicht fürchten müssen.

Sie fürchten den Tod, weil Sie sich nach dem Leben sehnen. Sie fürchten den Tod, weil Sie glauben, vom Leben noch etwas bekommen zu können, was Sie noch nicht erlebt haben. Viele Menschen haben das Gefühl, dass der Tod ihnen etwas wegnehmen wird. Der weise Mensch erkennt, dass der Tod ihm ständig etwas gibt. Der Tod gibt Ihrem Leben einen Sinn. Sie sind es, die Ihr Leben wegwerfen. Sie verschwenden jede Sekunde davon. Sie steigen in Ihr Auto, fahren von hier nach dort und sehen nichts. Sie sind nicht einmal da. Sie sind damit beschäftigt, darüber nachzudenken, was Sie als Nächstes tun werden. Sie sind sich selbst einen Monat voraus, oder sogar ein Jahr. Sie leben nicht mitten im Leben, Sie leben im Verstand, in Ihren Gedanken. Nicht der Tod raubt Ihnen das Leben, Sie selbst rauben es sich. Der Tod hilft Ihnen sogar, Ihr Leben zurückzubekommen, indem er Sie dazu bringt, auf den Moment zu achten. Er lässt Sie sagen: »Mein Gott, ich werde das hier verlieren. Ich werde meine Kinder verlieren. Das könnte das letzte Mal sein, dass ich sie sehe. Von jetzt an werde ich ihnen mehr Aufmerksamkeit schenken, und auch meinem Ehepartner und all meinen Freunden und Angehörigen. Ich will so viel mehr vom Leben haben!«

Wenn Sie jede Erfahrung voll ausleben, nimmt der Tod Ihnen nichts weg. Es kann Ihnen dann nichts genommen werden, weil Sie stets erfüllt sind. Deshalb ist ein weiser Mensch immer bereit zu sterben. Es macht keinen Unterschied, wann der Tod kommt, wenn Ihre Erfahrung ganz und vollständig ist. Angenommen, Sie lieben Musik mehr als alles andere. Sie wollten immer schon Ihre klassische Lieblingskomposition hören, gespielt von Ihrem Lieblingsorchester. Das war der Traum Ihres Lebens. Endlich ist es so weit. Nun sind Sie hier und hören es tatsächlich. Es erfüllt Sie vollkommen. Schon die ersten Töne heben Sie empor zu dem Ort, wo Sie sein wollten. Das zeigt Ihnen, dass Sie von einem Moment zum nächsten in einen transzendentalen Frieden eintauchen können. Man braucht nicht wirklich mehr Lebenszeit vor dem Tod, sondern ein tieferes Erleben der Zeit, die einem gegeben ist.

Das ist die Art und Weise, jeden Moment zu leben. Lassen Sie sich ganz von der Erfahrung erfüllen. Lassen Sie sich davon bis ins Innerste Ihres Wesens berühren. Es gibt keinen Moment in Ihrem Leben, der Ihnen diese Möglichkeit nicht bietet. Selbst wenn etwas Schreckliches geschieht – betrachten Sie es als eine weitere Lebenserfahrung. Der Tod hat Ihnen ein großes Versprechen gegeben, in dem Sie tiefen Frieden finden können. Die Verheißung ist, dass alle Dinge vergänglich sind, dass sie alle nur durch Zeit und Raum hindurchfließen. Wenn Sie Geduld haben, wird auch dies vorübergehen.

Die Weisen erkennen, dass das Leben am Ende dem Tod gehört. Der Tod ist derjenige, der zu seiner eigenen Zeit kommt, um Ihnen das Leben zu nehmen. Der Tod ist der Vermieter, und Sie sind nur Mieter. Der Tod kommt, um sein Eigentum einzufordern, weil es ihm schon immer gehört hat. Sie sollten ein gesundes Verhältnis zum Tod haben, das nicht von Angst geprägt ist. Seien Sie dem Tod dankbar, dass er Ihnen einen weiteren Tag schenkt, eine weitere Erfahrung, und dass er jene Knappheit erzeugt, die das Leben so wertvoll macht. Er hilft Ihnen, Ihr Leben nicht zu vergeuden, sondern es wertzuschätzen.

Der Tod ist eine letzte Realität des Lebens. Die Yogis und Heiligen nehmen den Tod voll und ganz an. Der heilige Paulus sagte: »Tod, wo ist dein Sieg? Tod, wo ist dein Stachel?« (1. Korinther 15,55.) Großen Wesen macht es nichts aus, über den Tod zu sprechen. Yogis gehen traditionell auf Friedhöfe und zu Totenverbrennungsplätzen, um zu meditieren. Sie sitzen dort, um sich die Zerbrechlichkeit des Körpers und die Unausweichlichkeit des Todes vor Augen zu führen. Den Buddhisten wird beigebracht, über die zeitliche Natur der Dinge nachzudenken. Alles ist vergänglich, und der Tod zeigt uns das.

Warum also nicht über die Vergänglichkeit des Lebens nachdenken, anstatt sich im normalen inneren Geschwätz zu verlieren? Warum nicht über etwas Sinnvolles nachdenken? Haben Sie keine Angst vor dem Tod. Lassen Sie sich von ihm befreien. Lassen Sie sich von ihm ermutigen, das Leben voll auszukosten. Aber denken Sie daran, dass es nicht Ihr Leben ist. Sie sollten das Leben erleben, das Ihnen widerfährt, und nicht das, von dem Sie wünschen, dass es geschehen möge. Vergeuden Sie keinen Moment Ihres Lebens mit dem Versuch, andere Dinge geschehen zu lassen. Schätzen Sie die Momente, die Ihnen gegeben sind. Begreifen Sie nicht, dass Sie mit jeder Minute dem Tod einen Schritt näher kommen? So sollte man sein Leben leben. Leben Sie so, als wären Sie dem Tod nahe, denn genau das sind Sie.

KAPITEL 18

DAS GEHEIMNIS DES MITTLEREN WEGES

Keine Diskussion über das Leben als spiritueller Weg wäre vollständig, ohne sich mit einer der tiefsten aller spirituellen Lehren zu befassen, dem *Tao Te King*. Darin wird erörtert, was sehr schwer zu erörtern ist: das, was Laotse »das Tao« (ausgesprochen: *Dao*) nannte. Wörtlich übersetzt bedeutet es »der Weg«. Das Tao ist so subtil, dass man sich ihm mit Worten nur nähern, es aber nie wirklich berühren kann. Das *Tao Te King* bietet eine Grundlage für die Prinzipien des gesamten Lebens. Es ist eine Abhandlung über das Gleichgewicht von Yin und Yang, von Weiblichem und Männlichem, von Dunkelheit und Licht. Sie könnten das *Tao te King* lesen und kein einziges Wort verstehen, oder Sie könnten es lesen, und bei jedem Wort, das Sie lesen, könnten Ihnen Tränen in die Augen steigen. Die Frage ist, ob Sie das Wissen und Verständnis mitbringen, um zu begreifen, was dieses Werk uns vermitteln möchte.

Leider verschleiern spirituelle Lehren oft das Wesen der Wahrheit mit mystischen Worten. Aber dieses Gleichgewicht, das Tao, ist eigentlich sehr einfach. Wer die Geheimnisse des Lebens wirklich berührt hat, erkennt diese Wahrheiten, ohne ein Wort darüber gelesen zu haben. Wenn Sie das Tao verstehen wollen, müssen Sie sich viel Zeit lassen und alles sehr einfach halten. Sonst kann es passieren, dass Sie übersehen, was eigentlich direkt vor Ihnen liegt.

Am besten nähern Sie sich dem Tao durch einige sehr einfache, fast rhetorische Fragen. Ist es zum Beispiel gut für einen Menschen, manchmal zu essen? Ja, natürlich ist es das. Ist es gut für einen Menschen, ständig zu essen? Nein, natürlich nicht. Irgendwo dazwischen haben Sie das Tao missachtet. Ist es gut, von Zeit zu Zeit zu fasten? Ja. Ist es gut, nie zu essen? Nein. Das Pendel kann so weit ausschlagen, dass man sich entweder zu Tode schlemmt oder verhungert. Das sind die beiden Extreme des Pendels: das Yin und das Yang, Ausdehnung und Zusammenziehen, Nichtstun und Tun. Alles hat zwei Extreme. Bei allem gibt es Abstufungen dieses Pendelschwingens. Wenn man in die Extreme geht, kann man nicht überleben. So extrem sind die Extreme. Mögen Sie zum Beispiel heißes Wetter? Wie wäre es mit 3000 °C? Sie würden auf der Stelle verdampfen. Mögen Sie kaltes Wetter? Wie wäre es mit dem absoluten Nullpunkt? Die Moleküle Ihres Körpers würden sich nie wieder bewegen.

Nehmen wir ein Beispiel, das etwas weniger extrem ist. Lieben Sie die Gesellschaft eines bestimmten Menschen? Wie wäre es, wenn Sie sich so nahe sind, dass Sie niemals allein sind? Sie essen jede Mahlzeit zusammen, gehen überall zusammen hin und machen alles zusammen. Wenn Sie telefonieren, benutzen Sie immer eine Freisprecheinrichtung, damit Sie beide an jedem Gespräch teilnehmen können. Sie wollen einander so nahe sein, dass Sie sozusagen zu einer Person verschmelzen. Wie lange, glauben Sie, kann so etwas gut gehen?

Das ist das eine Extrem in menschlichen Beziehungen. Das andere Extrem ist, dass Sie Ihren eigenen Raum haben wollen. Sie machen Ihr eigenes Ding. Beide Partner legen Wert auf Unabhängigkeit. Sie unternehmen gerne Dinge getrennt, damit Sie immer etwas haben, was Sie miteinander teilen können, wenn Sie zusammen sind. Wie unabhängig sind Sie? Nun, Sie reisen getrennt, Sie essen getrennt und wohnen in getrennten Häusern. Ab welchem Punkt leben Sie so getrennt, dass niemand mehr mitbekommt, dass Sie überhaupt eine Beziehung haben? Denn Sie haben einander schon seit Jahren nicht mehr gesehen! Beide Extreme enden auf die gleiche Weise. Zu nah, zu weit weg – in beiden Fällen werden Sie schon bald nicht mehr miteinander reden. Alles hat seine Extreme, sein Yin und sein Yang.

Jetzt werden wir ein wenig subtiler. Die Temperatur von 3000 °C hört sich nicht so gut an, und der absolute Nullpunkt klingt auch nicht interessant. Genauso wenig wie entweder verhungern oder essen, bis Ihnen schlecht wird. Aber die Idee, jemandem so nahe zu sein, dass man immer mit ihm zusammen ist, klingt vielleicht ganz nett. Vielleicht möchten Sie es zumindest versuchen. Wenn ja, dann liegt das daran, dass Ihr Pendel zu lange in die entgegengesetzte Richtung geschwungen ist. Sie haben zu viel Zeit allein verbracht – zu viele Abendessen allein, zu viele Filme allein und zu viele Reisen allein. Mit anderen Worten: Ihr Pendel ist aus der Mitte geschwungen.

Aus der Wissenschaft wissen wir, dass ein Pendel, wenn man es dreißig Grad nach rechts zieht, bis auf dreißig Grad nach links ausschlägt. Sie brauchen Laotse nicht, um das zu wissen. Alle Gesetze sind gleich – innere Gesetze und äußere Gesetze. Alles in dieser Welt wird von denselben Prinzipien angetrieben. Wenn Sie ein Pendel in eine Richtung ziehen, wird es genauso weit in die andere Richtung ausschlagen. Wenn Sie seit Tagen hungern, und jemand stellt Ihnen Essen vor die Nase, werden Sie nicht höflich sein, während Sie essen. Sie werden sich das Essen in den Mund schieben wie ein Tier. Wie sehr Sie zum Tier werden, hängt davon ab, wie ausgehungert Sie sind und wie stark dementsprechend Ihre tierischen Instinkte geweckt wurden.

Wo also ist das Tao? Das Tao liegt in der Mitte. Es ist der Ort, an dem es keine Energie gibt, die in eine der beiden Richtungen drängt. Dem Pendel wird erlaubt, in Bezug auf Essen, Beziehungen, Sex, Geld, Tun, Nichtstun und alles andere ins Gleichgewicht zu kommen. Alles hat sein Yin und Yang. Der Weg ist der Ort, an dem sich diese Kräfte in aller Ruhe ausgleichen. Und in der Tat, solange Sie nicht vom Weg abweichen, werden Sie in friedlicher Harmonie bleiben. Wenn Sie das Tao verstehen wollen, müssen Sie einen genaueren Blick auf das werfen, was zwischen den beiden Extremen liegt. Das liegt daran, dass keines der beiden Extreme von Dauer sein kann. Wie lange kann ein Pendel in einer seiner äußersten Positionen verharren? Es kann nur einen Moment lang dort bleiben. Wie lange kann ein Pendel in der Ruhelage bleiben? Es kann für immer dort bleiben, weil es keine Kräfte gibt, die es aus dem Gleichgewicht bringen. Das ist das Tao. Es ist das Zentrum. Aber das bedeutet nicht, dass es statisch und unbeweglich bleibt. Wir werden gleich sehen, dass es weitaus dynamischer ist.

Zuerst muss man erkennen, dass alles sein Yin und Yang hat, alles hat seinen eigenen Gleichgewichtspunkt. All diese Gleichgewichtspunkte bilden, in Harmonie und miteinander verwoben, das Tao. Dieses allgemeine Gleichgewicht behält seine Harmonie bei, während es sich durch Zeit und Raum bewegt. Seine Macht ist phänomenal. Wenn Sie sich die Kraft des Tao vorstellen wollen, untersuchen Sie, wie viel Energie beim seitlichen Schwingen verschwendet wird. Stellen Sie sich vor, Sie wollen von Punkt A nach Punkt B, aber anstatt direkt dorthin zu gehen, bewegen Sie sich wie eine Sinuswelle von Seite zu Seite. Das würde sehr lange dauern, und Sie würden viel Energie verschwenden. Mit anderen Worten, es ist nicht effizient, auf dem Weg zu oszillieren. Um effizient zu sein, müssen Sie all Ihre Energien auf den Weg fokussieren. Wenn Sie das tun, werden die Energien, die früher durch seitliches Pendeln verschwendet wurden, in die Mitte gezogen. Diese Konzentration der Energien wird genutzt, um die gestellte Aufgabe viel effizienter zu erfüllen. Das ist die Kraft des Tao. Wenn Sie aufhören, zwischen den Gegensätzen hin und her zu pendeln, werden Sie feststellen, dass Sie über viel mehr Energie verfügen, als Sie sich das jemals vorgestellt hätten. Das, wofür andere Stunden brauchen, gelingt Ihnen in wenigen Minuten. Das, was andere Menschen erschöpft, wird von Ihrer Energie nur sehr wenig in Anspruch nehmen. Der Unterschied besteht darin, dass Sie in Ihrer Mitte zentriert bleiben, während andere sich im Kampf mit den Gegensätzen erschöpfen. Daher werden Sie Ihre Ziele viel leichter erreichen.

Dieser Grundsatz gilt für jeden Aspekt des Lebens. Wenn Sie im Gleichgewicht sind, essen Sie, wenn es Zeit zum Essen ist, und zwar so, dass die Gesundheit Ihres Körpers erhalten bleibt. Andernfalls verschwenden Sie Energie damit, sich mit den Auswirkungen von zu wenig, zu viel oder den falschen Nahrungsmitteln zu beschäftigen. Es ist viel effizienter, mit dem Körper in einer ausgewogenen Weise umzugehen, als sich mit den Auswirkungen der Extreme zu belasten.

Im Grunde verschwendet man enorme Energie, wenn man in die Extreme hineingeht. Je extremer etwas ist, desto mehr wird es zum Vollzeitprojekt. Eine Beziehung, in der Sie darauf bestehen, ständig zusammen zu sein, wäre zum Beispiel ein Vollzeitjob. Die einzige Möglichkeit, einen anderen Job zu haben, wäre, wenn Sie beide die gleiche Arbeit am gleichen Schreibtisch machen würden. Im anderen Extremfall, wenn Sie keine Beziehung hätten und ständig einsam und deprimiert wären, könnten Sie nicht viel erreichen. Auch hier brauchen Sie also Ihre ganze Energie, um mit dem Extrem fertigzuwerden. Wie ineffizient Ihr Handeln ist, hängt davon ab, um wie viel Grad Sie aus der Mitte herauspendeln. Sie werden weniger Energie für Ihr eigentliches Leben zur Verfügung haben, weil Sie so viel Energie für die Anpassung an die starken Pendelschwingungen benötigen. Extreme sind gute Lehrmeister. Wenn Sie die Extreme untersuchen, können Sie leicht die Auswirkungen unausgewogener Verhaltensmuster erkennen.

Nehmen wir das Beispiel eines Kettenrauchers. Er hat immer eine Zigarette im Mund und zündet sich ständig eine neue an. Ein bedeutender Prozentsatz seines Lebens dreht sich um das Rauchen. Er kauft Zigaretten, zündet sich Zigaretten an und raucht Zigaretten. Er ist auch sehr damit beschäftigt, Orte zu finden, an denen er rauchen darf. Und da er dafür nicht gerne ins Freie geht, engagiert er sich in einer Bürgerinitiative, die dafür eintritt, das Rauchen in für die Allgemeinheit zugänglichen Räumen zu gestatten. Beachten Sie, wie viel Energie er für sein Laster aufwendet. Stellen Sie sich nun vor, er beschließt, mit dem Rauchen aufzuhören – keine einzige Zigarette mehr. Wenn Sie ihn ein Jahr später fragen, was er im letzten Jahr getan hat, wird er Ihnen sagen, dass er mit dem Rauchen aufgehört hat. Das war sein Leben im letzten Jahr. Zuerst hat er es mit Kaugummi versucht, aber das hat nicht wirklich geholfen. Dann hat er es mit dem Pflaster versucht. Als das auch nicht funktionierte, ging er zur Hypnotherapie über. Da das Pendel bei seinem Rauchen so weit in das eine Extrem ausschlug, musste es nun in das andere Extrem schwingen, damit er mit dem Rauchen aufhören konnte. Beide Extreme waren eine enorme Verschwendung von Zeit, Energie und Mühe, die er in produktivere Aspekte seines Lebens hätte stecken können.

Wenn man seine Energie darauf verwendet, die Extreme aufrechtzuerhalten, kommt man nicht weiter. Man bleibt in einem Trott stecken. Je extremer man ist, desto weniger bewegt man sich vorwärts. Man gräbt eine Furche und bleibt darin stecken. Wenn Sie so leben, verbrauchen Sie fast Ihre ganze Energie dafür, den Extremen zu dienen, und so bleibt nichts mehr übrig, das Sie im Tao voranbringt.

Der Weg liegt in der Mitte, denn dort sind die Energien im Gleichgewicht. Aber wie hält man das Pendel davon ab, bis zu den äußeren Rändern zu schwingen? Erstaunlicherweise gelingt das, indem man es einfach in Ruhe lässt. Es wird nicht weiter zu den Extremen ausschlagen, wenn Sie die Extreme nicht mit Energie versorgen. Lassen Sie die Extreme einfach los. Beteiligen Sie sich nicht an ihnen, und das Pendel wird sich ganz natürlich zur Mitte hin bewegen. Wenn es in die Mitte zurückkehrt, werden Sie einen Energieschub spüren, denn all die Energie, die verschwendet wurde, ist nun für Sie verfügbar.

Wenn Sie sich entscheiden, sich zu zentrieren und sich nicht an den Extremen zu beteiligen, werden Sie entdecken, was das Tao ist. Sie greifen nicht danach, Sie berühren es nicht einmal. Das Tao ist einfach, was die Energie tut, wenn sie nicht für extreme Pendelausschläge benutzt wird. Es findet seinen eigenen Weg zur Mitte jedes Ereignisses, das im Leben stattfindet, und bleibt ruhig in dieser Mitte. Das Tao ist hohl, leer. Wie das Auge eines Wirbelsturms liegt seine Kraft in seiner Leere. Alle Dinge wirbeln um es herum, aber es selbst bleibt unbewegt. Der Strudel des Lebens bezieht seine Energie aus dem Zentrum, und das Zentrum bezieht seine Energie aus dem Strudel des Lebens. Diese Gesetze gelten immer – für das Wetter und die Natur insgesamt, und ebenso für jeden Aspekt Ihres Lebens.

Wenn Sie sich zentrieren, indem Sie sich nicht an den Schwankungen beteiligen, werden die Energien in Ihrem Leben auf natürliche Weise ihr Gleichgewicht finden. Dadurch gelangen Sie zu mehr Klarheit, weil so viel Energie in Ihnen nach oben fließt. Die Erfahrung, in jedem Moment präsent zu sein, wird zu Ihrem natürlichen Zustand. Sie werden nicht mehr auf bestimmte Dinge fixiert sein oder sich im Nachdenken über Gegensätze verfangen. Wenn Sie innerlich klarer werden, entfalten sich die Ereignisse des Lebens tatsächlich wie in Zeitlupe. Wenn Sie diesen Zustand erreichen, werden Sie sich von den Ereignissen in Ihrem Leben nicht mehr verwirrt oder überwältigt fühlen.

Das ist ganz anders als das Leben, das die meisten Menschen führen. Wenn sie mit dem Auto fahren, und jemand nimmt ihnen die Vorfahrt, ärgern sie sich während der nächsten Stunde oder vielleicht den ganzen Tag lang darüber. Für den Menschen, der im Tao lebt, finden die Ereignisse statt und dauern nur so lange, wie sie stattfinden. Das ist es. Wenn Sie Auto fahren, und jemand nimmt Ihnen die Vorfahrt, spüren Sie, wie Ihre Energie anfängt, aus der Mitte herauszupendeln. Das können Sie sogar in Ihrem Herzen fühlen. Doch wenn Sie dann sofort loslassen, kehrt die Energie wieder in die Mitte zurück. Weil Sie nicht dem Bewegungsimpuls hinaus ins Extreme folgen, kehrt Ihre Energie gleich wieder in den aktuellen Augenblick zurück. Wenn das nächste Ereignis eintritt, sind Sie präsent. Weil Ihre Aufmerksamkeit immer in der Gegenwart ist, meistern Sie Ihr Leben viel besser als jene Menschen, die damit beschäftigt sind, auf vergangene Ungleichgewichte zu reagieren. Fast alle Menschen haben einen »Kipppunkt«, an dem sie aus dem Gleichgewicht geraten. Wenn dieser Punkt erreicht ist, wer kümmert sich dann noch darum, dass der Laden weiterläuft? Wer kümmert sich um die Energien, die aktuell auftauchen, während Sie sich nicht auf die Gegenwart konzentrieren, sondern mit Ihren Pendelausschlägen beschäftigt sind? Denken Sie daran, dass derjenige, der mit festem Willen im gegenwärtigen Moment bleibt, am Ende die Oberhand gewinnt.

Wenn Sie sich im Tao bewegen, sind Sie immer auf die Gegenwart fokussiert. Dadurch wird das Leben absolut einfach. Im Tao ist es für Sie leicht, klar zu sehen, was in Ihrem Leben geschieht – denn es entfaltet sich direkt vor Ihnen. Wenn aber alle möglichen Reaktionen in Ihnen ablaufen, weil Sie sich leicht aus dem Gleichgewicht bringen und zu extremen Pendelschwingungen treiben lassen, erscheint Ihnen das Leben verwirrend. Aber das liegt daran, dass Sie verwirrt sind, nicht daran, dass das Leben verwirrend ist.

Wenn Sie aufhören, verwirrt zu sein, wird alles einfach.

Wenn Sie keine Vorlieben haben, wenn Sie nichts weiter wollen, als in Ihrer Mitte zu bleiben, dann entfaltet sich das Leben, während Sie einfach ein immer besseres Gespür dafür entwickeln, Ihr inneres Gleichgewicht zu bewahren. Es gibt einen unsichtbaren Faden, der alles durchzieht. Alle Dinge bewegen sich ruhig durch diese Mitte des Seins hindurch. Das ist das Tao. Es ist wirklich real. Es ist präsent in Ihren zwischenmenschlichen Beziehungen, Ihrer Ernährung und Ihren geschäftlichen Aktivitäten. Es ist in allem. Es ist das Auge des Sturms. Es ist vollkommen im Frieden.

Um Ihnen eine Vorstellung davon zu geben, wie es sich anfühlt, in dieser Mitte zu leben, lassen Sie uns das Beispiel des Segelns verwenden. Wir beginnen damit, dass wir bei Windstille segeln gehen. Das ist das eine Extrem, und wir kommen nicht voran. Jetzt gehen wir segeln, wenn zwar starker Wind herrscht, auf Ihrem Boot aber kein Segel vorhanden ist. Das ist das andere Extrem, und auch so kommen Sie nicht vom Fleck. Das Segeln ist ein so gutes Beispiel, weil hier viele Kräfte zusammenwirken. Da sind der Wind, das Segel, das Ruder und die Spannung der Leinen am Segel. Es gibt ein enormes Zusammenspiel der Kräfte. Was passiert, wenn der Wind weht und man das Segel zu locker hält? Es funktioniert nicht. Was ist, wenn man es zu fest hält? Man kentert. Um gut zu segeln, müssen Sie das Segel genau richtig halten. Aber was ist genau richtig? Sie müssen die Mitte finden, bei der die Kraft des Windes das Segel am besten spannt – nicht zu stark, aber auch nicht zu schwach. Diesen Punkt nennt man den »Sweetspot«, das Optimum. Stellen Sie sich dieses Gefühl vor, wenn der Wind genau richtig auf das Segel trifft und Sie die Leinen genau richtig halten. Dann gleiten Sie mit einem perfekten Gefühl der Balance übers Wasser. Und wenn der Wind dreht, passen Sie sich ihm an. Sie, der Wind, das Segel und das Wasser sind eins. Alle Kräfte sind in Harmonie. Wenn sich eine Kraft verändert, verändern sich im selben

Moment auch die anderen. Das bedeutet es, dem Weg zu folgen.

Beim Tao des Segelns ist der Gleichgewichtspunkt nicht statisch. Es ist ein dynamisches Gleichgewicht. Man bewegt sich von Gleichgewichtspunkt zu Gleichgewichtspunkt, von Zentrum zu Zentrum. Konzepte oder Vorlieben können Sie dabei nicht haben, sondern Sie müssen bereit sein, sich von den Kräften bewegen zu lassen. Auf dem Weg des Tao gibt es nichts Persönliches. Sie sind lediglich ein Instrument in den Händen der Kräfte und nehmen an der Harmonie des Gleichgewichts teil. Sie müssen den Punkt erreichen, an dem Ihr ganzes Interesse dem Gleichgewicht gilt und nicht irgendwelchen persönlichen Vorstellungen darüber, wie Sie die Dinge gerne hätten. Das gilt für Ihr ganzes Leben. Je besser es Ihnen gelingt, mit dem Gleichgewicht zu arbeiten, desto mehr können Sie einfach entspannt durchs Leben segeln. Wenn Sie sich auf das Fließen des Tao einstimmen, wird Ihr Handeln mühelos. Das Leben geschieht, Sie sind da, aber Sie zwingen nichts herbei. Es gibt keine Last, keinen Stress. Die Kräfte kümmern sich um sich selbst, während Sie in der Mitte sitzen. Das ist das Tao. Es ist im Leben der schönste Ort. Sie können es nicht berühren, aber Sie können eins mit ihm sein.

Irgendwann werden Sie erkennen, dass Sie auf dem Weg des Tao nicht erwachen, sehen, was zu tun ist, und es dann tun. Im Tao sind Sie blind, und Sie müssen lernen, blind zu sein, denn Sie können niemals sehen, wohin das Tao geht. Sie können nur mit ihm dorthin gehen. Ein Blinder geht mit einem Stock durch die Straßen einer Stadt. Geben wir seinem Werkzeug, dem Stock, einen Namen: Sucher nach den Extremen, Fühler der Ränder, Berührer des Yin und des Yang. Menschen, die mit dem Stock gehen, klopfen ständig tastend den Weg ab. Sie versuchen nicht, herauszufinden, wo sie gehen sollen, sondern wo sie nicht gehen sollen. Sie suchen nach den Extremen. Wenn man den Weg nicht sehen kann, kann man nur nach den Rändern tasten. Aber wenn Sie die Ränder spüren und nicht dorthin gehen, werden Sie auf dem Weg bleiben. So lebt man im Tao.

Alle großen Lehren zeigen uns den Weg der Mitte, den Weg des Gleichgewichts. Achten Sie stets darauf, ob Sie dort leben oder ob Sie sich in den Extremen verlieren. Extremes erzeugt Gegensätze. Die Weisen meiden daher die Extreme. Finden Sie das Gleichgewicht in der Mitte, dann werden Sie in Harmonie leben.

KAPITEL 19

DIE LIEBENDEN AUGEN GOTTES

Wie kann jemand wirklich etwas über Gott wissen? Wir haben so viele Lehren, so viele Konzepte und so viele Ansichten über Gott, aber sie alle sind durch Menschen beeinflusst. Letztendlich ist es erstaunlich, wie sehr unsere Vorstellungen von Gott mit den verschiedenen Kulturen übereinstimmen, aus denen sie stammen.

Glücklicherweise gibt es tief in uns eine direkte Verbindung zum Göttlichen. Es gibt einen Teil unseres Wesens, der jenseits des persönlichen Selbst liegt. Sie können sich bewusst dafür entscheiden, sich mit diesem Teil zu identifizieren, statt mit der Psyche oder dem Körper. Wenn Sie das tun, beginnt in Ihnen eine natürliche Transformation. Mit der Zeit, während Sie diese Verwandlung bewusst wahrnehmen, werden Sie erkennen, wie es ist, auf Gott zuzugehen. Sie werden erleben, wie es sich anfühlt, sich in Richtung des Geistes zu bewegen. Die Veränderungen, die Sie bei sich wahrnehmen, spiegeln die Kraft wider, der Sie sich immer weiter annähern. So wie Regen Sie nass werden lässt und Feuer Sie wärmt, können Sie das Wesen Gottes erkennen, indem Sie in den Spiegel Ihres verwandelten Selbst schauen. Das ist keine Philosophie, es ist eine unmittelbare Erfahrung.

Spirituelles Wachstum kann man erleben, so wie alles andere auch. Vielleicht gab es in Ihrem Leben eine Zeit, in der Sie viel Negativität, Wut und Groll empfunden haben. Sie wissen, wie sich das anfühlt, und Sie wissen, wie Sie sich anderen gegenüber fühlen, wenn Sie sich so fühlen.

Sie wissen, wie sich Ihr Herz anfühlt, und Sie wissen, wie Ihre Gedanken und Handlungen sind. Sie kennen dies als Teil der Realität. Auch hier haben wir es nicht mit einer Philosophie zu tun, sondern mit unmittelbarer Erfahrung.

Wenn Sie über diesen Teil von Ihnen hinauswachsen, werden Sie mit der Zeit tatsächlich Gefühle der Anspannung und Angst immer weiter hinter sich lassen. Die gesamte Wolke der niederen Schwingungen wird, von Ihrem inneren Sitz des Bewusstseins aus betrachtet, immer weiter entfernt erscheinen. Die Wolke mag noch da sein, aber wenn Sie sich nicht mit ihr identifizieren oder an ihr festhalten, haftet sie nicht mehr an Ihnen. Dass Sie sich von niederen Schwingungen lösen, bewirkt natürlich, dass Sie diese nicht mehr als Teil von Ihnen empfinden oder glauben, Sie müssten irgendetwas gegen sie unternehmen. Wenn Sie an diesen Schwingungen nicht länger festhalten, wenn Sie loslassen, schwebt Ihr Geist nach oben.

Woran erkennen Sie, dass Ihr Geist aufwärts schwebt? Sie erkennen es auf die gleiche Art, wie Sie wissen, dass Sie atmen, dass Ihr Herz schlägt und dass Sie Gedanken haben – Sie sind da drinnen und erleben all das unmittelbar.

Was bedeutet es, aufwärts zu schweben? Es ist die Erfahrung, dass Sie sich weiter in Ihr Inneres zurückziehen. Sie sind nicht mehr an Ihr irdisches Selbst gebunden, und deshalb spüren Sie innerlich mehr Weite, mehr Raum. Sie spüren, wie Sie mehr Abstand zu Ihren Gedanken und Gefühlen gewinnen. Sie driften zurück, und dann schweben Sie nach innen und nach oben.

Wie fühlt es sich an, wenn Sie nach oben schweben? Sie empfinden weniger Wut, Angst oder Unsicherheit. Sie empfinden keinen Groll mehr gegenüber anderen Menschen, und Sie verschließen oder verkrampfen sich nicht mehr so oft. Es passieren immer noch Dinge, die Sie nicht wollen, aber das berührt Sie nicht mehr so sehr. Das, was Sie nicht wollen, erreicht Sie immer weniger, weil Sie den Teil von

Ihnen, der auf diese Dinge reagiert, hinter sich gelassen haben. Das sind tatsächliche Erfahrungen, nicht nur etwas, was man Ihnen erzählt hat. Es ist einfach das, was ganz natürlich passiert, wenn Sie die niederen Schwingungen Ihres Wesens hinter sich lassen. Dann schweben Sie nach innen und aufwärts zu den höheren Schwingungen.

Wohin gehen Sie dann? Selbst wenn Sie keine Grundlage haben, um zu verstehen, was mit Ihnen geschieht, haben Sie dennoch die unbestreitbare Erfahrung, irgendwo hinzugehen. Sie beginnen zu spüren, dass Sie in Ihr spirituelles Wesen gehen. Je weniger Sie sich mit den physischen und psychischen Teilen Ihres Wesens verbinden, desto mehr identifizieren Sie sich mit dem Fluss der reinen Energie.

Wie fühlt es sich an, wenn man sich mehr mit dem Geist als mit der Form identifiziert? Früher gingen Sie voller Angst und Anspannung durchs Leben. Jetzt gehen Sie durchs Leben und empfinden dabei Liebe. Sie fühlen einfach nur Liebe, ohne Grund. Liebe ist nun die Grundstimmung Ihres Lebens, und ebenso sind es Offenheit, Schönheit und Wertschätzung. Dabei müssen Sie sich zu diesen Gefühlen nicht zwingen. Es ist einfach das, was der göttliche Geist empfindet. Wenn man Sie fragen würde, wie sich der Körper normalerweise fühlt, würden Sie vielleicht antworten, dass er sich im Allgemeinen wegen dieser oder jener Sache unwohl fühlt. Wie sieht es mit der Psyche aus? Wenn Sie ehrlich sind, würden Sie vermutlich sagen, dass sie meist voller Beschwerden und Ängste ist. Nun, wie fühlt sich der göttliche Geist normalerweise? Die Wahrheit ist, dass er sich immer gut fühlt. Und wenn Sie dem göttlichen Geiste nahe sind, fühlen Sie sich gut. Sie fühlen Offenheit und Leichtigkeit.

Aus diesem Grund ist es ganz natürlich, dass Sie sich mehr und mehr auf den geistigen Teil Ihres Wesens konzentrieren – nicht, indem Sie nach dem göttlichen Geist greifen, sondern indem Sie sich von allem anderen lösen. Es gibt wirklich keinen anderen Weg. Das persönliche Selbst kann den Geist nicht berühren. Daher müssen Sie sich von Ihrem persönlichen Selbst lösen. Wenn Sie es loslassen, schweben Sie zurück und aufwärts. Je weiter Sie zurückschweben, desto höher steigen Sie auf. Ihre Schwingung wird höher und die Liebe und Leichtigkeit, die Sie fühlen, größer.

Wenn Sie sich bewusst von Ihren physischen, emotionalen und mentalen Aspekten lösen, wird Ihr Sein vergeistigt. Dabei müssen Sie gar nicht verstehen, was da mit Ihnen geschieht: Sie wissen nur, dass es immer schöner wird, je weiter Sie zurück- und aufwärts schweben. Immer mehr erleben Sie auf natürliche Weise jene Schwingungen, die von den großen Heiligen und Weisen der verschiedenen Traditionen beschrieben wurden. Sie erkennen, dass auch Sie tiefe spirituelle Erfahrungen machen und »... vom Geist ergriffen am Tag des Herrn« sein können (Offenbarung 1,10).

Aber wie kann man letztlich wirklich etwas über Gott wissen? Wie können Sie jemals etwas über das wissen, was jenseits von Ihnen ist? Nun, Sie wissen es, weil jene, die bereits dorthin gingen, zurückkehrten und berichteten, dass der Geist, den wir in uns erleben, das Tor zu Gott ist. Als diese Heiligen die niederen Aspekte ihres Seins hinter sich ließen, erlebten sie genau das, was Sie auch erleben. Sie fühlten, wie eine enorme Liebe, Geist und Licht in ihnen erwachten. Sie spürten, dass nichts durch ihre Sinne eindringen konnte, was höher war als das, was bereits in ihnen vorging. Sie drifteten immer weiter zurück und stiegen höher und höher auf. Dann, eines Tages, waren sie auf einmal nicht mehr da. Es gab kein Gefühl von »Ich« mehr. Es gab kein Gefühl des Getrenntseins mehr, nur die reine Erfahrung von Liebe und Licht. Es gab nur die ultimative Ausdehnung ihres Selbstgefühls, das in der Liebe und dem Licht aufging, wie ein einzelner Wassertropfen im Ozean aufgeht.

Wenn der Tropfen des Bewusstseins, der sich selbst als Individuum kennt, weit genug zurückweicht, wird er wie der Tropfen, der in den Ozean fällt. Der Atman (die Seele) fällt in den *Paramatman* (die Höchste Seele). Das individuelle Bewusstsein fällt in die Universelle Einheit. Das ist es.

Und wenn Ihnen das geschieht, sagen die Menschen interessante Dinge wie: »Ich und der Vater sind eins« (Johannes (10,30) und: »Die Worte, die ich zu euch rede, die rede ich nicht aus mir selbst. Der Vater aber, der in mir bleibt, der tut seine Werke.« (Johannes 14,10.)

Sie alle sprachen so. Sie sagten, sie seien mit Gott verschmolzen und es gäbe keine Unterscheidung innerhalb der universellen Einheit. Der Tropfen des Bewusstseins, der der individuelle Geist ist, ist wie ein Lichtstrahl, der von der Sonne ausgeht. Der individuelle Strahl unterscheidet sich in Wirklichkeit nicht von der Sonne. Wenn das Bewusstsein aufhört, sich als Strahl zu identifizieren, erkennt es sich selbst als die Sonne. Die Lebewesen sind in diesem Zustand mit allem verschmolzen.

Im mystischen Johannes-Evangelium sagt Christus: »... dass sie alle eins seien. Wie du, Vater, in mir bist und ich in dir, so sollen auch sie in uns sein ... auf dass sie vollkommen eins seien ...« (Johannes 17,21-23.) So wurde es in den hinduistischen Veden gelehrt, und in der jüdischen Kabbala. So schrieben es die großen mystischen Sufi-Dichter. Und so wurde es in allen großen religiösen Traditionen aller Zeiten gelehrt. Ein solcher Zustand existiert. Man kann mit dem Universellen Absoluten verschmelzen. Man kann mit Gott verschmelzen.

Auf diese Weise erfahren Sie etwas über Gott. Sie werden eins mit IHM. Letztendlich besteht der einzige Weg, etwas über Gott zu erfahren, darin, dass Sie Ihr Wesen mit seinem Wesen verschmelzen lassen und dann sehen, was mit Ihnen geschieht. Es ist das universelle Bewusstsein, und die Eigenschaften der Wesen, die diesen tiefen Zustand erreicht haben, sind in jeder Religion ähnlich.

Was geschieht mit jemandem, der diesen Weg zu Gott geht? Welche Verwandlungen macht er auf diesem Weg durch? Um das zu verstehen, stellen Sie sich vor, was passieren würde, wenn Sie anfangen würden, eine überwältigende Liebe für alle Geschöpfe zu empfinden, für jede Pflanze, für jedes Tier und die ganze Schönheit der Natur. Stellen Sie sich vor, jedes Kind wäre wie Ihr eigenes, und jeder Mensch, den Sie sehen, wäre wie eine wunderschöne Blume, mit ihrer eigenen Farbe, ihrem eigenen Ausdruck, ihrer Form und ihren Tönen. Wenn Sie tiefer und tiefer gehen, werden Sie etwas wirklich Phänomenales bemerken – Sie urteilen nicht mehr. Der Prozess des Beurteilens hat einfach aufgehört. Es gibt nur noch Wertschätzung und Ehrerbietung. Wo früher geurteilt wurde, wird jetzt respektiert, geliebt und wertgeschätzt. Zu unterscheiden heißt zu beurteilen. Zu sehen, zu erfahren und zu würdigen bedeutet, am Leben teilzuhaben, anstatt es zu beurteilen und sich gegen es zu wehren.

Wenn Sie durch einen schönen botanischen Garten gehen, fühlen Sie sich offen und leicht. Sie fühlen Liebe. Sie sehen Schönheit. Sie beurteilen nicht die Form und Platzierung eines jeden Blattes. Die Blätter haben allerlei Größen und Formen und wachsen in alle Richtungen. Das macht sie so schön. Was wäre, wenn Sie so über Menschen denken würden? Was wäre, wenn sie sich nicht alle gleich kleiden, an das Gleiche glauben oder sich gleich verhalten müssten? Was wäre, wenn sie wie die Blumen wären und Sie jeden von ihnen, wie auch immer sie aussehen, schön fänden?

Wenn das geschähe, würden Sie einen Blick auf Gott erhaschen. Das ist der beste Weg, Gott kennenzulernen. Beobachten Sie, was mit Ihnen geschieht, wenn Sie IHM näherkommen. Das ist wirklich der einzige Weg, wie Sie etwas über Gott erfahren können. Wenn Sie versuchen, aus einem Buch etwas über Gott zu lernen, werden Sie fünf andere Bücher finden, in denen das Gegenteil steht. Oder, noch besser, Sie werden fünf unterschiedliche Interpretationen desselben Buches finden. Jemand schreibt etwas, und ein anderer promoviert mit einer Arbeit, in der es widerlegt wird. Wenn Sie Ihre Suche nach Gott auf die Verstandesebene verlagern, werden Sie Kritik und Widerspruch ernten. Das alles gehört zu den Spielereien des Verstandes.

Auf diese Weise kann man Gott nicht kennenlernen. Das gelingt nur durch echtes Erleben. Zu solchem Erleben verhilft Ihnen die Meditation. Das ist es, was passiert, wenn Sie sich von Ihrem niederen Selbst lösen. Dann driften Sie hinüber in den Geist, und während Sie in den Geist driften, finden diese Transformationen in Ihnen statt. Das müssen Sie einfach nur wahrnehmen, dann werden Sie bemerken, wie stark die natürliche Neigung hin zu den Eigenschaften des Göttlichen ist. Je weiter Sie zurückgehen, auf Abstand zu den niedrigen Schwingungen gehen, desto mehr werden Sie erleben, wie sich diese natürlichen Qualitäten in Ihnen entfalten. Mit jedem Schritt auf dem Weg bekommen Sie einen klareren Blick dafür, wie es sein muss, in diesen göttlichen Zustand zu gelangen.

Es gibt Menschen, die um die Existenz der göttlichen Kraft wissen. Sie haben genug direkte innere Erfahrungen gemacht, um zu wissen, dass das göttliche Bewusstsein real ist. Sie konnten flüchtige Blicke auf eine Kraft werfen, die allwissend, allgegenwärtig und allmächtig ist – eine Kraft, die sich aller Dinge zu jeder Zeit gleichermaßen bewusst ist. Sie ist universell bewusst.

Wie sieht die Schöpfung aus der Perspektive dieses göttlichen Zustandes aus? Was erblicken jene, die dorthin gehen und alles mit den Augen Gottes sehen? Sie sehen, dass niemand gerichtet wird. Das Richten und Urteilen ist schon vor langer Zeit verschwunden.

Es gibt einfach mehr Schönheit zu sehen. Ein solches Wesen fühlt: »Jetzt kann ich alle Blumen auf einmal sehen. Jetzt kann ich erfahren, was jedes meiner Kinder tut, und nehme überhaupt alles Tun wahr, das Teil meiner Vielfalt ist. Jetzt kann ich mehr Liebe, mehr Mitgefühl, mehr Verständnis und mehr Bewunderung für all die verschiedenen Ausdrucksformen und Handlungen meiner Schöpfung empfinden.« So sehen Heilige die Welt. Und wahre Heilige wohnen bei Gott.

Was, wenn es wirklich stimmt, dass Gott nicht urteilt? Was ist, wenn Gott liebt? Wir alle wissen, dass wahre Liebe nicht urteilt. Die Liebe sieht im Geliebten nichts als Schönheit. Es gibt keine Unreinheit. Es gibt keine Möglichkeit der Unreinheit. Egal, was sie sieht, es ist alles schön. So sieht die wahre Liebe. So sieht man durch die Augen der Liebe. Wenn Gott also Liebe ist, wie muss die Welt dann durch diese Augen aussehen – Augen, die alles mit unendlicher Liebe und bedingungslosem Mitgefühl betrachten?

Wenn Sie je jemanden wirklich geliebt haben, dann wissen Sie, was wahre Liebe bedeutet. Es bedeutet, dass man den anderen mehr liebt als sich selbst. Wenn Sie jemanden wirklich lieben, dann sieht Ihre Liebe über seine menschlichen Unzulänglichkeiten hinaus. Sie erblickt sein ganzes Wesen, einschließlich vergangener und aktueller Fehler und Schwächen. Sie ist wie die bedingungslose Liebe einer Mutter. Eine Mutter widmet jeden Augenblick ihres Lebens einem Kind, das körperlich oder geistig behindert ist. Sie findet das Kind wunderschön. Sie konzentriert sich nicht auf die Unzulänglichkeiten. Tatsächlich betrachtet sie diese noch nicht einmal als Unzulänglichkeiten.

Und wenn Gott seine Schöpfung auf die gleiche Weise sieht? Dann ist Ihnen auf jeden Fall bisher eine Menge entgangen, wenn man Ihnen etwas anderes erzählt hat. Anstatt Sie zu ermutigen, sich von der göttlichen Kraft vollkommen beschützt, geliebt, geehrt und respektiert zu fühlen, wurde Ihnen beigebracht, dass Gott Sie verurteilt. Weil man Ihnen das beigebracht hat, leiden Sie unter Schuldgefühlen und Angst. Aber Schuld und Angst stehen Ihrer Verbindung zum Göttlichen im Weg und machen Ihr Herz eng und verschlossen. In Wirklichkeit ist die Liebe Gottes Weg, und das können Sie selbst erkennen. Wenn Sie einen anderen Menschen auch nur einen Moment lang mit den Augen der wahren Liebe ansehen, werden Sie wissen, dass diese Augen nicht die Ihren sind. Ihre Augen könnten niemals mit so viel Liebe Ihr Gegenüber ansehen. Die Liebe in Ihren Augen könnte niemals so bedingungslos sein. Ihre eigenen Augen könnten niemals, nicht in einer Million Jahren, ausschließlich Schönheit und absolute Vollkommenheit in dem geliebten Gegenüber sehen. Es sind die Augen Gottes, die durch Sie den anderen anschauen.

Wenn die Hand Gottes sich ausstreckt, um durch Sie zu geben, gibt es nichts, was Sie nicht geben würden. Sie würden Ihren letzten Atemzug geben und nicht einmal darüber nachdenken. Es käme Ihnen überhaupt nicht in den Sinn, etwas zurückzuhalten. Sie würden alles für Ihren Geliebten geben. Wenn Sie Liebe so tief empfinden, spüren Sie, dass diese Liebe von etwas Größerem als Ihnen kommt. Es ist transzendentale Liebe. Es ist göttliche, bedingungslose, selbstlose Liebe. Die Meister sprachen von dieser Liebe. Diejenigen, die diese Transzendenz erfahren haben, sagen, dass dies der Zustand ist, den Sie erreichen, wenn Sie in den göttlichen Geist emporschweben. Auf diese Weise betrachtet der Geist seine Schöpfung. Das ist es, was man die Menschen lehren sollte. Egal, was Sie tun, und egal, was Sie getan haben, Sie werden immer von IHM geliebt.

Christus erzählte seinen Jüngern die Geschichte vom verlorenen Sohn, der von zu Hause wegging und seinen ganzen Reichtum verprasste. Doch als er mittellos zurückkehrte, behandelte ihn sein Vater besser als den Sohn, der zu Hause geblieben war und fleißig gearbeitet hatte.

Christus erklärte dazu, dass der eine Sohn immer zu Hause gewesen war, der Vater den verlorenen Sohn aber vermisst hatte. Es gab kein Verurteilen, nur Liebe (Lukas 15,11-32).

Christus sagte auch: »Wer unter euch ohne Sünde ist, der werfe den ersten Stein ...« (Johannes 8,7.) Was lehrte er? Was sagte er? Wie sah er diese Welt? Er lehrte völlig selbstlose, barmherzige Liebe. Er hing am Kreuz neben Dieben und Räubern, und als ein Dieb darum bat, Christus möge seiner gedenken, sagte Christus, dass er noch heute mit ihm im Paradies sein würde (Lukas 23,39-43). Was waren die ersten Worte Jesu am Kreuz? »Vater, vergib ihnen, denn sie wissen nicht, was sie tun« (Lukas 23,34). Das ist die Liebe einer Mutter. So spricht eine Mutter über ihr Kind. Der Grad der Liebe und des Mitgefühls ist so tief, dass das Kind nichts falsch machen kann. Wenn eine Mutter zu selbstloser Liebe fähig ist, wie steht es dann mit Gott, dem Schöpfer der Liebe?

Wollen Sie wissen, wie Gott diese Welt sieht? Wollen Sie wissen, wie er über all die unterschiedlichen Menschen denkt? Dann schauen Sie sich die Sonne an. Scheint die Sonne über Heiligen heller als über anderen Menschen? Steht Heiligen mehr Luft zur Verfügung? Fällt der Regen auf die Bäume des einen Nachbarn mehr als auf die eines anderen?

Sie können Ihre Augen vom Sonnenlicht abwenden und hundert Jahre lang in der Dunkelheit leben. Wenn Sie sich dann dem Licht zuwenden, ist das Licht immer noch da. Es ist für Sie genauso da wie für den Menschen, der hundert Jahre lang die Sonnenstrahlen genossen hat. So ist es in der ganzen Natur. Die Früchte des Baumes bieten sich bereitwillig allen dar. Haben Naturgewalten Vorlieben oder Abneigungen? Fällt, außer dem menschlichen Verstand, irgendetwas in Gottes Schöpfung ein Urteil? Die Natur gibt einfach jedem, der ihre Gaben empfangen will. Und wenn Sie sich entscheiden, eine ihrer Gaben nicht anzunehmen, werden Sie von ihr nicht bestraft. Nur Sie selbst bestrafen sich durch eine solche Entscheidung. Wenn Sie zum Licht sagen: »Ich werde dich keines Blickes würdigen. Ich werde in der Dunkelheit leben«, dann leuchtet das Licht einfach weiter. Wenn Sie zu Gott sagen: »Ich glaube nicht an dich und will nichts mit dir zu tun haben«, wird die Schöpfung Sie dennoch weiterhin nähren und erhalten.

Ihre Beziehung zu Gott ist genau wie Ihre Beziehung zur Sonne. Wenn Sie sich jahrelang vor der Sonne verstecken und sich dann entschließen, aus Ihrer Dunkelheit wieder herauszukommen, wird die Sonne genauso auf Sie scheinen, als wären Sie nie weg gewesen. Sie brauchen sich nicht zu entschuldigen. Sie heben einfach den Kopf und blicken zur Sonne auf. Genauso ist es, wenn Sie sich entscheiden, sich Gott zuzuwenden – Sie tun es einfach. Wenn Sie sich stattdessen mit Schuldgefühlen und Scham belasten, ist das nur Ihr Ego, das die göttliche Kraft blockiert. Das Göttliche kann von Ihnen nicht beleidigt oder verärgert werden. Seine Natur ist Licht, Liebe, Mitgefühl, Schutz und Geben. Daher können Sie Gott gar nicht dazu bringen, Sie nicht mehr zu lieben. Das ist genau wie mit der Sonne. Sie können die Sonne nicht davon abbringen, auf Sie zu scheinen. Sie können sich nur dafür entscheiden, sie nicht anzuschauen. In dem Moment, in dem Sie hinschauen, werden Sie sehen, dass sie da ist.

Wenn Sie in den Geist zurückkehren, werden Sie sehen, dass dies die Augen sind, die auf diese Welt schauen. Das ist das Herz, das auf alles und jeden herabstrahlt. Durch diese Augen betrachtet, sieht noch das erbärmlichste Geschöpf schön aus. Das ist der Teil des göttlichen Wesens, den niemand versteht. Die Menschen sagen, dass Gott weint, wenn er auf diese Erde schaut. Der Heilige sieht, dass Gott in Ekstase gerät, wenn er auf diese Erde blickt, unter allen Umständen und zu allen Zeiten. Ekstase ist das Einzige, was Gott kennt. Gottes Natur ist ewige, bewusste

Glückseligkeit. Ganz gleich, was Sie getan haben, Sie können diese Glückseligkeit niemals beeinträchtigen.

Das Schöne ist, dass Sie diese Ekstase erleben können. Und wenn Sie beginnen, diese Freude zu fühlen, werden Sie Gottes Natur erkennen. Dann wird Sie niemand mehr wütend machen oder enttäuschen. Nichts wird mehr ein Problem für Sie sein. Alles wird Ihnen als Teil des wunderschönen Tanzes der Schöpfung erscheinen, der sich vor Ihnen entfaltet, und Ihr natürlicher Zustand wird höher und höher schwingen. Statt Schuldgefühlen werden Sie Liebe empfinden. Sie werden nicht länger glauben, Sie dürften es aus Scham über Dinge, die Sie gesagt oder getan haben, nicht wagen, Ihren Blick zum Göttlichen zu erheben. Stattdessen werden Sie das Göttliche als einen Ort der Zuflucht sehen, wo Sie bedingungslos geliebt werden.

Denken Sie darüber nach, und lassen Sie die Vorstellung eines richtenden, strafenden Gottes hinter sich. In Wirklichkeit ist Gott die Liebe selbst. Und Liebe kann nichts anderes tun als lieben. Gott ist in Ekstase, und Sie können nichts dagegen tun. Und wenn Gott in Ekstase ist, frage ich mich, was er sieht, wenn er Sie anschaut?

DANKSAGUNG

Die Saat für dieses Werk wurde vor vielen Jahren gesät, als Linda Bean einige meiner Vorträge transkribierte und mich ermutigte, ein Buch zu schreiben. Sie bereitete geduldig das über die Jahre angesammelte Archivmaterial vor, bis es Zeit für mich war, mit dem Schreiben zu beginnen. Für ihren unermüdlichen Einsatz bin ich ihr zutiefst dankbar.

Sobald ich mit dem Schreiben begonnen hatte, unterstützte mich Karen Entner, indem sie das Material organisierte, inhaltliche Vorschläge machte und das Manuskript betreute. Gemeinsam überarbeiteten wir eine Version nach der anderen, bis der Fluss der Worte ein Gefühl des Friedens für Herz, Geist und Seele brachte. Ich weiß ihr von Herzen kommendes Engagement und ihre Arbeit überaus zu schätzen, und mit der Veröffentlichung dieses Buches geht einer ihrer Lebensträume in Erfüllung.

LITERATUR

Bibel, King-James-Version. Grand Rapids: Zondervan. *Lutherbibel.* Stuttgart: Deutsche Bibelgesellschaft, 2017.

Freud, Sigmund: *Das Ich und das Es.* Leipzig: Internationaler psychoanalytischer Verlag, 1923.

Maharshi, Ramana: *The Spiritual Teachings of Ramana Maharshi.*

Copyright 1972 by Sri Ramanasramam.

Merriam-Webster. *Merriam-Webster's Collegiate Dictionary.* 11th ed.

Springfield, MA: Merriam-Webster, 2003.

Microsoft Encarta Dictionary by Microsoft. Zugriff am 17. April 2007. http://encarta.msn.com/encnet/features/dictionary/dictionaryhome.aspx.

Platon. Translated with an introduction and notes by Robin Waterfield. New York: Oxford University Press, Inc., 1998. *Platon. Werke.* Göttingen: Vandenhoeck & Ruprecht, 1993ff.

Yamamoto, Kosho: *The Mahaparinirvana Sutra.* Übers. aus dem Chinesischen von Kumarajiva, 1973. *The Karin Buddhological Series No. 5.* Yamaguchi-ken, Japan: Karinbunko.